Politische Gewalt im urbanen Raum

Politische Gewalt im urbanen Raum

Herausgegeben von
Fabien Jobard und Daniel Schönpflug

DE GRUYTER
OLDENBOURG

ISBN 978-3-11-065361-8
e-ISBN (PDF) 978-3-11-065835-4
e-ISBN (EPUB) 978-3-11-065428-8

Library of Congress Control Number: 2019944200

Bibliografische Information der Deutschen Nationalbibliothek
Die Deutsche Nationalbibliothek verzeichnet diese Publikation in der Deutschen Nationalbiblio-
grafie; detaillierte bibliografische Daten sind im Internet über http://dnb.dnb.de abrufbar.

© 2019 Walter de Gruyter GmbH, Berlin/Boston
Umschlagabbildung: Graffiti in Paris © Fabien Jobard
Druck und Bindung: CPI books GmbH, Leck

www.degruyter.com

Dank

Dieser Band konnte dank der Unterstützung des *Centre Marc Bloch* (Berlin) und des *Centre de recherche sociologique sur le droit et les institutions pénales* (CESDIP, Versailles) gedruckt werden. Der Dank der Herausgeber geht darüber hinaus an Barbara Hahn und Sara Iglesias, welche die französischen Aufsätze ins Deutsche übersetzt haben, sowie an Shaïn Morisse, Tom Pascaud von der Meersch und Nicholas Pohl für ihre redaktionelle Mitarbeit. Der Soziologe Ulrich Bielefeld hat das nun beendete Projekt als *Spiritus Rector*, Ideengeber und kritischer Geist begleitet; ihm ist dieser Band gewidmet.

https://doi.org/10.1515/9783110658354-001

Inhalt

Daniel Schönpflug

Einleitung:
Die räumlichen Dimensionen städtischer Gewalt

Wem gehört die Stadt? lautet der deutsche Titel eines US-amerikanischen Gangsterfilms aus dem Jahr 1936, in dem Edward G. Robinson einen Undercover-Cop und Humphrey Bogart einen ausgekochten Gangster spielt. Schauplatz des Dramas ist New York. Die dortige Polizei muss zusehen, wie das Geschäftsleben der Metropole zusehends unter die Kontrolle des Gangsterbosses Al Kruger kommt. Um der Lage wieder Herr zu werden, schleust die Obrigkeit den Polizisten Johnny Blake in die Unterwelt ein, dem es Schritt für Schritt gelingt, die entscheidenden Beweise zu sammeln und den Sumpf des Verbrechens trockenzulegen. Blakes Weg ist blutig, auch Al Kruger ereilt eine Kugel, sodass der Undercover-Polizist an seine Stelle rücken kann. Von dieser Position aus erkennt er, dass scheinbare Ehrenmänner der Stadt – ein Bankdirektor, ein Politiker, ein Geschäftsmann – die Drahtzieher dunkler Geschäfte sind.

Der Film zeigt, im Genre des Gangsterdramas, den gewaltsamen Kampf um den städtischen Raum, seine Ressourcen und Infrastrukturen. Gewalt – in Form von Faustschlägen und größerer Mengen blauer Bohnen – ist in diesem Kontext, in dem das Bürgerliche Gesetzbuch gegen die Gesetze der Unterwelt steht, die einzig wirkungsvolle Handlungsressource. Der Polizist muss letztlich wie ein Gangster agieren, um den Ganoven das Handwerk zu legen. Akteure sind jedoch nicht nur die harten Männer auf beiden Seiten, sondern auch die Stadt selber, die der Film eindrucksvoll in Szene setzt: die beleuchtete Skyline, die nächtlichen Straßen und verschwiegenen Gassen, die eleganten Interieurs teurer Restaurants, die Parks, Büroetagen, Keller und Hinterzimmer. All diese Schauplätze zeigen nicht nur, um welche Ressourcen gekämpft wird, sondern stecken auch den Kampfplatz ab: Hauptquartiere, Verstecke und Hinterhalte, Aufmarsch- und Schlachtfelder, Grenzen, Reviere und Territorien, über deren Beherrschung Revolverschüsse, meist abgefeuert aus nächster Nähe mit angelegtem Arm, die Entscheidung bringen: Wem gehört die Stadt? Am Ende verwunden sich Blake und sein ärgster Gegenspieler bei einem Schusswechsel gegenseitig; der Polizist kann – bevor er in der dramatischen Schlussszene seiner Verletzung erliegt – noch die Schurken ihrer gerechten Strafe zuführen. Ein Menschenleben ist der Preis für den Sieg des Guten – oder ist der Tod des Helden die Sühne dafür, dass er sich mit dem Bösen gemein gemacht hat?

https://doi.org/10.1515/9783110658354-002

Im Jahr 1968 veröffentlichte der französische Philosoph Henri Lefebvre eine kleine Schrift mit dem Titel *Le droit à la ville*. Darin erklärt er die Gestalt der zeitgenössischen europäischen Stadt – wobei er sich vor allem auf Paris bezieht – als das Ergebnis der Industrialisierung des 19. Jahrhunderts. Die dynamisch wachsende moderne Metropole habe sich in die mittelalterliche Raumstruktur der alten königlichen Residenz eingeschrieben, um sie schließlich zu sprengen. Ihre Gestalt im 20. Jahrhundert sei vor allem Ausdruck der Ungleichheit der industriellen Gesellschaft, deren urbanistische Entsprechung Segregation, also die Verdrängung der Arbeiter und Armen an den Stadtrand, sei, wo es kein Wohnen mehr gebe, sondern nur noch das staatlich geordnete Funktionieren des *habitat*. Um diese ungerechten Strukturen zu beseitigen, bedürfe es neuer Formen der Stadtplanung, eine neue Wissenschaft der Stadt und eine soziale und politische Bewegung, die deren Erkenntnisse in die Wirklichkeit umsetzt. Lefebvre fordert ein „Recht auf die Stadt", das heißt ein Recht auf gleichberechtigte Nutzung der Stadtmitte, auf Zugang, auf Orte der Begegnung und des Austausches.[1] Um dieses Recht durchzusetzen, bedürfe es einer „totalen" Revolution, die gleichermaßen die Wirtschaft wie die Politik und die Kultur, ja gar das menschliche Sein umwälzt und die der Arbeiterklasse die Stadt, derer sie enteignet wurde, zurückgibt.

Zwei Jahre später erschien ein weiteres Buch von Lefebvre, *La révolution urbaine*, in dem die zuvor aufgeworfenen Fragen angesichts fortgesetzter Unruhen in Paris politisch zugespitzt wurden. Lefebvre rief zur Aktion durch Stadtguerillas sowie zur Politisierung städtischer Fragen auf. Wiederum vier Jahre später veröffentlichte Lefebvre dann das Werk *La production de l'espace*, in dem er seine früheren, stärker aus politischem Engagement in kämpferischen Zeiten entwickelten Thesen aufgriff und zu einem größeren konzeptionellen Gebäude zusammenfasste.

In seiner Theorie der Stadt grenzt sich Lefebvre von einer Denktradition ab, die den Raum nur als ein Gefäß für Materie und menschliche Interaktionen sieht. Stattdessen versteht er ihn, im Anschluss an Leibniz, als ein Geflecht von Beziehungen zwischen Objekten sowie zwischen diesen Objekten und ihren Betrachtern und Benutzern, wodurch der Raum eine soziale Kategorie wird. Lefebvre nennt drei Arten und Weisen, in denen physischer Raum und Betrachter in Beziehung treten können: erstens den „wahrgenommenen" Raum (*espace perçu*), also den physischen Raum, der ohne jeglichen Gestaltungswillen von seinen Nutzern zur Kenntnis genommen wird. Davon unterscheidet Lefebvre zweitens den „konzipierten" Raum (*espace conçu*), der von den Kategorien wissenschaftlicher Erforschung und politischem Ehrgeiz durchzogen und der einflussreichen

---

1 Henri Lefebvre, *Le droit à la ville*, Paris: Édition Anthropos, 1968, 161.

Konzepten und wirkungsvollen Entscheidungen der Herrschenden unterworfen ist. Der „gelebte" Raum (*espace vécu*) schließlich ist jener, der durch die körperlichen Erfahrungen und Wünsche der Einwohner und Nutzer konstituiert wird. Diese Raumdimension stehe gegen die Interessen der Mächtigen und könne die Basis für Widerstand und den Kampf für alternative Formen der Raumorganisation und -nutzung sein. Der gelebte Raum ist gleichzeitig Voraussetzung und Ziel der städtischen Revolution. In Lefebvres Betrachtungsweise gibt es wohlgemerkt keinen Raum „an sich". Der Raum existiert nur in seiner Aktualisierung durch menschliche Wahrnehmung und durch das gestaltende Existieren der Körper in ihm; er realisiert sich nur durch mentale und körperliche Praxis.

Ob Lefebvre den Gangsterfilm von William Keighley, etwa in seiner französischen Version *Guerre au crime*, kannte, sei dahingestellt; doch seine Ausführungen sind durchaus dazu geeignet, die Konstellation des Films zu beschreiben. Denn auch im Hollywoodstreifen lassen sich die Ebenen der materiellen Bedingungen der Stadt, der Wissens- und Machtproduktion durch die Polizei sowie der „gelebte Raum", d. h. die geistige Konstruktion von alternativen Stadtvorstellungen durch die Ganoven unterscheiden. Der Film beschreibt, in Lefebvres Terminologie, die Rückeroberung des *espace vécu* durch die Obrigkeit, die wieder den Zustand eines *espace conçu* herstellen will. Austragungsort ist die „Praxis", das heißt die leibliche Konfrontation im Raum. Gewalt – teilweise mit Todesfolge – ist das Mittel dieser Konfrontation. Doch auch wenn die Konstellation des Films in Lefebvreschen Begriffen beschreibbar ist, legt die Anwendung der Theorie auf den Gangsterfilm deren größte Schwäche offen: ihr Übermaß an Determinismus. Denn die Akteure des *espace vécu* sind im Film eben nicht die ausgebeuteten Massen, sondern konkurrierende macht- und gewinnhungrige Eliten, die nach ihren eigenen Regeln spielen und ein alternatives Ordnungsmodell durchsetzen wollen. Offenbar ist das Verhältnis von Stadt, Raum und Gewalt variantenreicher als es Lefebvres Theorie nahelegt.

Henri Lefebvres einflussreiche Bücher sind nicht im luftleeren Raum geschrieben. Dem Philosophen ging es um ein im wahrsten Sinne des Wortes brennendes Thema seiner Zeit. Zu der Zeit als *Le droit à la ville* erschien und *La révolution urbaine* entstand, wurden im Pariser *Quartier Latin* Barrikaden gebaut, lieferten sich demonstrierende Studenten und Polizei im Stadtzentrum und im Vorort Nanterre erbitterte Gefechte, rollte eine Protestwelle durch Europa und Nordamerika. Konfrontation und Gewalt werden in Lefebvres Werken nicht zwangsläufig als Teil der „urbanen Revolution" verstanden, die für ihn vor allem ein mentaler und sozialer Prozess ist, aber sie werden als Mittel durchaus in Betracht gezogen: Weil der städtische Raum eine Aktualisierung ungleicher sozialer Interaktionen ist, so könnte man die implizite These zusammenfassen, können Demonstranten umgekehrt durch die Eroberung und Verteidigung von öffentlichen Gebäuden, Straßen und Plätzen, durch alternative, kreative Praktiken die bestehenden Hierarchien angreifen und umkehren. Laut Lefebvre können sie es nicht nur, sondern sie haben das Recht dazu.

Angesichts solch gegenseitiger Durchdringung von Theorie einerseits und sozialer und politischer Praxis andererseits ist es wenig verwunderlich, dass Lefebvres Reflektionen über den Wirkungszusammenhang von städtischer Gewalt und Raum in jüngster Zeit große Aufmerksamkeit unter Soziologen, Politikwissenschaftlern und Historikern erfahren haben.[2] Die Welt sieht sich erneut mit einer Welle von Protestgewalt konfrontiert, deren sichtbarster Teil im städtischen Raum situiert ist. In Deutschland eskalierte die Lage zuletzt bei den Ausschreitungen gegen den G8-Gipfel im Hamburger Schanzenviertel. Im gleichen Jahr 2017 gab es jedoch auch Unruhen in vielen Hauptstädten Lateinamerikas. Auch in den Vorjahren meldeten die Zeitungen viele vergleichbare Ereignisse städtischen Protestes und urbaner Gewalt: das Camp auf dem Homan Square in Chicago im Jahr 2016, zuvor die Aufstände in Bangkok, die Besetzung des *Rothschild-Boulevard* in Tel Aviv, des *Tahrir* in Kairo, des *Maydan* in Kiew, des *Taxim* in Istanbul, die Bewegung der *Indignados* in den spanischen Städten, die Proteste auf dem Athener *Syntagma*-Platz. Die in diesen Protesten formulierten Forderungen sind sehr unterschiedlich, es ähneln sich jedoch die Protestmuster. Insbesondere die Praxis der Platzbesetzung, bei der es nicht um eine kurzfristige Bewegung auf Straßen und auf Plätzen geht, sondern um die Aneignung und Verteidigung eines beanspruchten Territoriums, macht die Relevanz der Raumdimension deutlich. Letztlich stehen auch hier, selbst wenn die Anliegen des Protestes auf nationale oder globale Themen gerichtet zu sein scheinen, Praktiken der alternativen Raumnutzung im Zentrum. So lassen sich auch hier Lefebvresche Fragen stellen: Wem gehört die Stadt, bzw. bestimmte ihrer Straßen, Plätze oder Viertel? Der Regierung? Der Polizei? Den Demonstranten? Den „normalen" Bürgern? Den Touristen? Den Investoren? Den Migranten? Wer kann sich welche Wohngegend leisten? Wer darf sich wo aufhalten? Wer fühlt sich wo zu Hause und sicher? Wessen Stimme wird gehört? Wer hat Zugang zu den Foren der städtischen Öffentlichkeit? Wer prägt die urbane Identität?

---

2 Łukasz Stanek, *Henri Lefebvre on Space: Architecture, Urban Research, and the Production of Theory*, Minneapolis: University of Minnesota Press, 2011; Chris Butler, *Henri Lefebvre. Spatial Politics, Everyday Life and the Right to the City*, London: Routledge-Cavendish, 2010; Christian Schmid, *Stadt, Raum und Gesellschaft: Henri Lefebvre und die Theorie der Produktion des Raumes*, Stuttgart: Steiner, 2005; Deborah Martin & Byron Miller, „Space and contentious politics", in: *Mobilization* 8, 2 (2003): 143–156; David Harvey, *Rebel Cities. From the Right to the City to the Urban Revolution*, London & New York: Verso, 2013.

Die Wissenschaft sucht – angesichts der Herausforderungen der Gegenwart – nach Antworten auf diese Fragen und allgemein nach den Zusammenhängen zwischen Raum und Gewalt. Inzwischen kann man mit Fug und Recht sagen, dass der *spatial turn* auch die internationale Protest-, Gewalt- und Bewegungsforschung erreicht hat. Dieser Band dokumentiert die Ergebnisse einer Tagung, die im Februar 2015 als Kooperation zwischen dem von BMBF und MESRI gemeinschaftlich geförderten Verbundprojekt *Saisir l'Europe – Europa als Herausforderung*[3] und dem Hamburger Institut für Sozialforschung stattfand. Der Band versammelt Beiträge von Wissenschaftlerinnen und Wissenschaftlern, die anhand von empirischen Fallstudien ausloten, was zu lernen ist, wenn man, wie Henri Lefebvre, den Stadtraum nicht mehr nur als Bühne von Protest und Gewalt, sondern vielmehr als eine Größe *sui generis* betrachtet. Die Beiträge stammen aus Frankreich und Deutschland, und zum Gewinn der Zusammenarbeit trug die Beobachtung der Ähnlichkeiten und Unterschiede zwischen den Phänomenen und wissenschaftlich-politischen Debatten in beiden Ländern bei. Die Missverständnisse beginnen – wie Fabien Jobard in seinem Beitrag betont – schon bei der Terminologie: *Violence urbaine* beschreibt gewalttätige Ausschreitungen und kann keinesfalls mit „städtischer Gewalt" übersetzt werden, was vor allem Kriminalität beschreibt. Auch stellt sich die Frage nach der Vergleichbarkeit: Haben die Revolten in den Vorstädten französischer Städte ein Pendant in Deutschland?[4] Moritz Rinke bejaht dies in seinem Aufsatz. Welche Auswirkungen haben die unterschiedlichen Wahrnehmungen, mit denen Polizisten in Frankreich und Deutschland in „ihren Problemvierteln" agieren?, fragen entsprechend Daniela Hunold und Jacques de Maillard.

Lefebvres Theorie steht in diesem Band bei einigen Beiträgen Pate, doch während sein Raumkonzept durchaus rezipiert und auf empirische Beispiele angewandt wird, wird es gleichzeitig erweitert und an vielen Stellen auch widerlegt. Nicht nur ein Gangsterfilm zeigt, dass Lefebvres Denken zwar hilfreiche Kategorien und Modelle liefert, die deterministische Verengung seines Ursachenmodells der Vielfalt der städtischen Situationen jedoch nicht gerecht wird.

---

3 Für Informationen zum Projekt siehe www.saisirleurope.eu; Falk Bretschneider, Ariane Jossin, Teresa Koloma Beck, Daniel Schönpflug (Hg.), Gewalt vor Ort. Raum – Körper – Kommunikation; Frankfurt a.M., Campus. 2019.
4 Karsten Keller, „Französische Zustände überall? Segregation und die Dispersion von Konflikten in europäischen Städten", in: Bernd Belina u. a. (Hg.), *Urbane Differenzen. Disparitäten innerhalb und zwischen Städten*, Münster: Verlag Westfälisches Dampfboot, 2011, 231–249.

Gewalt und Politik in der Stadt

Der Originaltitel des Gangsterdramas *Wem gehört die Stadt?* lautet *Bullets or Ballots*. Dieser erinnert daran, dass Gewalt im Stadtraum ein politisches Phänomen ist oder zumindest sein kann. Diese These stimmt, so zumindest Henri Lefebvres Auffassung, nicht nur, weil (und wenn) in gewalttätigen Protesthandlungen in der Stadt politische Forderungen vorgebracht werden. Sie gilt auch dann, wenn in „unartikulierten", d. h. ohne explizit formulierte Forderungen auftretenden, Protest- und Gewalthandlungen dominierende und alternative Vorstellungen des Stadtraums miteinander ringen. Darüber hinaus wird der Straßenkampf – auch darauf weist Lefebvre hin – durch die der Gewalt vorausgehenden und ihr folgenden politischen Debatten über deren Sinn und Zweck, deren Ursachen und Folgen, deren Erfolg und Misserfolg erweitert. Zu diesen Deutungsdebatten tragen oft weniger die unmittelbar an Protest und Gewalt beteiligten Akteure – in der Regel Demonstranten und Polizei – bei, als vielmehr die städtische Öffentlichkeit und die Medien, ganz besonders aber die Justiz und die zuständigen Politiker, die in ihren Reden, Beschlüssen und Anordnungen das Geschehene deuten und, je nach ihrer Couleur, Konsequenzen ziehen. Im öffentlichen Raum und in den Institutionen wird die gewalttätige Auseinandersetzung im Stadtraum mit anderen Mitteln fortgesetzt. Erst wenn die Konkurrenz der Akteure, Medien, Beamten und Politiker um die Deutung von fliegenden Steinen, zerbrochenen Fensterscheiben oder geplünderten Geschäften entschieden ist, klärt sich letztlich, was eigentlich geschehen ist und welche Schlüsse gezogen werden müssen. Aber ist das Politische in der städtischen Gewalt tatsächlich so zentral, ja vielleicht gar vorrangig? Welche Politik wird mit Steinen und brennenden Autos gemacht? Und von wem?

Fabien Jobard setzt sich in seinem Eröffnungsaufsatz mit eben jener Frage auseinander und beginnt seine Ausführungen mit dem Tatbestand, dass im öffentlichen Diskurs der politische Charakter städtischer Gewalt vielfach geleugnet wird. Während die Sympathisanten des Aufruhrs die politischen Motive hinter dem Geschehen herausstellen, beharren ihre Gegner zumeist darauf, dass städtische Protestgewalt von blinder Zerstörungswut und jugendlichem Leichtsinn generiert, von „Randalierern", gar von der „Canaille" ausgeführt wird. Auch im wissenschaftlichen Diskurs sind städtische Gewaltereignisse vielfach verengend als *consumer riots* bezeichnet worden.[5]

---

[5] Diese Begriffe prägten sich während und nach den Londoner Aufständen von 2011 aus (vgl. Tim Newburn et al., „Shopping for free? Looting, consumerism and the 2011 riots", in: *British Journal of Criminology* 55, 5 (2015): 987–1004 sowie das Interview „Zygmunt Bauman on the UK Riots", in:

Doch solche Deutungen werden nicht von den Ergebnissen der jüngeren Forschung gestützt, die Fabien Jobard in seinem Aufsatz zu Rate zieht: Urbane Proteste und Gewalt mobilisieren durchaus politische Forderungen, auch wenn diese nicht auf den üblichen Kanälen und in der etablierten Sprache der politischen Aushandlung geäußert werden. Vielmehr muss, wer die Politik der Revolten verstehen will, den Raum und die Bewegung der Körper in ihm zu lesen lernen. Dann wird offensichtlich, was geworfene Steine, brennende Autos und zerschlagene Schaufenster nicht offenbaren: Gewalt reagiert vielfach auf Eingriffe in soziale und bauliche Strukturen eines Viertels. Nur wer sich der Anstrengung der detaillierten Lektüre einzelner Protestgeschehen unterzieht und dabei auch zwischen den Zeilen zu lesen versteht, erkennt laut Jobard, dass städtische Unruhen durchaus eine Chance für randständige soziale Gruppen sein können, an der lokalen Politik mitzuwirken. Diese Form der politischen Intervention ist häufig stark ritualisiert und die Interaktionen zwischen den verschiedenen beteiligten Gruppen – Regierung, Verwaltung, Justiz, Polizei, Demonstranten, Anwohner – lange vor dem Gewaltereignis eingespielt. Gewachsene Netzwerke und geltende Gesetze hegen die Tage des Zornes ein, machen sie zu Geschehnissen im Kreis von Bekannten und sorgen für eine Abstimmung der Forderungen und eine Begrenzung der Schäden. So sind Auseinandersetzungen mit der Polizei und Sachbeschädigung vielerorts – und bei weitem nicht nur im Westen – zu einem strategischen Mittel zur Beanspruchung von Ressourcen geworden – wieder geht es um die Frage: Wem gehört die Stadt?

Gleichzeitig besteht Jobard darauf, dass städtische Gewalt zwar imminent politisch, aber dennoch alles andere als revolutionär sei. Sie konfrontiert nicht zwangsläufig die ausbeutende und die ausgebeutete Klasse miteinander, sondern Gruppen, deren Kohärenz sehr unterschiedlich definiert sein kann – etwa durch ethnische Zugehörigkeit, Religion oder den Ausschluss von der Wirtschaftsordnung. Auch zielt Gewalt eben meist nicht – wie von Lefebvre gefordert – auf die Umwälzung der gesellschaftlichen Verhältnisse, sondern vor allem auf begrenzte Wünsche zur Mitgestaltung der unmittelbaren Umgebung, was auch konservative Anliegen, den Wunsch zur Verhinderung von angsteinflößenden Veränderungen, einschließen kann. Wie aber passt dies zu unserer Wahrnehmung des rezenten Weltgeschehens, zur Tatsache, dass vielerorts Gewalt in Städten und vor allem die Besetzung und Verteidigung städtischer Plätze zum Sturz von Regierungen und zur Entstehung neuer Regime beigetragen haben? Der Widerspruch lässt sich wohl aufheben oder zumindest abmildern, wenn man verglei-

---

Social Europe [online am 15.8.2011, konsultiert am 3.4.2019] https://www.socialeurope.eu/interview-zygmunt-bauman-on-the-uk-riots.

chend auf den Zyklus der modernen Revolutionen seit dem 18. Jahrhundert zu-
rückblickt. Dann lässt sich feststellen, dass urbane Unruhen zwar Teil eines jeden
dieser nationalen Umbrüche waren, dass für den Umsturz eines Regimes aber
Protest und Gewalt von unten mit konkurrierenden Machtansprüche an der Spitze
eines Staates zusammenkommen mussten.[6] Die in ihrem Kern *gegen* Veränderung gerichtete städtische Gewalt des 14. Juli 1789 etwa, die eine lange Serie von
ähnlichen Vorfällen fortsetzte, die Paris während des gesamten 18. Jahrhunderts
erschüttert hatten, konnte nur deshalb weitreichende nationale und internationale Folgen entfalten, weil eine konkurrierende Elitenformation, die revolutionäre
Patriotenpartei, an der Spitze des Staates längst eine neue Ordnung ausgerufen
hatte.[7] Städtische Gewalt ist also hier – und, wie im Folgenden argumentiert wird,
auch in den letzten Jahren in Tunis, Kairo oder Kiew – nur eine und vielleicht nicht
einmal die entscheidende Ebene des mehrschichtigen Ereigniskomplexes „Revolution".

Jan Philipp Reemtsma erhebt Einspruch und verschiebt in seiner Replik auf
Fabien Jobards Vortrag, die später Ausgangspunkt für seinen Abschiedsvortrag
vom Hamburger Instituts für Sozialforschung war, die Ebene der Betrachtung.
Ihm scheinen die Bemühungen, dem gewalttätigen Handeln ein Motiv, ein
wohlmöglich berechtigtes Anliegen zu unterstellen, ein tieferes psychologischen
Bedürfnis zu enthüllen: In der Gewalttat, so Reemtsma, biete sich ein Ausweg
aus den Zumutungen der bürgerlichen Gesellschaft. Das Bedürfnis nach Ge-
waltakten (oder den Wunsch, diese mit rationalen Erklärungsmuster zu versehen)
erklärt er als Ausbruchswunsch aus den Zwängen einer Existenz, die systemati-
sches, diszipliniertes Leben und Triebunterdrückung verlangt, aber dafür keine
adäquate Belohnung zu bieten hat. Solche Gewaltsehnsüchte entstammen, laut
Reemtsma, gleichsam dem Unbehagen an der Kultur. Das gewaltsame Agieren
erlaube, zumindest für einen Moment, das Heraustreten aus der äußeren und
inneren Ordnung und aus der Anonymität. Es ermögliche Heldentaten wie einst
auf dem Schlachtfeld, narzisstische Gewinne und einen Moment der „exzessiven
Entsublimation". Die Tatsache, dass gewalttätige Handlungen von denen, die sie
verurteilen, als Taten der „Canaille", des „Abschaums", des „Lumpenproletariats", gar des „Kots" diffamiert werden, legt, so folgert Reemtsma wiederum in
einer Freudschen Denkfigur, die unterdrückte Sehnsucht nach solcher Form anti-
bürgerlicher Befreiung offen. Mit solch' ambivalenten Emotionen, die sich aus

---

6 Charles Tilly, *European Revolutions 1492–1992*, Oxford: Oxford University Press, 1995, 8–14.
7 In diesem Sinne argumentierten schon François Furet und Denis Richet in ihrer Darstellung *La
Révolution*, Bd. 1, Paris: Fayard 1965.

Angst und Begehren zusammensetzen, lässt sich, so viel ist sicher, trefflich Politik machen.

Reden Jobard und Reemtsma miteinander oder aneinander vorbei? Muss sich der Forscher *a priori* entscheiden, ob er gewaltsamen Akteuren eine strategische Rationalität zugestehen möchte? Macht sozialwissenschaftliche Forschung über Gewalt in der Stadt überhaupt Sinn, wenn die Existenz von rationalen Motiven für Gewaltausübung von vornherein ausgeschlossen wird? Oder gibt es doch *common ground*? Eventuell löst sich der Widerspruch durch Skalierung: Wohlmöglich hat Reemtsma die individuellen psychologischen Handlungsantriebe freigelegt, die in jeweils spezifischen Kontexten dann zu kollektiven politischen oder zumindest politisierbaren Bewegungen und Aktionen im Sinne Jobards werden. Jedenfalls scheint es nicht undenkbar, dass „irrationale" psychologische und „rationale" politische Impulse ineinandergreifen.

Gewalt und Raum: Ansätze jenseits des Klassenkampfs

Die von Jan Philipp Reemtsma angesprochenen sozialpsychologischen Thesen, davon wird noch zu sprechen sein, haben eine lange Tradition, die bis zu Gustave Le Bons *Psychologie der Massen* von 1895 zurückreicht, und sie haben die Gewaltforschung immer wieder inspiriert.[8] Gleichwohl gilt es festzuhalten, dass der überwiegende Teil der sozialwissenschaftlichen Forschung über Protest und Gewalt im städtischen Kontext nach der Rationalität von Mobilisierungen gefragt hat; diese Forschungsrichtung ist jedoch gleichzeitig kritisch gegenüber deterministischen Erklärungsmustern, für die Henri Lefebvre steht. Die derzeit wohl einflussreichsten Ansätze ruhen zumeist auf umfangreicher empirischer Arbeit und sind von einer grundlegenden Skepsis gegenüber apriorischer Zuschreibung bestimmter Handlungsmotive für Gewalt im Stadtraum geprägt. Für die historische Forschung ist dies schon deshalb naheliegend, weil sie sich auch mit vor- und frühindustriellen Gesellschaften auseinandergesetzt hat, die nicht der Logik einer das Recht auf die Stadt durch alternative Raumnutzung einfordernden industriellen Arbeiterschaft gehorchen können. So hat sich in der sozialgeschichtlichen Forschung zum Thema schon längst eine akteurszentrierte Perspektive durchgesetzt, die mit allzu schematischen Vorstellungen davon, wie sich soziale

---

8 Für Gewalt als einenden Lebensstil plädiert etwa Sven Reichardt, *Faschistische Kampfbünde: Gewalt und Gemeinschaft im italienischen Squadrismus und in der deutschen SA*, Köln: Böhlau, 2002.

oder politische Makrostrukturen in konkrete Protest- und Gewalthandlungen umsetzen, aufgeräumt hat. Die Sozialgeschichte hat vielmehr darauf hingewiesen, dass es einer tiefergehenden Betrachung von im jeweiligen lokalen Kontext spezifischen Deutungsweisen und Handlungsmustern bedarf. George Rudé verlieh bereits seit den 1950er Jahren seiner Überzeugung Ausdruck „that the ‚crowd' or popular movements have to be studied as a historical phenomenon, and not as a stereotype that is equally suited to any form of society."[9]

Bahnbrechend waren die Arbeiten des britischen Historikers Edward P. Thompson, der gezeigt hat, dass revoltierende Massen des 18. Jahrhunderts Leben und Gesundheit im Namen einer *moral economy* riskierten, die mit der abstrakten Logik des Klassenkampfes nur wenig gemein hat. Revolten orientierten sich eben nicht an der Hoffnung auf eine klassenlose Gesellschaft unter der Diktatur des Proletariats, sondern vielmehr an traditionalen Vorstellungen von gerechter und guter Wirtschaft, die nach Meinung der Protestierenden verlorengegangen waren und zu denen es zurückzukehren galt.[10] In ähnlich paradigmatischer Weise hat Nathalie Zemon Davis die religiösen Motive in der vormodernen Gewalt und ihren rituellen Charakter betont, die in ihren wiederkehrenden kulturellen Formen Konfliktpotentiale einerseits auffängt, doch unter bestimmten Bedingungen auch dynamisiert.[11]

Diese inzwischen klassischen Forschungen zum gewalttätigen Volksprotest haben sich in der Regel vergleichend auf städtische Fallstudien gestützt, um von diesen aus verallgemeinerbare Thesen zur Aufstandsgewalt zu entwickeln. Parallel entstand jedoch eine Stadtgeschichte von Gewaltereignissen, der es weniger um die Extrapolation allgemeiner Modelle und Muster und vielmehr um die Spezifik der Gewaltgenese in einem in der Tiefe untersuchten lokalen Kontext ging. Solche Studien können vielleicht als die wichtigsten Vorläufer einer raumorientierten Gewaltforschung angesehen werden, in der die Stadt nicht mehr nur die Bühne von Protest und Ausschreitungen ist, sondern gleichzeitig Quelle und Ressource, Aufmarsch- und Schlachtfeld. Als eines der besonders früh entwickelten Forschungsfelder ist hier die Lokalgeschichte der Französischen Revolution zu nennen. Allein die Tatsache, dass sich der Zusammenhang zwischen Stadtsoziologie, Stadtraum und Protest in den zahlreichen untersuchten Fällen

---

9 George Rudé, *The Crowd in History: A Study of Popular Disturbances in France and England, 1730–1848*, New York: John Wiley & Sons, 1964, 17.

10 Edward P. Thompson, „The moral economy of the English crowd in the Eighteenth Century", in: *Past & Present* 50 (1971): 76–136.

11 Nathalie Zemon Davis, „The rites of violence: Religious riot in Sixteenth-Century France", in: *Past & Present* 59 (1973): 51–91.

ganz unterschiedlich darstellte, obwohl sie doch alle zum gleichen Großereignis Revolution gehörten, spricht gegen jede Form von Determinismus.[12]

In jüngerer Zeit sind solche lokalgeschichtlichen Zugriffe aufgegriffen und um die Prämissen des *spatial turns* erweitert worden. Stellvertretend für eine wachsende jüngere Forschungsliteratur soll hier Friedrich Lengers Tagungsband *Kollektive Gewalt in der Stadt* genannt werden. Lenger betont, dass Gewalt bislang ein wenig behandeltes Gebiet der Stadtgeschichte des 20. Jahrhunderts sei. Die Stadtsoziologie sei viel zu sehr davon ausgegangen, dass „es [...] Städten wesenseigen" sei, „die aus Differenz erwachsenden Konflikte friedlich zu verhandeln"[13]. Gleichzeitig erteilt er monolitischen Erklärungsmustern für städtische Gewalt eine Absage. Gewalt sei nicht einfach „aus den Intentionen politischer Parteien und Akteure"[14] zu erklären, sondern vielmehr aus einer inneren Dynamik, aus räumlich verortbaren Gewaltpraxen, die häufig lange historische Entwicklungslinien aufweisen. Martin Baumeister liefert dafür mit seiner Analyse von Gewalttraditionen in Barcelona und Turin zwischen 1890 und 1923 ein Beispiel, indem er sich auf die jeweils unterschiedlichen „Arenen der Gewalt" beider Städte konzentriert.[15] Robert Gerwarth handelt über rechte Gewaltgemeinschaften in Berlin, Wien und Budapest nach dem Ersten Weltkrieg. Er kann zeigen, dass die Konfrontationen zwischen links und rechts auch eine spatiale Dimension haben: Während die linken Gruppierungen in den Arbeitervierteln der jeweiligen Städte ihr festes Terrain haben, kehren rechte Kämpfer erst in den 1920er Jahren von den Schauplätzen des „Krieges nach dem Krieg" zurück. Bei der Ankunft sind sie in der Regel in Lagern oder Kasernen konzentriert und müssen sich „ihre" Viertel erst erobern. So kann man die gewalttätigen Auseinandersetzungen in Berlin, Wien und Budapest nach 1918 auch als Territorialkämpfe zwischen zwei Milieus

---

12 James N. Hood, „Patterns of popular protest in the French Revolution: The conceptual contribution of the Gard", in: *Journal of Modern History* 48 (1976): 259–293; Lynn Hunt, *Revolution and Urban Politics in Provincial France Troyes and Reims 1786–1790*, Stanford: Stanford University Press, 1978; Colin Lucas, „Talking about urban popular violence in 1789", in: Alan Forrest & Peter Jones (Hg.), *Reshaping France: Country, Town and Region during the French Revolution*, Manchester: Manchester University Press, 1991, 122–136; Andreas Würgeler, *Unruhen und Öffentlichkeit: Städtische und ländliche Protestbewegungen im 18. Jahrhundert*, Tübingen: bibliotheca academica, 1995.
13 Friedrich Lenger (Hg.), *Kollektive Gewalt in der Stadt: Europa 1890–1939*, München: Oldenbourg Verlag, 2013, 10; ähnliche Argumente finden sich in dem von Klaus Weinhauer und Dagmar Ellerbrock herausgegebenen Themenheft „Stadt, Raum und Gewalt" (=*Informationen zur modernen Stadtgeschichte* 2 (2013)).
14 Lenger, *Kollektive Gewalt*, 9.
15 Martin Baumeister, „Arenen des Bürgerkriegs? Kollektive Gewalt in Barcelona und Turin 1890–1923", in: Lenger, *Kollektive Gewalt*, 123–147.

mit unterschiedlichen Sozialprofilen und unterschiedlichen Erlebnishorizonten interpretieren.[16] Über die Topographie der Gewalt in Städten des späten russischen Zarenreiches schreibt Malte Rolf. Er unterscheidet zwei fundamental unterschiedliche urbane Konstellationen, indem er die Metropolen des Imperiums – etwa Petersburg oder Moskau – mit den seit 1850 rasant wachsenden „Industriedörfern" wie Jusowka oder Jekaterinoslaw vergleicht. Während erstere historisch gewachsen und administrativ-polizeilich durchdrungen waren, glichen letztere wildgewachsenen Agglomerationen, aus deren Steuerung sich der Staat weitgehend heraushielt. In anderen Städten des Zarenreichs, wie etwa Baku, wucherten wilde Industriesiedlungen an den Rändern alter urbaner Zentren. In den unterschiedlichen Zonen existierten ganz verschiedene Gewaltregime, was aber nur dann öffentliche Aufmerksamkeit erregte – und hier klingen die Argumente von Henri Lefebvre an –, wenn sich die tagtägliche Gewalt der Industriesiedlungen und Vororte plötzlich ins prächtige Zentrum einer Stadt verlagerte.[17]

So hat die stetig wachsende stadtgeschichtliche Forschung gezeigt, wie unterschiedlich Städte und ihre Gesellschaften sein können. Lefebvres Axiom, dass die Mehrheit der Bewohner moderner Städte in erster Linie als Industrialisierungsopfer anzusehen seien und dass in urbanen Kontexten grundsätzlich Klassenkämpfe ausgetragen werden, lässt sich vor diesem Hintergrund nicht aufrecht erhalten. Vielmehr gilt es in jeder Stadt, die spezifischen und komplexen Konstellationen von wahrgenommenem, konzipiertem und gelebtem Raum wahrzunehmen. Die Konfliktstrukturen können politischer, sozialer, religiöser oder kultureller Natur sein – oder auch ökonomischer, ohne zwangsläufig Ausgebeutete gegen Ausbeuter zu mobilisieren. Entsprechend vielfältig stellt sich der Niederschlag von sozialen Strukturen im städtischen Raum dar und entsprechend mannigfaltig sind die Wirkungen des Stadtraums auf die Gewalt.

Dies wird umso offensichtlicher, wenn – wie in jüngster Zeit geschehen – auch Städte und Protestformen außerhalb des Westens in den Blick genommen werden. Hier sind exemplarisch zwei aus einem jüngst abgeschlossenen Projekt stammende Sammelbände zu nennen. 2015 erschien eine Sammlung mit dem Titel *Urban Violence in the Middle East*[18], im folgenden Jahr Nelida Fuccaros Band

---

16 Robert Gerwarth, „Rechte Gewaltgemeinschaften und die Stadt nach dem Ersten Weltkrieg: Berlin, Wien und Budapest im Schatten von Kriegsniederlage und Revolution", in: Lenger, *Kollektive Gewalt*, 103–121.
17 Malte Rolf, „Metropolen im Ausnahmezustand? Gewaltakteure und Gewalträume in den Städten des späten Zarenreiches", in: Lenger, *Kollektive Gewalt*, 33–37.
18 Ulrike Freitag, Nelida Fuccaro, Claudia Ghrawi & Nora Lafi (Hg.), *Urban Violence in the Middle East: Changing Cityscapes in the Transition from Empire to Nation States*, New York & Oxford: Berghahn, 2015.

Violence in the City in the Modern Middle East[19]. Zusammengenommen bieten die beiden Bände ein eindrucksvolles Panorama von Fallstudien, dessen gemeinsamer Ausgangspunkt das Bestreben ist, die Gewalt des arabischen Frühlings nicht einfach als Konfrontationen ideologisch definierter Großgruppen abzuhandeln, deren tieferliegende Motive die „Revolution", „der Islam" oder „Tribalismus" und deren Schauplatz zufällig zentrale Orte von Städten sind. Durch die Einbeziehung der historischen Tiefe geht es vielmehr darum zu zeigen, dass die Städte des Mittleren Ostens lange Konflikt- und Gewalttraditionen haben, die tief in ihrer Stadtsoziologie und -kultur verankert und eher rekurrierend als singulär sind. Dies lässt sich an vielerlei verschiedenen Beispielen demonstrieren, wo – wie etwa in Ägypten und Tunesien im arabischen Frühling von 2011 – keineswegs nur Aufständische gegen die Regierung kämpften, sondern gleichzeitig konkurrierende städtische Gruppen untereinander.[20] Einzelne Beiträge aus den genannten Bänden über den Mittleren Osten streichen die Raumdimension besonders heraus, dazu gehört etwa ein Aufsatz von Roberto Mazza, in dem er zeigt, wie die britische Besetzung Jerusalems im Ersten Weltkrieg und die dieser folgenden städtebaulichen Veränderungen der Heiligen Stadt zu den *Nebi-Musa*-Unruhen von 1920 führten.[21] Eine solche stadt- und raumsoziologisch informierte Herangehensweise ist geeignet, unser Bild vom arabischen Frühling als einer Kettenreaktion nationaler Revolutionen zu differenzieren. Vielmehr drängt sich die Frage auf, wie eine solche Vielzahl lokaler Konflikt- und Gewalttraditionen untereinander verkettet und in den Rahmen einer nationalen und regionalen politischen Großbewegung eingebettet werden konnte.

Parallel zu den hier skizzierten historischen Forschungsdebatten vermehrt sich auch die politikwissenschaftliche und soziologische Forschung, die einerseits den Blick auf jüngere Gewaltereignisse lenkt, andererseits die Kategorien, in denen städtische Gewalt analysiert wird, zunehmend schärft und erweitert. In den empirischen Beiträgen ist ebenso wie in der theoretischen Literatur eine zunehmende Fokussierung auf den städtischen Raum und die vielfältigen Weisen zu beobachten, wie er Protest und Gewalt prägt. Schon in den 1990er Jahren wurden

---

19 Nelida Fuccaro (Hg.), *Violence and the City in the Modern Middle East*, Stanford: Stanford University Press, 2016.
20 Ebd., 6.
21 Roberto Mazza, „Transforming the Holy City: From communal clashes to urban violence, the Nebi Musa Riots", in: Freitag et al., *Urban Violence in the Middle East*, 179 – 194.

vereinzelt die spatialen Effekte von Widerstandshandeln im Rahmen des Konzepts der *geographies of resistance* untersucht.[22]

Seit den frühen 2000er Jahren ist über die Fragen von Protest, Gewalt und Stadtraum auch eine neue theoretisch-methodische Debatte entstanden, in die sich führende Vertreter der Gewalt- und Bewegungsforschung eingeschaltet haben. So hat etwa der Revolutionsforscher Charles Tilly eine Typologie entwickelt, die helfen soll, das Verhältnis von Protest (*contentious politics*) und Raum zu klassifizieren. Er unterscheidet zwischen der Geographie der Polizeiarbeit, die in unterschiedlichen Räumen unterschiedliche Intensität und Durchdringungsgrad erreicht und so dazu beiträgt, dass es „sichere Räume" gibt, in denen Widerstand sein Rückzugsgebiet findet. Einschlägig für die räumlichen Aspekte des Protestes ist für ihn weiterhin das *spatial claimmaking*, d. h. die zeitlich begrenzte Inanspruchnahme von Raum durch Protestierende, die insbesondere dann wirkungsvoll ist, wenn es sich um symbolisch aufgeladene Orte handelt – in Paris nennt er etwa die *Place de Grève* vor dem Rathaus der Stadt. Davon unterscheidet Tilly das Ringen um dauerhaftere Raumkontrolle, wie es etwa die Übernahme des Pariser Stadtzentrum durch die *Commune* prägte. Alle vier räumlichen Konfigurationen seien in der Geschichte des städtischen Protestes eingeschrieben und in Studien über Fälle seit dem 18. Jahrhundert nachweisbar.[23]

Aus einer Diskussion zwischen Charles Tilly und William Sewell ist ein konzeptioneller Aufsatz hervorgegangen, der geeignet ist, das Lefebvresche Denken allgemeiner anwendbar zu machen und auf eine neue Ebene zu heben. Sewell betrachtet den Raum durch die Brille der Theorie der Strukturierung von Anthony Giddens: Raum sei gleichzeitig der Rahmen, in dessen Kontext soziale Akteure ihre Handlungsrepertoires ausführen können, den sie aber umgekehrt auch durch abweichende Handlungsmuster prägen oder verändern können. Soziale Handlungen seien zwangsläufig raumgebunden, und in einer Stadt sei die räumliche Differenzierung besonders groß. Sewell unterscheidet zwischen einer Makroebene (Typus von Stadt, Zentrum oder Peripherie), einer Mesoebene (Regierungs-, Wohn-, Geschäftsviertel, Slum, ethnische Bezirke wie etwa Chinatown, jüdisches Viertel oder Little Italy) und einer Mikroebene (Parlament, Markt, öffentliche Toilette, Universität). Gleichzeitig sind städtische Räume symbolisch aufgeladen und kulturell kodiert etwa als chic, gefährlich, langweilig, lebendig, fremdenfeindlich. Die Akteure sind in der Lage, sich zwischen diesen Kontexten zu bewegen, sie sind es gewohnt, die an unterschiedlichen Orten gültigen Re-

---

22 Steve Pile & Michael Keith (Hg.), *Geographies of Resistance*, London: Routledge 1997; in ähnlicher Weise nähert sich Paul Routledge dem Problem: *Terrains of Resistance: Nonviolent Social Movements and the Contestation of Place in India*, Westport/Con.: Praeger, 1993.
23 Charles Tilly, „Spaces of contention", in: *Mobilization* 5, 2 (2000): 135–159.

pertoires zu bedienen. Doch in bestimmten Situationen, die Sewell am Beispiel von Peking 1989 und Paris 1789 vorführt, wird von den Routinen abgewichen. Der entscheidende Faktor ist die *co-presence*, d. h. die verdichtete Vergesellschaftung in den Räumen der Stadt. Eine Demonstration ist in dieser Perspektive nichts anderes als eine Massierung gleichzeitiger Anwesenheit bis zu einem Grad, in dem eine „Menge" entsteht, die allein durch ihre zahlenmäßige Größe, ihr Bewusstsein von sich selber und ihre gemeinsame Bewegung im Raum zu einer politisch relevanten Größe werden kann. Weil die chinesischen Studenten sich im *safe space* ihres Universitätscampusses sammeln konnten, erreichten ihre Versammlungen ausreichende Größe, um aus den Vororten kommend, verschiedene Polizeilinien zu durchbrechen und schließlich am zentralen Ort der Hauptstadt, dem Platz des Himmlischen Friedens, anzukommen. Die Regierung sah sich durch diese Grenzüberschreitung in einer Art und Weise angegriffen, in der ihr tödliche Gewalt als einzig möglicher Ausweg erschien. Sie ließ auf die protestierenden Studenten schießen, wahrscheinlich nicht weniger als 10.000 Menschen starben.[24]

In diesem Überblick über die Debatten über das Problem von Gewalt und Stadtraum darf schließlich das Konzept des „gewaltoffenen Raumes" oder „Gewaltraumes" nicht fehlen.[25] Der Begriff beginnt erst in jüngster Zeit konzeptionelles Profil zu gewinnen. Er beschreibt Räume, in denen die Abwesenheit einer staatlichen oder anderen Ordnung Gewalt zur bestimmenden Handlungsressource werden lässt. Eine solche Betrachtungsweise scheint für die Untersuchung städtischer Gewalt nur bedingt nützlich, denn die vollständige Abwesenheit jeglicher Ordnungsinstanzen in Städten oder Stadtteilen kommt nur in Ausnahmefällen bzw. zeitlich begrenzten Momenten des Kontrollverlustes vor.[26] Selbst wenn die staatliche oder städtische Obrigkeit bestimmte Viertel aufgegeben hat, formieren sich dort in der Regel alternative Ordnungsstrukturen, etwa durch Gangs oder Milizen. Entsprechend wurde das Gewaltraumkonzept bislang nur selten auf städtische Räume angewandt. Eine Ausnahme stellt eine Untersuchung von Sebastian Klöß über die *Notting Hill Race Riots* in London im Jahr 1958 dar. Hier zeigt sich, dass Gewalt gegen eine Gruppe von unlängst aus der Karibik immigrierten Bewohnern des Stadtteils deshalb von brutalen Einzeltaten mit Todesfolge zu

---

24 William H. Sewell, „Space in contentious politics", in: Ronald Aminzade et al. (Hg.), *Silence and Voice in the Study of Contentious Polics*, Cambridge: Cambridge University Press, 2001, 51–88.
25 Jörg Baberowski & Gabriele Metzler (Hg.), *Gewalträume: Soziale Ordnungen im Ausnahmezustand*, Frankfurt am Main: Campus Verlag, 2013; Jörg Baberowski, *Räume der Gewalt*, Frankfurt am Main: S. Fischer, 2015.
26 Kritisch zum Gewaltraum-Konzept äußert sich auch Wolfgang Knöbl, „Perspektiven der Gewaltforschung", in: *Mittelweg 36* 26, 3 (2017): 12.

regelrechten Verfolgungsjagden und Straßenschlachten ausweiten können, weil die Polizei nur zögerlich reagierte und Spielräume für rassistische Gewalt entstanden. „Ko-Präsenz" von Alteingessenen und Migranten war hier der Nährboden von Stereotypen, Alltagsaggression und Gewalt in einem Viertel mit beengten, prekären Wohnverhältnissen, in dem unterschiedliche Kulturen aufeinander trafen.[27] Es scheint nicht völlig abwegig, eine gewisse Verwandtschaft zwischen der von Jan Philipp Reemtsma vorgetragenen Deutung der Gewalt als „exzessive Entsublimierung" und dem Konzept des „Gewaltraums" zu konstatieren. Bei Reemtsma ist es das Scheitern von inneren, im Gewaltraum-Konzept von äußeren Kontrollinstanzen, das den triebgeleiteten Menschen und damit die Gewalt freisetzt.

So lässt sich festhalten, dass Geschichtswissenschaft und Soziologie seit den 1950er Jahren kontinuierlich über städtische Gewalt gearbeitet und reflektiert haben. Dabei ist eine Forschungsrichtung entstanden, die sich aus deterministischer Verengung gelöst und dennoch an Lefebvres Überzeugung festgehalten hat, dass Geographie und Raumsoziologie der Gewaltforschung neue Impulse geben können. Offenbar ist feststellbar, dass gesellschaftliche Beziehungen ganz unterschiedlicher Art sich in Raumordnungen niederschlagen, dass staatliche Kontrollorgane ebenso wie widerständige Gruppen in unterschiedlicher Weise Teilräume beanspruchen: sei es durch die polizeilich-militärische oder durch die soziale Durchdringung von Territorien, sei es durch die zeitweise oder dauerhafte Beanspruchung von Raum durch Protestierende. Die Kategorien sind dabei so offen gehalten, dass sie in jeweils unterschiedlichen sozialen Konfigurationen mit unterschiedlichem Inhalt gefüllt werden können; d. h. Institutionen und Gruppen begegnen sich im Raum, den sie kohabitieren, in bestimmter Weise, doch wie die Institutionen und Gruppen beschaffen sind und wie die Begegnung verläuft, ist nicht determiniert. Entscheidend ist daher das In-Beziehung-Setzen des allgemeinen konzeptionellen Rahmens mit dem eingehenden Blick auf die Spezifik lokaler Fallstudien, die dann in einem zweiten Schritt komparativ gegeneinander gehalten werden können. Es sind in jüngerer Zeit vor allem zwei Forschungsfelder in Deutschland und Frankreich, die interessante Ergebnisse vorgelegt haben: erstens die Erforschung des Zusammenhangs von Stadtumbau und Gewalt; zweitens Studien, in denen es um die Konstellationen der Raumkontrolle durch Polizeiapparate geht. Diese Felder werden in den beiden Hauptteilen dieses Bandes anhand einschlägiger Beispiele präsentiert.

---

27 Sebastian Klöß, „„Now we have the problem on our own doorstep': Soziale Ordnung und Gewalt in den Notting Hill Riots von 1958", in: Metzler & Baberowski, *Gewalträume*, 205–240.

Stadtentwicklung und Gewalt

Wenn sich städtische Gesellschaften tatsächlich in stadträumlichen Ordnungen sedimentieren, dann ist umgekehrt die These plausibel, dass Veränderungen der Raumordnung einer Stadt Eingriffe in ihre sozialen Strukturen sind. Nun verändern sich räumliche Ordnungen auch ohne politische Planungen und urbanistische Großprojekte unentwegt, ebenso wie auch die in sie eingeschriebenen sozialen Formationen permanenter Veränderung unterworfen sind. Triebkräfte evolutionärer Veränderung können ganz unterschiedlicher Natur sein: Migration, der Bau von neuen Straßen, der Anschluss an öffentlichen Nahverkehr, wirtschaftliche Prozesse, die zu Auf- oder Abstieg bestimmter sozialer Gruppen führen, schließlich auch schlicht der Wandel durch das Vergehen der Zeit, etwa durch das Altern der Bevölkerung oder der baulichen Substanz eines bestimmten Stadtteils.[28] So ist die Kernfrage in diesem Abschnitts des Bandes: Unter welchen Bedingungen führen Veränderungen des Stadtraums zu kollektiver Gewalt? Die Fallstudien in diesem Abschnitt widmen sich diesen Fragen mit Blick auf vier ganz unterschiedliche Städte: Paris, Hamburg, Kapstadt und Ibadan (Nigeria).

Renaud Epstein eröffnet den Abschnitt mit einem historisch weitgespannten Überblick über drei Phasen tiefgreifenden Stadtumbaus in Paris – erstens dem Projekt des Baron de Haussmann in der zweiten Hälfte des 19. Jahrhunderts, zweitens der von de Gaulle angestoßenen urbanistischen Reform am Anfang der Fünften Republik in den späten 1950er und 1960er Jahren, schließlich das 2003 beschlossene *Programme national de rénovation urbaine* (PNRU). In Henri Lefebvres Theorie spielte insbesondere der Stadtumbau des 19. Jahrhunderts eine wichtige Rolle. Viele Sozialwissenschaftler sind Lefebvre in der Annahme gefolgt, dass bei der Neuordnung des Stadtzentrums von Paris sicherheitliche Bedenken im Mittelpunkt standen. Durch den Abriss der Arbeiterwohnblocks im Herzen der französischen Metropole und die Umsiedlung von deren Bewohnern an die Stadtränder, so deren Auffassung, sollte ein sicherer Raum für das Pariser Bürgertum im Zentrum der ökonomisch blühenden Hauptstadt des Zweiten Empire entstehen. Die Gefahr von revolutionären Unruhen, die 1789–99, 1830 und 1848

---

28 Die sozialwissenschaftliche Forschung hat sich hier vor allem auf die Phänomene der Segregation und Gentrifizierung konzentriert, während sie andere für gewalttätige Mobilisierungen relevante Wandlungsprozesse weitaus weniger in den Blick genommen hat: Katharina Bröcker, *Metropolen im Wandel: Gentrification in Berlin und Paris*, Darmstadt: Büchner Verlag, 2012; Hartmut Häußermann, Martin Kronauer & Walter Siebel (Hg.), *An den Rändern der Städte: Armut und Ausgrenzung*, Frankfurt am Main: Suhrkamp, 2004; Kees Koonings & Dirk Krujit, *Megacities: The Politics of Urban Exclusion and Violence in the Global South*, London: Zed Books, 2009.

die französische Hauptstadt erschüttert hatten, sollte dadurch verringert werden. Dazu sollten auch die großen neuen Ausfallstraßen und die an ihnen errichteten Kasernen dienen, die im Fall von Unruhen eine durchgreifende Intervention erlaubt hätten.

Epstein setzt sich mit dieser dominierenden Lesart kritisch auseinander. Er kann anhand seiner Archivstudien belegen, dass die Planer des 19. Jahrhunderts die sicherheitlichen Aspekte nur ganz am Rande beschäftigten. Die dominierenden Motive für die Zerschlagung des alten Paris seien hygienische gewesen. Durchgreifende Sauberkeit sollte gewiss nicht nur die Gesundheit der Arbeiter verbessern, sondern Epidemieherde beseitigen, die für die gesamte Pariser Bevölkerung eine Gefahr darstellten. Ähnliches lässt sich auch für die späteren Phasen des Pariser Stadtumbaus feststellen, auch wenn im Kontext des Algerienkrieges durchaus Sicherheitsmaßnahmen in Vierteln mit nordafrikanischen Siedlern als nötig angesehen wurden. Ab 2003 wiederum fand zwar intensive Stadtrenovation statt, jedoch gelang die mit dem Slogan „casser les ghettos" verbundene Umsetzung von Populationen nur in vergleichsweise geringem Umfang. Sollten, so Epstein, diese Maßnahmen tatsächlich vornehmlich gegen revoltierende Unterschichten gerichtet gewesen sein, so gehörten sie – insbesondere angesichts der enormen Kosten – zu den ineffizientesten der französischen Geschichte. Die Haussmannsche Stadterneuerung hat die Pariser Commune von 1871 weder vereitelt, noch Interventionsmöglichkeiten geschaffen, die den Zusammenbruch des Zweiten Empire hätte aufhalten können. Die gaullistischen Programme der 1960er Jahre haben die Ausschreitungen der folgenden Jahrzehnte nicht aufhalten können. Das PNRU von 2003 hat nicht nur nicht verhindert, dass im Herbst des Jahres 2005 zahlreiche französische Vorstädte von gewalttätigen Protesten heimgesucht wurden. Im Gegenteil scheinen besonders in der letzteren Phase Aufstände gerade an solchen Orten ausgebrochen zu sein, an denen Stadterneuerungspläne besonders teifgreifend waren. 2003 sind zwar wenig Menschen tatsächlich aus ihren angestammten Gemeinden ausgesiedelt worden, jedoch wurden innerhalb von Gemeinden große Veränderungen eingeleitet, ohne diese mit den Betroffenen abzusprechen. Dies habe, so Epstein, Verdrängungsängste geschürt und die kritische Distanz zur Obrigkeit vergrößert und sei somit in die unmittelbare Vorgeschichte der Unruhen von 2005 einzurechnen.[29] Stadtumbau sei also, historisch betrachtet, kein Instrument zur Eindämmung von städtischen Unruhen, sondern eher ein Risikofaktor ihrer Entfesselung.

---

[29] Hugues Lagrange hat diese Korrelation anhand der über 300 von Aufständen betroffenen Gemeinden empirisch nachgewiesen: „The French riots and urban segregation", in: David Waddington, Fabien Jobard & Mike King (Hg.), *Rioting in the UK and France: A Comparative Analysis*, Cullompton: Willan, 2009, 107–123.

Lässt diese Lektüre der Pariser Stadtgeschichte Rückschlüsse auf Deutschland zu? In der Forschungsliteratur wird diese Frage für gewöhnlich verneint.[30] Solche Ausschreitungen, die in Frankreich als *émeutes*, in Großbritannien und den Vereinigten Staaten als *riots* bezeichet werden, gäbe es in Deutschland nicht. Dies läge zum einen daran, dass die Segregation in deutschen Großstädten schwächer sei, dass Jugendliche weit weniger vom Arbeitsmarkt ausgeschlossen seien, dass die Beziehungen zwischen Bevölkerung und Polizei harmonischer und die Verbreitung rassistischer Vorurteile geringer sei. Moritz Rinn diskutiert jedoch Ausschreitungen in Hamburg Altona aus dem Juli 2013, die dieses Narrativ mit einem Fragezeichen versehen. Hier hatten sich Jugendliche mit Migrationshintergrund gegen eine von ihnen als willkürlich empfundene Polizeikontrolle gewehrt und damit Straßenunruhen ausgelöst, die mehrere Tage dauerten. Das Geschehen weise, so Rinn, durchaus Ähnlichkeiten mit den Strukturen von Aufständen in westeuropäischen oder nordamerikanischen Großstädten auf. Denn ähnlich wie im Pariser Großraum ab 2003 haben auch in Hamburg-Altona umfangreiche Maßnahmen zur Stadtteilerneuerung stattgefunden. Ziel sei es, eine stärkere soziale Durchmischung zu erreichen. Statt Familien mit geringem Einkommen und Migrationshintergrund sollten sich hier mehr deutsche Mittelschichten ansiedeln. Dazu wurden städtebauliche, aber auch polizeiliche Maßnahmen ergriffen. Zu diesen gehörten unter anderem gezielte Personenkontrollen von männlichen Jugendlichen mit Migrationshintergrund. Für die Einwohner des Bezirks entstand so die Situation, dass sie sich einerseits durch das Steigen des Miet- und Lebensniveaus unter Druck gesetzt und aus ihrer angestammten Umgebung verdrängt, andererseits durch die spezifisch gegen eine Gruppe gerichtete Polizeiarbeit diffamiert fühlten. Gleichzeitig fehlten eben dieser Gruppe die Möglichkeiten, ihre Anliegen im öffentlichen oder politischen Raum zu artikulieren. Die Ausschreitungen vom Juli 2013, die mit dem Blockieren einer Durchfahrtsstraße begannen, können insofern als Versuch gedeutet werden, durch Widerstand im öffentlichen Raum eben jenes „konservative" Anliegen zu kommunizieren, für das es im gesellschaftlichen Normalzustand keinerlei Resonanz gab. Die Struktur dieser Auseinandersetzung ist, so Rinn, mit Pariser Geschehnissen vergleichbar, auch wenn deren Ausmaß und Häufigkeit in Deutschland nicht erreicht wird.

Laurent Fourchard präsentiert in seinem Aufsatz, der die afrikanischen Städte Kapstadt in Südafrika und Ibadan in Nigeria in den Blick nimmt, zwei weitere

---

30 Vgl. Tim Lukas, „Why are they no riots in Germany?", in: Waddington et al., *Rioting in the UK*, 216–228; Dietmar Loch, „Pourquoi n'y a-t-il pas d'émeutes urbaines en Allemagne?", in: *Schweizerische Zeitschrift für Soziologie* 34, 2 (2008): 281–306.

Beispiele für die sozialen Wirkungen von Stadterneuerungen, die sich nicht nur von den bisher diskutierten europäischen deutlich unterscheiden, sondern auch untereinander. Die Geographie von Kapstadt ist in hohem Maße von den urbanistischen Projekten des Apartheidsregimes seit den 1950er Jahren geprägt. In dieser Zeit begann die Umsiedlung von Schwarzen in das damals noch brachliegende Gebiet der *Cape Flats*, wo der Staat in segregierte Großsiedlungen investierte. Die sozialen Folgen der Umsiedlungspolitik in der südafrikanischen Metropole waren verheerend. Die Neubaugebiete, die von Entwurzelung geprägt waren und in denen polizeiliche Kontrolle von Anfang an schwach war, entwickelten sich rasch zu sozialen Brennpunkten unter der Kontrolle von Gangs. Gleichzeitig waren sie jedoch auch Rückzugsgebiete für die Anti-Apartheidbewegung und Ausgangspunkt für die großen Protestwellen, die der *African National Congress* gegen das Regime rollen ließ.

Gegen die Unsicherheit auf den *Cape Flats* erwuchs ein bürgerschaftliches Engagement; die Viertel organisierten Nachtwachen zum Schutz gegen Kriminalität, die jedoch rasch selber als unverhältnismäßig gewalttätig in Verruf gerieten. Gleichwohl ließ der Staat die Nachtwachen bestehen, überließ ihnen die Kontrolle ihrer Viertel, um sich selbst von Aufgaben zu entlasten. Auch nach dem Ende der Apartheid wurden die Bürgerbewegungen zunächst unterstützt. Erst als sich jedoch in einigen von ihnen Islamismus und Widerstand gegen die neue Regierung formierten, begann die Regierung eine zielgerichtete Repression. Wie stark städtebauliche Maßnahmen und Neuordnung der Bevölkerung das Zusammenleben und auch die Gewaltneigung beeinflussen, zeigt sich vor allem im Vergleich der *Cape Flats* mit der Innenstadt von Ibadan. Hier wurde die gewachsene Stadtstruktur nicht verändert. In den Innenstadtvierteln gab es durchaus auch bürgerschaftliche Nachtwachen, doch sie waren viel stärker ein Mittel nachbarschaftlichen Zusammenhalts als ein Instrument der Repression. Entsprechend waren ihre Aktionen weniger militant und gewalttätig und ihr Grad an Aktivität und Politisierung weitaus geringer. Beide Formen selbstorganisierter städtischer Ordnungskräfte haben jedoch eines gemeinsam: Sie arbeiten nicht nur für die Sicherheit der Bewohner, sondern sie stecken auch, so Fourchard, die „Grenzen moralischer Gemeinschaften" ab.[31] Unabhängig davon, ob sie oppositionelle Kräfte oder Homosexuelle verfolgen, Mitglieder einer bestimmten Ethnie oder alleinstehende Frauen, sie erinnern durch den Einsatz oder die Androhung von Gewalt, dass die Stadt ein Geflecht moralischer Räume ist.

---

31 Ähnliche Beobachtungen in Manfred Berg, *Lynchjustiz in den USA*, Hamburg: Hamburger Edition, 2014.

Alle in diesem Abschnitt versammelten Fallstudien legen nahe, dass Stadterneuerung, Mobilisierung und Gewalt tatsächlich in einem ursächlichen Verhältnis zueinander stehen können. Was die Fallbeispiele miteinander verbindet, ist die Beobachtung, dass staatliche Eingriffe in die Raumordnung einer Stadt von Bewohnern als Manipulationen ihrer konkreten Lebenssituation erfahren werden. Letztlich geht es auch hier wieder um die Frage: Wem gehört die Stadt? Wer kann Großentscheidungen treffen? Wer kann massiv investieren und damit die Entwicklungen bestimmen? In den untersuchten Beispielen entstanden explosive Situationen aus den asymmetrischen Konstellationen staatlicher oder städtischer Großprojekte, als deren Agentin letztlich auch die Polizei empfunden wird. Urbanistische Visionen, mit Machtfülle und enormen ökonomischen Mitteln umgesetzt, geben Bewohnern der Stadt das Gefühl, das Heft des Handelns sei ihnen aus der Hand genommen und vermitteln ihnen im schlimmsten Fall ein Gefühl der Ohnmacht. Fast scheint es, als sei Kontrolle über den eigenen Lebensraum ein besonders fragiles menschliches Bedürfnis. In besonderen Fällen kann solche Stadtentwicklung „von oben" auch in lokale Konflikte eingreifen oder darin gar zur Partei werden. Mobilisierung und Gewalt können in solchen Konstellationen als der – nicht aussichtslose – Versuch verstanden werden, Sichtbarkeit und Handlungsspielräume zurück- bzw. die Oberhand gegenüber einem Gegner zu gewinnen, der Unterstützung „von oben" bekommt. Dies scheint in gesteigertem Maß zu gelten, wo Stadterneuerung mit Umsiedlungen in größerem Umfang einhergeht. Denn dann ist es nicht nur das Ausgeliefertsein an den Willen der Mächtigen, sondern auch die soziale Entwurzelung sowie der uneingelöste Anspruch auf Teilhabe, der zu Auseinandersetzungen führt.

Raumkontrolle und Territorialität in polizeilichen Interventionen

Für die Sozialwissenschaften scheinen städtische Gewalt und Polizei in einem nahen Verwandtschaftsverhältnis zu stehen. *The Harper Collins Dictionary of Sociology* von 1991 definiert *riots* als „Unruhen größeren Ausmaßes, die mit der Zerstörung von Eigentum und gewalttätigen Auseinandersetzungen mit der Polizei einhergehen"[32]. Laut dieser Definition ist die Zerstörung von privaten oder öffentlichen Gütern kein ausreichender Grund dafür, ein bestimmtes Ereignis als *riot* zu definieren; nötig ist auch eine gewaltsame Auseinandersetzung mit der

---

32 David Jary & Julia Jarry, „Riot", in: *The Harper Collins Dictionary of Sociology*, New York: Harper Collins, 1991, 419 – 420.

Polizei. Warum diese enge Beziehung? Was lehrt sie über das Wesen der städtischen Gewalt? Spielt darin wiederum der Raum eine signifikante Rolle?

Zur Nähe zwischen Aufstand und Polizei tragen strukturelle und konjunkturelle Gründe bei. Erstens unterscheidet sich die Polizei als öffentliche Einrichtung von der Armee und ist aus Beamten zusammengesetzt, die für die Aufstandskontrolle qualifiziert und bezahlt werden. In vielen Ländern entstanden die Polizeiapparate zu Zeiten massiver Landflucht, die zur Explosion der Städte und zu Pauperismus führte.[33] Die *Gordon Riots* von 1780, die *Luddites* im Jahr 1812 und vor allem das Massaker an einer politischen Protestversammlung, das die königliche Armee auf dem Platz von Peterloo im 1819 verübte, überzeugte die britische Regierung davon, dass zivile Kräfte geschaffen werden mussten, deren Hauptaufgabe die Kontrolle feindlich gesonnenener Massenaufläufe war. So entstand im Jahr 1829 die London *Metropolitan Police*, für deren Leitung man Sir Robert Peel auswählte. Grundlage für diese Entscheidung war seine Erfahrung als Gründer der *Royal Irish Constabulary*, einer von London aus kommandierten Einsatztruppe, deren einziger Zweck die Beherrschung der Unruhen in Irland war. Am Anfang der städtischen, zivilen Polizeiapparate stand die Vorbereitung auf den größtmöglichen Ernstfall städtischer Ordnung: der von einer gewalttätigen Masse getragene Aufstand.

In Preußen hingegen hat die drohende Mobilisierung unruhiger „Volkshaufen" zu einer scheinbar gegensätzlichen Entwicklung geführt. Sie hat den vorkapitalistischen und vorbürgerlichen militärischen Formationen im Rahmen der 1848 gegründeten Schutzpolizei zur Fortexistenz verholfen. Diese Kräfte konnten sich damit legitimieren, dass sie in den Revolutionskämpfen erfolgreich das Monopol auf die Repression revoltierender Volksmengen verteidigt hatten. Dies erklärt den militärischen Stil und die Gewaltneigung der neueren Ordnungskräfte.[34] Doch egal, ob in Form neuer ziviler Stadtpolizeien oder von stärker militarisierten Kräften scheinen Ordnungskräfte und gewaltbereite Massen in einem Prozess der Ko-Evolution gefangen.

Zu dieser gegenseitigen Bedingtheit von Aufruhr und Polizei gesellt sich auch eine konjunkurelle Nähe. Ein Bericht, den die *National Advisory Commission on Civil Disorder* dem amerikanischen Präsidenten Lyndon B. Johnson vorlegte, der sogenannten *Kerner Report*, stellte fest, dass auch wenn „disorder [does] not erupt as a result of a single ‚triggering' or ‚precipitating' incident", doch festgehalten werden kann, dass in etwa der Hälfte der Fälle, Polizeiinterventionen zum Anstieg

---

33 Clive Emsley, *Crime, Police, and Penal Policy: European Experiences: 1750–1940*, Oxford: Oxford University Press, 2007.
34 Alf Lüdtke, „Praxis und Funktion staatlicher Repression: Preußen 1815–50", in: *Geschichte und Gesellschaft* 3, 2 (1977): 190–211.

der Spannung im Vorfeld von Ausschreitungen beigetragen hätten und dass in zwölf von 24 Fällen das auslösende Ereignis eine polizeiliche Maßnahme war.[35] In Großbritannien kam der nach den Aufständen von Brixton und der städtischen Gewaltwelle der 1970er Jahre veröffentlichte Bericht von Lord Scarman ebenfalls zu dem Schluss, dass die britische Polizei, angesichts der unmittelbaren Beteiligung von Polizisten und diskrimierenden Praktiken reformiert werden muss.[36] In Frankreich, den Niederlanden und Belgien wurden ebenfalls Zwischenfälle mit Polizisten als auslösende Faktoren für Gewaltereignisse festgestellt – viel häufiger als solche mit gegnerischen Gesellschaftsgruppen.

„Nähe" ist in diesem Zusammengang durchaus auch räumlich zu verstehen. Nicht nur sind Aufruhr und Polizeieinsatz historisch und situativ aufeinander bezogen, sondern sie bringen beide Gruppen auch auf dem gleichen Terrain zusammen. Wieder zeigt sich also das Phänomen der „Ko-Präsenz" in einem bestimmten Raum als entscheidende Größe. Hier lässt sich neben der Sedimentierung von Gesellschaftsstrukturen eines Viertels im Raum auch die spatiale Abbildung einer Interaktion zwischen Staat und Bürgern feststellen.

Zu diesen Elementen (Ko-Evolution, Polizei als auslösender Faktor, Ko-Präsenz) kommt die Tatsache hinzu, dass beide Seiten in der Regel in einer Konfrontation aufeinandertreffen, die Beobachtern als repetitiv erscheint: „Die typische Verlaufsform eines riots [...] ist teilweise [so] ritualisiert, dass sie von beiden Akteuren geradezu erwartet wird."[37] Die Ritualisierung kollektiver Gewalt schlägt sich in sich wiederholenden Ereigniszyklen nieder (die immer gleiche Sequenz aus einem auslösenden Ereignis, mehreren Nächten der Konfrontation zwischen Aufständischen und Polizei in einem umgrenzten Abschnitt der Stadt). Sie ist dadurch gegeben, dass die Polizei nicht nur eine Funktion erfüllt, sondern gleichzeitig Vertreterin der Staatsgewalt ist. Im Reichsstrafgesetzbuch von 1871 ließ sich die Straftat „Zusammenrottung" (§ 115) dem sechsten Abschnitt des Strafgesetzbuches zuordnen, bzw. dem Abschnitt „Widerstand gegen die Staatsgewalt". Im Endeffekt bietet die im Rahmen von städtischer Gewalt intervenierende Polizei den Protestierenden die seltene Möglichkeit, auf ihrem Gebiet bzw. in ihrer Stadt eine direkte, unmittelbare Konfrontation mit einer üblicherweise abstrakten Entität, nämlich dem Staat oder gar der Politik, auszutragen.

---

35 *Kerner Report*, National Advisory Commission on Civil Disorder, Washington D.C., 1968, Kap. 2.
36 David Waddington & Mike King, „Theoretical orientations: Lessons of the UK riots of the 1980s and the 1990s", in: Waddington et al., *Rioting in the UK*, 27–38.
37 Janna Frenzel, Philippe Greif, Fabian Klein & Sarah Uhlmann, „Riots. Zur Verortung eines unscharfen Phänomens", in: *sub/urban. zeitschrift für kritische stadtforschung* 4, 1 (2016): 13.

Die Ritualisierung von Protestgewalt erstreckt sich, und hier schließt sich der Bogen zum Oberthema dieses Bandes, auch auf die räumliche Dimension. Dies macht der Beitrag von Anne Nassauer deutlich, die dreißig Demonstrationen in Deutschland und den USA zwischen 1960 und 2010 vergleichend untersucht hat. Die Autorin geht davon aus, dass das Gros der Demonstrationen von dem Versuch geprägt ist, die Räume von Demonstrierenden und Polizei durch Präzedenzen und Verhandlungen über die Route, Versammlungsplätze etc. schon im Vorfeld klar voneinander abzugrenzen. Durch diese Vorbereitungen entstehen auf beiden Seiten Vorstellungen von „Territorien", also von Räumen, die jeweils als eigene angesehen werden. Durch die Analyse situativer Dynamiken zwischen Demonstrierenden und der Polizei kann Nassauer zeigen, dass es häufig „territoriale Eingriffe" sind, die am Anfang von Eskalationen stehen. Sobald eine Seite die Grenze zum Territorium der anderen überschreitet, etwa in dem die Route verlassen, Absperrungen niedergerissen, Routen blockiert oder polizeiliche Zugriffe inmitten eines Demonstrationszuges vorgenommen werden, ist die Wahrscheinlichkeit hoch, dass sich der Charakter der Veranstaltung ändert. Die Studie beobachtet zunächst einen Wandel der emotionalen Zustände der Protestierenden, Angst und Anspannung beginnt sich in den Gesichtern abzuzeichnen. Die Wahrscheinlichkeit des Umschlagens in Gewalt steigt, wenn weitere Faktoren hinzukommen: etwa organisatorische Schwierigkeiten der Polizei, Zeichen der Eskalation wie das Sammeln von Steinen oder Kommunikationshemmnisse zwischen Demonstrierenden und der Polizei. Diese Ergebnisse bestätigen Aspekte des von Waddington, Jones und Critcher vorgeschlagenen *Flashpoint Models*, das am Beispiel der Unruhen in englischen Städten der 1970er und 80er Jahre entwickelt wurde und unerwartete, den Rahmen des Bestehenden sprengende Interaktionen als Auslöser von Gewalt versteht.[38]

Die Ergebnisse der europäisch vergleichenden Studie von Gilles Descloux, Olivier Fillieule und Pascal Viot weisen in eine ähnliche Richtung. Die Studie zeichnet nach, wie sich die Einsatztechniken von Polizeieinheiten bei Großdemonstrationen in Europa seit den 1990er Jahren verändert und immer stärker angeglichen haben, ohne indes identisch zu werden. Das Einsatzrepertoire in den 1980er Jahren war einerseits von gründlicher Vorbereitung in Kooperation zwischen der Polizei und den Organisatoren der Demonstration geprägt, andererseits von der Existenz von technischen Mitteln wie Wasserwerfern, Tränengas, Pfefferspray etc. zum Vorgehen gegen diejenigen, die sich nicht an die abge-

---

38 David Waddington, David Jones & Chas Critcher (Hg.), *Flashpoints: Studies in Public Disorder*, London: Routledge, 1989; David Waddington & Matthew Moran (Hg.), *Riots: An International Comparison*, London: Palgrave Macmillan, 2016.

sprochenen Regeln hielten. Zur guten Vorbereitung gehörte, wie dies auch Anne Nassauer betont, die Absteckung des Raumes und gegebenenfalls seine Sicherung durch Gitter, Wagenketten oder Polizeilinien. Bei idealem Verlauf bleiben Demonstranten und Einsatzkräfte ohne jede physische Berührung in ihrem jeweiligen Territorium, kommunizieren aber fortlaufend über Funk oder Mobiltelefone. In den neunziger Jahren und zu Beginn des 21. Jahrhunderts wird diese Technik durch neue Strategien ergänzt, die aus dem Repertoire der Hooliganbekämpfung stammen. Potentielle Gefährder werden jetzt schon im Vorfeld der Veranstaltung, d. h. bei der Anreise oder an der Grenze herausgefiltert und ihnen wird die Teilnahme an der Demonstration verweigert. So setzt der Umgang mit politischen Protesten heute weniger auf die Vermeidung von Konfrontationen auf dem städtischen Territorium, als vielmehr auf Maßnahmen im Vorfeld riskanter Ereignisse, die sich mehr auf Individuen als auf einen Raum beziehen.[39] Fast scheint es, als habe der Staat schon verloren, wenn die städtische Konfrontation auch nur ausbricht: Denn heute wird das Geschehen auf der Straße von tausenden öffentlichen und privaten Kameras erfasst, und die Fähigkeit des Staates, die Ordnung zu schützen, wird beim ersten zerbrochenen Fenster in Frage gestellt – die öffentlichen Reaktionen auf die Ausschreitungen beim G-20-Gipfel in Hamburg im Juli 2017 haben dies deutlich gezeigt.[40] Dabei geht es nicht nur um die öffentliche Meinung, sondern auch um staatliche Partner: Die gescheiterte Konferenz der Wirtschafts- und Handelsminister der *World Trade Organisation* im Winter 1999 in Seattle haben gezeigt, dass die Polizei den städtischen Raum mit Barrieren und Panzerfahrzeugen überziehen und regelrecht in ein Kampfgebiet mit massiven Einschränkungen des Verkehrs verwandeln muss, um ein Gipfeltreffen zu schützen.[41] Die Stadt ist auch in dem Sinne ein politischer Raum, als sich dort die Glaubwürdigkeit und Leistungsfähigkeit des Staates beweisen muss.

Bisweilen ist die Beziehung von Polizei und städtischer Gewalt von unfreiwilliger Ironie geprägt: Als die karibischen und indischen Gemeinschaften im

---

39 Dieser Strategiewechsel ist verbunden mit einem Wandel der Gouvernementalität, die nicht mehr als Souveränität über Räume, sondern als Kontrolle über Individuen praktiziert wird: Michel Foucault, „„Omnes et singulatim' Towards a criticism of political reason", in: Sterling McMurrin (Hg.), *The Tanner Lectures on Human Values*, Bd. 2, Salt Lake City: University of Utah Press, 1981, 223–254.

40 Heiner Busch & Matthias Monroy, „G20: Gipfelnachlese", in: *Bürgerrechte und Polizei* 113 (2017): 79–90; Olivier Fillieule & Fabien Jobard, „Un splendide isolement. Les politiques françaises du maintien de l'ordre", in: Jérémie Gauthier & Fabien Jobard (Hg.), *Police : Questions sensibles*, Paris: Presses Universitaires de France, 2018, 31.

41 John Noakes & Patrick Gillham, „Police and protester innovation since Seattle", in: *Mobilization* 12, 4 (2007): 335–340; Donatella Della Porta, Abby Peterson & Herbert Reiter (Hg.), *Policing Transnational Protest*, Aldershot: Ashgate, 2006.

nordenglischen Bradford am Anfang des Jahres 2000 in brutalen Auseinandersetzungen aufeinandertrafen, reichte die massive Intervention von Polizeikräften
aus, um die gewaltbereiten Jugendlichen der indischen Gemeinschaft von ihrem
Konflikt mit den Afrokariben abzuziehen und gegen die Polizei zu mobilisieren.[42]
Die Erfahrungen der Konfrontationen in der Stadt Ferguson im Süden der USA
sind dafür ein weiteres gutes Beispiel und erinnern an ähnliche Ereignisse, die
Gary Marx mit dem Begriff der *ironies of social control* bezeichnete. In nicht-
westlichen Städten wie Abidjan oder Bamako sind Konfrontationen mit den Si-
cherheitskräften – im Gegensatz zu europäischen oder nord-amerikanischen
Städten – das alleinige Mittel der lokalen Jugend, dauerhafte Machtpositionen
in den Städten und sogar im Staatsapparat zu erkämpfen: Sobald sie bewiesen
haben, dass sie kollektive Gewalt erzeugen und gewaltbereite Gefolgschaft sammeln können, gelingt es ihnen auch, legitime Machtansprüche durchzusetzen.[43]
Damit mündet die „städtische Gewalt" in eine Aufteilung des Gewaltmonopols –
aus den anscheinend chaotischen Unruhen entstehen strukturierende Kräfte
oder, wie Walter Benjamin sagte, „rechtssetzende Gewalt" in Kontexten, wo die
rechtserhaltende Gewalt scheitert.

Aber die Polizei ist nicht nur ein Teil des Gefüges von Stadtgesellschaft und
Stadtraum, das Gewalt generieren kann, sondern auch eine Institution, die Wis-
sen produziert, das sich auch auf den Raum erstreckt. Schon junge Ordnungs-
hüter lernen in ihrer Ausbildung die Auswertung von Karten und die strategische
Bedeutung räumlicher Ordnungen. In ihrer täglichen Arbeit erstellt die Polizei
Raumwissen, d. h. nicht nur Kartenmaterial und Einsatzpläne, sondern auch
Vorstellungen von der Gefahrenlage eines jeweiligen Viertels. So entsteht die
Vorstellung sogenannter „Gefahrenviertel", die wiederum besondere Einsatzfor-
men, die vertiefte Kontrolle spezifischer Gruppen nötig machen.[44] Der Beitrag
von Daniela Hunold und Jacques de Maillard erforscht, wie unterschiedlich die
räumliche Wissensproduktion und die darauf aufbauende Choreographie polizeilicher Macht in Deutschland und Frankreich sind: Französische Polizisten
stehen in einem stärker konfrontativen Verhältnis zu ihrem Einsatzraum. Ihnen
erscheinen ganze Viertel als für sie gefährliche Zonen, in denen jederzeit verbale

---

42 Paul Bagguley & Yasmin Hussain, *Riotous Citizens: Ethnic Conflicts in Multicultural Britain*,
Aldershot: Ashgate, 2008, 63.
43 Richard Banégas, Marie-Emmanuelle Pommerolle & Johanna Siméant, „Lutter dans les
Afriques", in: *Genèses* 80 (2010): 2–83.
44 Bernd Belina & Jan Wehrheim, „„Gefahrengebiete': Durch die Abstraktion vom Sozialen zur
Reproduktion gesellschaftlicher Strukturen", in: *Soziale Probleme* 22, 2 (2011): 207–230.

oder physische Konfrontation droht.[45] Das Verhältnis zu den Bewohnern des Viertels ist ein feindschaftliches oder kriegerisches. Ähnliche Zuspitzungen scheinen in Deutschland eher selten zu sein. Nicht ganze Viertel, sondern einzelne Straßen oder Brennpunkte werden von den Beamten als gefährlich angesehen. Deutsche Polizisten neigen dazu, ihre Arbeitsbereiche als „ihr Viertel" anzusehen. Sie fühlen sich mit der lokalen Bevölkerung verbunden und nicht von ihr bedroht.

Die Einsatzpraktiken in Deutschland und Frankreich entscheiden sich entsprechend solcher Raumwahrnehmungen: So sind in Deutschland etwa anlasslose Personenkontrollen bei weitem seltener.[46] In Frankreich wird Identitätsfeststellung, d. h. konkret Passkontrolle, im öffentlichen Raum häufig zu einem Mittel des Autoritätserhalts, zu einer Praxis, bei der die Ziele der Strafprozessordnung sich mit symbolischen Motiven verbinden. Bei einer Ausweiskontrolle wird nicht nur der Anspruch auf Anwesenheit auf dem städtischen Gebiet vom Polizisten überprüft,[47] sondern auch andere Formen der Zugehörigkeit. „Wem gehört die Stadt?" ist also nicht die einzige Frage, die hier relevant ist, sondern: „Gehörst du wirklich zur nationalen Gemeinschaft?"

Die enge, auch räumliche Beziehung von Polizei und Gewalt in der Stadt liefert schließlich einen Beitrag zur Begrifflichkeit der „städtischen Gewalt": Ist Polizei ein notwendiger Bestandteil derselben? Bieten reine Geschäftsplünderungen bzw. Hungeraufstände ähnliche Formen der städtischen Gewalt wie diejenigen, die wir in Los Angeles 1992, Frankreich 2005, Nord-Montréal 2008 oder La Haye 2015 beobachtet haben? Zunächst könnte das bloße Nicht-Erscheinen der Polizei als Zeichen dafür gelten, dass die beobachtbaren Ereignisse nicht unter dem Begriff „städtische Gewalt" eingeordnet werden sollten. Das würde aber von vorneherein ausschließen, dass Abwesenheit (oder Unsichtbarkeit) der Polizei auch eine politische Strategie sein kann. Beim Rückzug der Polizei aus den dem Aufstand ausgelieferten Stadtteilen von Bradford 2001, der zum Zweck des Schutzes des Stadtzentrums angeordnet wurde, oder bei der Auslieferung der

---

45 Ähnliche Ergebnisse ergeben sich auch aus anderen Vergleichen zwischen den Polizeistrategien der beiden Länder: Dietrich Oberwittler & Sebastian Roché (Hg.), *Police Citizen Relations Across the World: Comparing Sources and Context of Trust and Legitimacy*, London: Taylor & Francis Ltd, 2017; Tim Lukas & Jérémie Gauthier, „Warum kontrolliert die Polizei (nicht)? Unterschiede im Handdlungsrepertoire deutscher und französischer Polizisten", in: *Soziale Probleme* 23, 2 (2011): 175–205.

46 Fabien Jobard & René Lévy, „Identitätskontrollen in Frankreich: Diskriminierung festgestellt, Reform ausgeschlossen", in: *Bürgerrechte & Polizei* 104 (2013): 29–37.

47 In Frankreich gehören Polizeibeamte entweder der „Police Nationale" oder der „Gendarmerie Nationale" an, beides sind nationale Institutionen.

Plattenbausiedlung von Rostock-Lichtenhagen 1992, die beide als Folge politisch-polizeilicher Unterschätzung der Gewaltbereitschaft der lokalen Rechtsradikalenszene entstanden, kann polizeiliche Inaktivität oder Unterbesetzung nicht als politisch unbedeutsam gedeutet werden. Damit sind auch kollektive Gewaltformen wie Pogrome, die sich nicht gegen die Polizei, sondern gegen andere städtische Gruppen richten, in die Definition von „städtischer Gewalt" eingeschlossen. So kommen wir am Ende wieder zur Lefebvreschen Grundfrage zurück: Wem gehört die Stadt? So vielfältig auch die Gruppen sein mögen, die sich als „Besitzer" sehen, so unterschiedlich auch die Formen des „Gehörens" sind, so richtig ist doch die Antwort: Im Augenblick der Gewalt gehört die Stadt denjenigen, die ihren Raum kontrollieren.

Literatur

Baberowski, Jörg, *Räume der Gewalt,* Frankfurt am Main: S. Fischer, 2015.

Baberowski, Jörg & Gabriele Metzler (Hg.), *Gewalträume: Soziale Ordnungen im Ausnahmezustand,* Frankfurt am Main: Campus Verlag, 2013.

Bagguley, Paul & Yasmin Hussain, *Riotous Citizens: Ethnic Conflicts in Multicultural Britain,* Aldershot: Ashgate, 2008.

Banégas, Richard, Marie-Emmanuelle Pommerolle & Johanna Siméant, „Lutter dans les Afriques", in: *Genèses* 80 (2010): 2–83.

Bauman, Zygmunt, „Interview: Zygmunt Bauman on the UK Riots", in: *Social Europe* [online am 15.8.2011, konsultiert am 3.4.2019] https://www.socialeurope.eu/interview-zygmunt-bauman-on-the-uk-riots.

Baumeister, Martin, „Arenen des Bürgerkriegs? Kollektive Gewalt in Barcelona und Turin 1890–1923", in: Friedrich Lenger (Hg.), *Kollektive Gewalt in der Stadt: Europa 1890–1939,* München: Oldenbourg Verlag, 2013, 123–147.

Belina, Bernd & Jan Wehrheim, „,Gefahrengebiete': Durch die Abstraktion vom Sozialen zur Reproduktion gesellschaftlicher Strukturen", in: *Soziale Probleme* 22, 2 (2011): 207–230.

Berg, Manfred, *Lynchjustiz in den USA,* Hamburg: Hamburger Edition, 2014.

Bröcker, Katharina, *Metropolen im Wandel: Gentrification in Berlin und Paris,* Darmstadt: Büchner-Verlag, 2012.

Busch, Heiner & Matthias Monroy, „G20: Gipfelnachlese", in: *Bürgerrechte und Polizei* 113 (2017): 79–90.

Butler, Chris, *Henri Lefebvre: Spatial Politics, Everyday Life and the Right to the City,* London: Routledge, 2010.

Della Porta, Donatella, Abby Peterson & Herbert Reiter (Hg.), *Policing Transnational Protest,* Aldershot: Ashgate, 2006.

Emsley, Clive, *Crime, Police, and Penal Policy: European Experiences 1750–1940,* Oxford: Oxford University Press, 2007.

Fillieule, Olivier & Fabien Jobard, „Un splendide isolement: Les politiques françaises du maintien de l'ordre", in: Jérémie Gauthier & Fabien Jobard (Hg.), *Police: Questions sensibles,* Paris: Presses Universitaires de France, 2018, 21–35.

Foucault, Michel, „„Omnes et singulatim': Towards a criticism of political reason", in: Sterling
M. McMurrin (Hg.), *The Tanner Lectures on Human Values*, Bd. 2, Salt Lake City: University
of Utah Press, 1981, 223–254.
Freitag, Ulrike, Nelida Fuccaro, Claudia Ghrawi & Nora Lafi (Hg.), *Urban Violence in the Middle
East: Changing Cityscapes in the Transition from Empire to Nation States*, New York &
Oxford: Berghahn, 2015.
Frenzel, Janna, Philippe Greif, Fabian Klein & Sarah Uhlmann, „Riots: Zur Verortung eines
unscharfen Phänomens", in: *sub/urban. zeitschrift für kritische stadtforschung* 4, 1
(2016): 7–24.
Fuccaro, Nelida (Hg.), *Violence and the City in the Modern Middle East*, Stanford: Stanford
University Press, 2016.
Furet, François & Denis Richet, *La Révolution*, Bd. 1, Paris: Fayard, 1965.
Gerwarth, Robert, „Rechte Gewaltgemeinschaften und die Stadt nach dem Ersten Weltkrieg:
Berlin, Wien und Budapest im Schatten von Kriegsniederlage und Revolution", in:
Friedrich Lenger (Hg.), *Kollektive Gewalt in der Stadt: Europa 1890–1939*, München:
Oldenbourg Verlag, 2013, 103–121.
Harvey, David, *Rebel Cities. From the Right to the City to the Urban Revolution*, London & New
York: Verso, 2013.
Häußermann, Hartmut, Martin Kronauer & Walter Siebel (Hg.), *An den Rändern der Städte:
Armut und Ausgrenzung*, Frankfurt am Main: Suhrkamp, 2004.
Hood, James N., „Patterns of popular protest in the French Revolution: the conceptual
contribution of the Gard", in: *Journal of Modern History* 48 (1976): 259–293.
Hunt, Lynn, *Revolution and Urban Politics in Provincial France. Troyes and Reims 1786–1790*,
Stanford: Stanford University Press, 1978.
Jary, David & Julia Jarry, „Riot", in: *The Harper Collins Dictionary of Sociology*, New York:
Harper Collins, 1991, 419–420.
Jobard, Fabien & René Lévy, „Identitätskontrollen in Frankreich: Diskriminierung festgestellt,
Reform ausgeschlossen", in: *Bürgerrechte & Polizei* 104 (2013): 29–37.
Keller, Karsten, „Französische Zustände überall? Segregation und die Dispersion von
Konflikten in europäischen Städten", in: Bernd Belina u. a. (Hg.), *Urbane Differenzen:
Disparitäten innerhalb und zwischen Städten*, Münster: Verlag Westfälisches Dampfboot,
2011, 231–249.
Kerner Report. National Advisory Commission on Civil Disorder, Washington D.C., 1968.
Klöß, Sebastian, „„Now we have the problem on our own doorstep': Soziale Ordnung und
Gewalt in den Notting Hill Riots von 1958", in: Gabriele Metzler & Jörg Baberowski (Hg.),
Gewalträume: Soziale Ordnungen im Ausnahmezustand, Frankfurt a. M.: Campus Verlag,
2012, 205–240.
Knöbl, Wolfgang, „Perspektiven der Gewaltforschung", in: *Mittelweg 36* 26, 3 (2017): 4–27.
Koonings, Kees & Dirk Krujit (Hg.), *Megacities: The Politics of Urban Exclusion and Violence in
the Global South*, London: Zed Books, 2009.
Lagrange, Hugues, „The French riots and urban segregation", in: David Waddington, Fabien
Jobard & Mike King (Hg.), *Rioting in the UK and France. A Comparative Analysis*,
Cullompton: Willan, 2009, 107–123.
Lefebvre, Henri, *Le droit à la ville*, Paris: Édition Anthropos, 1968.
Lenger, Friedrich (Hg.), *Kollektive Gewalt in der Stadt: Europa 1890–1939*, München:
Oldenbourg Verlag, 2013.

Lindenberger, Thomas, *Straßenpolitik: Zur Sozialgeschichte der öffentlichen Ordnung in Berlin 1900 bis 1914*, Bonn: J.H.W. Dietz Nachfolger, 1995.

Loch, Dietmar, „Pourquoi n'y a-t-il pas d'émeutes urbaines en Allemagne ?", in: *Schweizerische Zeitschrift für Soziologie* 34, 2 (2008): 281–306.

Lucas, Colin, „Talking about urban popular violence in 1789", in: Alan Forrest & Peter Jones (Hg.), *Reshaping France: Country, Town and Region during the French Revolution*, Manchester: Manchester University Press, 1991, 122–136.

Lüdtke, Alf, „Praxis und Funktion staatlicher Repression: Preußen 1815–50", in: *Geschichte und Gesellschaft* 3,2 (1977): 190–211.

Tim Lukas, „Why are there no riots in Germany?", in: Dave Waddington, Fabien Jobard & Mike King (Hg.), *Rioting in the UK and France: A Comparative Analysis*, Cullompton: Willan, 2009, 216–228.

Lukas, Tim & Jérémie Gauthier, „Warum kontrolliert die Polizei (nicht)? Unterschiede im Handlungsrepertoire deutscher und französischer Polizisten", in: *Soziale Probleme* 23, 2 (2011): 175–205.

Martin, Deborah & Byron Miller, „Space and contentious politics", in: *Mobilization. An International Journal* 8, 2 (2003): 143–156.

Marx, Gary, „Ironies of social control: Authorities as contributors to deviance through escalation, nonenforcement and covert facilitation", in: *Social Problems* 28, 3 (1981), 221–246.

Mazza, Roberto, „Transforming the Holy City: from communal clashes to urban ciolence, the Nebi Musa Riots", in: Ulrike Freitag et al. (Hg.), *Urban Violence in the Middle East: Changing Cityscapes in the Transition from Empire to Nation States*, New York: Berghahn Books, 2015, 179–194.

McPhail, Clark, David Schweingruber & John McCarthy, „Policing protest in the United States. 1960–1995", in: Donatella della Porta & Herbert Reiter (Hg.), *Policing Protest: The Control of Mass Demonstrations in Western Democracies*, Minneapolis, 1998, 49–69.

Momboisse, Raymond, *Riots, Revolts, and Insurrections*, Springfield/Ill.: Thomas, 1967.

Newburn, Tim, Kerris Cooper, Rachel Deacon & Rebekah Diski, „Shopping for free? Looting, consumerism and the 2011 riots", in: *British Journal of Criminology* 55, 5 (2015): 987–1004.

Noakes, John & Patrick Gillham, „Police and protester innovation since Seattle", in: *Mobilization* 12, 4 (2007): 335–340.

Oberwittler, Dietrich & Sebastian Roché (Hg.), *Police Citizen Relations Across the World: Comparing Sources and Context of Trust and Legitimacy*, London: Taylor & Francis Ltd., 2017.

Pile, Steve & Michael Keith (Hg.), *Geographies of Resistance*, London: Routledge, 1997.

Pröve, Ralf, „Bürgergewalt und Staatsgewalt. Bewaffnete Bürger und vorkonstitutionelle Herrschaft im frühen 19. Jahrhundert", in: Alf Lüdtke et al. (Hg.), *Polizei, Gewalt, Staat im 20. Jahrhundert*, Wiesbaden: Springer VS Verlag für Sozialwissenschaften, 2011, 61–80.

Reichardt, Sven, *Faschistische Kampfbünde: Gewalt und Gemeinschaft im italienischen Squadrismus und in der deutschen SA*, Köln: Böhlau, 2002.

Rolf, Malte, „Metropolen im Ausnahmezustand? Gewaltakteure und Gewalträume in den Städten des späten Zarenreiches", in: Friedrich Lenger (Hg.), *Kollektive Gewalt in der Stadt: Europa 1890–1939*, München: Oldenbourg Verlag, 2013, 33–37.

Routledge, Paul, *Terrains of Resistance: Nonviolent Social Movements and the Contestation of Place in India*, Westport/Con.: Preager, 1993.

Rucht, Dieter, „,Riots', Anmerkungen zu Begriff und Konzept", in: *sub/urban. zeitschrift für kritische Stadtforschung* 4, 1 (2016): 25–30.

Rudé, George, *The Crowd in History: A Study of Popular Disturbances in France and England, 1730–1848*, New York: John Wiley & Sons, 1964.

Schmid, Christian, *Stadt, Raum und Gesellschaft: Henri Lefebvre und die Theorie der Produktion des Raumes*, Stuttgart: Steiner, 2005.

Schweingruber, David, „Mob sociology and escalated force: Sociology's contribution to repressive police tactics", in: *The Sociological Quarterly* 41, 3 (2000): 371–389.

Sewell, William H., „Space in contentious politics", in: Ronald Aminzade et al. (Hg.), *Silence and Voice in the Study of Contentious Polics*, Cambridge: Cambridge University Press, 2001, 51–88.

Stanek, Łukasz, *Henri Lefebvre on Space: Architecture, Urban Research, and the Production of Theory*, Minneapolis: University of Minnesota Press, 2011.

Thompson, Edward P., „The moral economy of the English crowd in the eighteenth century", in: *Past & Present* 50 (1971): 76–136.

Tilly, Charles, „Spaces of contention", in: *Mobilization* 5, 2 (2000): 135–159.

Tilly, Charles, *European Revolutions, 1492–1992*, Oxford: Blackwell, 1995.

Waddington, David, David Jones & Chas Critcher (Hg.), *Flashpoints: Studies in Public Disorder*, London: Routledge, 1989.

Waddington, David & Matthew Moran (Hg.), *Riots: An International Comparison*, London: Palgrave Macmillan, 2016.

Waddington, David & Mike King, „Theoretical orientations: Lessons of the UK riots of the 1980s and the 1990s", in: Dave Waddington, Fabien Jobard & Mike King (Hg.), *Rioting in the UK and France: A Comparative Analysis*, Cullompton: Willan, 2009, 27–38.

Weinhauer, Klaus & Dagmar Ellerbrock, „Stadt, Raum und Gewalt" (= *Informationen zur modernen Stadtgeschichte* 2 (2013)).

Würgeler, Andreas, *Unruhen und Öffentlichkeit: Städtische und ländliche Protestbewegungen im 18. Jahrhundert*, Tübingen: bibliotheca academica, 1995.

Zemon Davis, Nathalie, „The rites of violence: Religious riot in sixteenth-century France", in: *Past & Present* 59 (1973): 51–91.

I Podium: Gewalt und Politik

Fabien Jobard

Wie man Politik mit städtischer Gewalt macht: sechs Thesen

Die Stadt scheint heute wieder ein Ort der Politik geworden zu sein. Städtische Plätze wie *La Fuenta del Sol* in Madrid, die *Place de la République* in Paris, der *Zucotti Park* in New York, der *Gezi Park* auf dem *Taksim* in Istanbul, der *Tahrir* in Kairo sind jetzt als Orte und Symbole des Protests bekannt. Durch Bewegungen wie die *Occupiers* in New York und die *Indignados* in Madrid verbreitet sich eine neue Form der politischen Demonstration: die Platzbesetzung. Die internationalen Strömungen, die sich in der zweiten Dekade der 2000er Jahren entfaltet haben und gleichermaßen nationale wie globale Probleme adressieren, haben ihre Wurzeln in Städten und erwachsen nicht selten aus dem unmittelbaren städtischen Umfeld – etwa aus Stadtsanierungsprojekten oder der Modernisierung von Infrastrukturen. Gleichzeitig beanspruchen sie, sich von den etablierten Modi der Politik abzuwenden. Die überwiegende Mehrheit der Teilnehmer an Platzbesetzungen lehnt darüber hinaus jede Form der Gewaltausübung ab und akzeptiert sie ausschließlich als Abwehr gegen Angriffe der Polizeikräfte – wie in New York, London, Paris, Madrid, Istanbul und in besonders blutiger Weise in Kairo. Diese jüngsten Fälle politischen Protestes in Stadtzentren auf der ganzen Welt scheinen also in einem spannungsvollen Verhältnis zu „Politik" und „städtischer Gewalt" zu stehen.

Doch der aus der Betrachtung dieser außergewöhnlichen Ereignisse gewonnene Eindruck kann den Blick auf das Thema allzu leicht verengen. In diesem Beitrag soll es um die Frage gehen, wie – jenseits der öffentlichkeitswirksamsten Formen der politischen Mobilisierung in Städten – in der Gegenwart mit städtischer Gewalt Politik gemacht wird. Dazu wird zunächst der Begriff „städtische Gewalt" geklärt, da er Ursache einer Reihe von Missverständnissen ist. Sodann werden, auf der Grundlage der verfügbaren empirischen Studien zum Thema, sechs Thesen diskutiert: Erstens wird gezeigt, dass es zwar gängig, aber überaus problematisch ist, Unruhen in Städten schlicht als „Hungerevolten" abzutun und ihnen damit jede politische Agenda abzusprechen. Zweitens wird das geläufige Argument widerlegt, dass es sich bei städtischer Gewalt nur um politische Aktionen auf einer niederen Stufe handelt, um die gleichsam „vorpolitische" Form der *consumer riots*, denen als einziges politisches Motiv der Wunsch nach Teilhabe an den Verheißungen der kapitalistischen Gesellschaft zugesprochen wird. Beide Annahmen sind problematisch, da sie verkennen, dass kollektive Gewalt in der Stadt, auch wenn sie ohne explizite politische Wortmeldungen erfolgt, in vielen

https://doi.org/10.1515/9783110658354-003

Fällen durch ihr Verhältnis zu und ihren Umgang mit dem urbanen Raum politisch lesbar und wirkungsvoll wird. Auf dieser Erkenntnis ruhen die folgenden Thesen auf: So argumentiere ich drittens, dass städtische Gewalt – dies ist an Beispielen aus der gesamten Welt nachweisbar – in Zusammenhang mit Veränderungen des Stadtraums steht. Viertens zeige ich, in welchem Maße bestimmte Zonen des Stadtraums durch polizeiliche Maßnahmen und rechtliche Rahmenbedingungen, aber auch durch das Verhalten von Aufständischen zu klar abgegrenzten Schlachtfeldern mit verlässlich definierten Regeln werden. Dies ist fünftens die Grundlage dafür, dass städtische Gewalt als Strategie zur Durchsetzung lokalpolitischer Interessen sehr wirkungsvoll sein kann; gleichzeitig spricht es dagegen, dass sie Anstoß für revolutionären Umbruch auf gesamtstaatlicher Ebene ist. Die sechste These ist jedoch Anlass darüber zu reflektieren, wie lokales Gewaltgeschehen durch nationale Prozesse der Politisierung dennoch Einfluss auf die „große" Politik nehmen kann.

Der Begriff „städtische Gewalt"

Vielleicht liegt es an der Annahme, dass es in Deutschland keine solchen Geschehnisse gibt,[1] dass der Begriff „städtische Gewalt" in der deutschsprachigen wissenschaftlichen Literatur kaum gebraucht wird oder nur, um Phänomene aus dem Ausland – insbesondere aus Frankreich – zu beschreiben.[2] Wenn der Ter-

---

1 Siehe dazu Tim Lukas, „Why are there no riots in Germany?", in: David Waddington, Fabien Jobard & Mike King (Hg.), *Rioting in the UK and France: A Comparative Analysis*, Cullompton: Willan, 2009, 107–123; Dietmar Loch, „Pourquoi n'y a-t-il pas d'émeutes urbaines en Allemagne?", in: *Schweizerische Zeitschrift für Soziologie* 34, 2 (2008): 281–306; Carsten Keller, „Französische Zustände überall? Segregation und die Dispersion von Konflikten in europäischen Städten", in: Bernd Belina, Norbert Gestring, Wolfgang Müller & Detlev Sträter (Hg.), *Urbane Differenzen: Disparitäten innerhalb und zwischen Städten*, Münster: Verlag Westfälisches Dampfboot, 2011, 231–249. Eine Gegenposition formuliert Laura Naegler, „Vom kriminellen Raum zum widerständigen Raum. Gentrifizierungswiderstand im Hamburger Schanzenviertel", in: *Kriminologisches Journal* 45, 3 (2013): 195–209. Vgl. auch den Beitrag von Moritz Rinn in diesem Band.
2 Ein Blick in *google scholar* zeigt, dass sich die Veröffentlichungen zum Thema am häufigsten mit Frankreich beschäftigen, seltener mit Brasilien oder den USA. Bemerkenswert ist aber, dass das data-mining-tool *Ngram Viewer* in deutschsprachigen *google books*-Publikationen zwischen 1900 und 2008 die Häufigkeit des Terminus „städtische Gewalt" als viel niedriger angibt als die des englischen Terminus „riot". Ab den 1970er Jahren und bis etwa zum Jahr 2000 wird der Begriff „städtische Unruhen" doppelt bis vierfach häufiger gebraucht als der Terminus „städtische Gewalt". Seit dem Jahr 2000 kommt „städtische Gewalt" dann häufiger vor als „städtische Unruhen". „Riot" bleibt aber in deutschsprachigen Büchern bei weitem das am meisten verwandte

minus „städtische Gewalt" als deutscher Begriff für die französischen *émeutes urbaines* oder die anglo-amerikanischen *unrest* und *riots* verwendet wird,[3] führt dies häufig zu Missverständnissen. Zum Beispiel kann *urban unrest* in den Vereinigten Staaten sowohl *race riots* bezeichnen, als auch – wenn auch viel seltener – *police riots*, womit die Rolle der Polizei bei der Entstehung eines solchen Konfliktes herausgestellt wird.[4]

Das Hauptproblem des Begriffs liegt aber darin, dass „städtische Gewalt" die Grenze zwischen physischer Gewalt gegen Personen, die auch zum Tode führen kann, und Beschädigung, Zerstörung und Plünderung, also Angriffe auf Güter oder Aneignung von Gütern, verwischt. Dies kann anhand zweier vergleichbarer Gesellschaften gezeigt werden: In den USA bezeichnet „städtische Gewalt" vornehmlich Plünderungen und Mordanschläge, während in Frankreich derselbe Begriff eher Zerstörungen und Angriffe auf Polizisten – selten mit Todesfolge – beschreibt. Hier ist es wichtig zu bemerken, dass Gewalt in beiden Fällen sowohl Angriffe gegen Güter, als auch gegen Individuen oder Träger des Gewaltmonopols bezeichnet und daher ein wegen seiner Unschärfe überaus problematischer Begriff ist, der auf ganz unterschiedliche Situationen angewandt wird.

Wir bewegen uns also in einem semantischen Feld von höchster Unbestimmtheit. Dazu trägt auch die Tatsache bei, dass *riot*, „Gewalt" oder *émeute* Tatbestände der jeweiligen Strafgesetze sind: *Riot* und *violent disorder* wurden nach den Unruhen der späten 1970er und der ersten Hälfte der 1980er Jahre als Rechtstatbestände zum britischen *Public Order Act* von 1986 hinzugefügt und mit einer Geldstrafe oder bis zu zehn Jahren Haft belegt. Eine gewisse Handlung als *riot* zu bezeichnen, birgt daher immer die Gefahr, als eine Anklage im juristischen Sinne wahrgenommen zu werden. Folglich werden Wörter zum Gegenstand eben jener Kämpfe um die Definition der Geschehnisse, sodass die Aktivisten der *Banlieues* in Frankreich sich zugunsten des edlen Wortes *révolte* vom Begriff *émeute* verabschiedet haben. Wenige taten dies allerdings aufgrund genauer Sachkenntnis. Der Sprachwandel folgte vielmehr dem berühmten *Bonmot* von Pierre Bourdieu: „Wenn es überhaupt eine Wahrheit gibt, liegt sie darin, daß

Wort. (Vgl. Fabien Jobard & Philippe Greif, „Riot – warum denn riot? Gibt es keinen deutschen Begriff dafür?", in: sub\urban. zeitschrift für kritische stadtforschung 4, 1 (2016): 131–142.

3 Aus den *google books*-Publikationen von 1800–2000 werden durch eine Analyse mit dem *Ngram Viewer* Konstellationen im semantischen Feld sichtbar. Der Begriff „unrest" wird in den letzten hundert Jahren in diesem Sample gleich häufig gebraucht wie der Begriff „riot".

4 In den *google-books*-Publikationen von 1800–2000 zeigt sich ein deutliches Übergewicht des Begriffs „race riots" im Verhältnis zu „police riots", der hauptsächlich in der klassischen Studie von Rodney Stark gebraucht wird (*Police Riots: Collective Violence and Law Enforcement*, Belmont/Cal.: Wadsworth, 1972).

Wahrheit bloßes Ergebnis von Kämpfen ist."[5] Im Endeffekt lässt sich die städtische Gewalt nicht verstehen, ohne über die Wörter und Begriffe zu reflektieren, die zu ihrer Beschreibung gebraucht werden.[6] Wie so oft wird im Deutschen auf einen englischen Begriff zurückgegriffen, *riots*, um einer exakten Definition des Gegenstandes zu entkommen. Damit werden so unterschiedliche Geschehnisse wie Ausschreitungen in Hamburg anlässlich des G20-Gipfels, Plünderungen in den französischen *Banlieues* oder Zusammenstöße von Schwarzen mit hoch-militarisierten Polizeieinheiten und nicht geringem Todesrisiko in Ferguson (Missouri) bezeichnet. Ohne eine Debatte, bei der es nicht bloß um Worte geht, zu schnell zu beenden, würde ich als Arbeitsdefinition vorschlagen, dass städtische Gewalt in kollektiver Gewalt gegen Eigentum oder gegen Menschen besteht, deren Akteure hauptsächlich Bewohner in dem betreffenden Gebiet sind. Obwohl von Plünderungen und Konfrontationen mit der Polizei geprägt, sind so beispielsweise Ereignisse wie die Proteste während des G20-Gipfels in Hamburg ausgeschlossen, da die Protestierenden aus ganz Europa kamen und der städtische Raum deshalb mehr Bühne als Motiv war.

Diese vorläufige Definition, die keineswegs auf alle in diesem Band beschriebenen Phänomene zutrifft, enthält allerding noch nicht die Antwort auf die Frage, ob und in welcher Weise vielfältige städtische Gewaltphänomene als Formen politischer Teilhabe betrachtet werden können. Im Folgenden werde ich sechs Thesen über den Zusammenhang von städtischer Gewalt und Politik diskutieren.

These 1: Städtische Gewalt als Nicht-Politik

Zunächst muss auf eine irreführende Art und Weise eingegangen werden, städtischer Gewalt jedwedes politische Motiv, gar jede rationale Agenda abzusprechen. Diese Auffassung, städtische Gewalt als eine reine Angelegenheit des

---

5 Pierre Bourdieu, „Une classe objet", in: *Actes de la recherche en sciences sociales* 17–18, 1 (1977): 2. Dieses Glaubensbekenntnis der bourdieutreuen französischen Soziologie ist der Ausgangspunkt des Beitrages von Gérard Mauger, und er liegt auch dessen Begriff „émeutes de papier" zugrunde, der die Kämpfe der Verfechter von herrschenden Positionen im politischen und medialen Feld Frankreichs beschreibt, welche den Aufständen von Oktober-November 2005 Sinn verleihen (Gérard Mauger, *L'émeute de novembre 2005: une révolte protopolitique*, Bellecombe-en-Bauges: Éditions du Croquant, 2006).

6 Dazu auch: Janna Frenzel, Philippe Greif, Fabian Klein & Sarah Uhlmann, „Riots. Zur Verortung eines unscharfen Phänomens", in: *sub/urban. zeitschrift für kritische stadtforschung* 4, 1 (2016): 7–24.

Bauches aufzufassen, ist recht verbreitet. Der Ausdruck „Hungeraufstände" verweist auf eine derartige Vorstellung. Die sich hier entladende Gewalt ist allein vom Körper diktiert, und sie steht der Vernunft angeblich diametral entgegen. Für religiöse oder inter-ethnische städtische Gewalt werden ähnliche Erklärungsmuster angeboten. So geht man etwa davon aus, dass sich Stammesfehden ab und zu in städtischer Gewalt „entladen". Empirisch sind diese Annahmen, wie im Folgenden gezeigt wird, allerdings widerlegt worden.

So hat Javier Auyero für die argentinischen „Hungerrevolten" gezeigt, dass die Menge dort gezielt agiert.[7] Es gäbe sogenannte *brokers*, die die plündernden urbanen Massen von den großen Supermärkten *Carrefour* und *Auchan* ablenkten und eher die kleinen Geschäfte als Ziele definierten. Wer sind diese *brokers?* Es handelt sich um Menschen, die unter normalen Umständen ihren Lebensunterhalt damit bestreiten, Verbindungen zwischen den politischen Parteien und den Bewohnern der Kieze herzustellen. Ihr Geschäft besteht darin, den Tausch von Essen gegen Wählerstimmen zu organisieren und Hilfskräfte für Wahlkämpfe oder Teilnehmer für politische Versammlungen zu rekrutieren. Soziale Frustration nicht an den großen internationalen Supermarktketten zu entladen, heißt, Wut abzulassen, ohne dass die Interessen der Auftraggeber der *brokers* in Gefahr geraten – also eben jener lokalen Politiker, die von *Auchan* und *Carrefour* finanziert werden. Es besteht insofern eine Verbindung zwischen Normalität und Aufstand, die Auyero mit Verweis auf den Anthropologen Paul R. Brass, der die *communal riots* Indiens untersucht hat,[8] das „institutionalisierte Aufstandssystem" nennt.

Einige der raffiniertesten soziologischen Deutungen von Aufständen als „blinder" kollektiver Gewalt verwenden überdies den Begriff der „Gewaltkultur", die angeblich das Merkmal der *underclass* sein soll. Die Vorstellung, dass bestimmte gesellschaftliche Gruppen in der Stadt sich, sobald sich die Möglichkeit dazu bietet, zu ungezielten und rachsüchtigen Wutausbrüchen hinreißen lassen, hat noble sozialwissenschaftliche Wurzeln. Der Begriff des „Lumpenproletariats" wurde von Marx und Engels in der Auseinandersetzung mit den Pariser Aufständen des Juni 1848 erfunden, um „verkommene und abenteuerliche Ableger der Bourgeoisie, Vagabunden, entlassene Soldaten, entlassene Zuchthaussträflinge, entlaufene Galeerensklaven, Gauner, Gaukler, Tagediebe, Taschendiebe, Taschenspieler, Spieler, Zuhälter, Bordellhalter, Lastträger, [...] Bettler, kurz, die ganze unbestimmte, aufgelöste, hin- und hergeworfene Masse"[9] zu be-

---

7 Javier Auyero, „The political makings of the 2001 lootings in Argentina", in: *Journal of Latin American Studies* 38, 2 (2006): 241–265.
8 Paul R. Brass, *Riots and Pogroms*, New York: New York University Press, 1996, 12.
9 Karl Marx, „Der Achtzehnte Brumaire des Louis Bonaparte", in: *Marx-Engels-Werke*, hg. vom Institut für Marxismus-Lenismus beim ZK der SED, Bd. 8, Berlin: Dietz Verlag, 1960, 121.

schreiben, also Gruppen, die angeblich *per se* eine hohe Affinität zur Gewalt haben.

Doch auch diese Vorstellung der städtischen Gewalt als Ausdrucksmittel reaktionärer und instinktgesteuerter suburbaner Klassen ohne jedwedes politisches Bewusstsein ist nicht unwidersprochen geblieben. So haben Louise und Charles Tilly am Ende der 1960er Jahre bewiesen, dass in den Revolutionen von 1848 keine Gruppe in Erscheinung trat, die mit dem marxschen Begriff des Lumpenproletariats sinnvoll zu beschreiben wäre. Sie zeigen vielmehr, dass die Arbeiter, die von der provisorischen Regierung als Vorwand für die Repression gegen die Arbeiterbewegung genutzt wurden, sich in keiner Weise vom Rest der Arbeiterschaft unterschieden. Auf der Grundlage dieser Forschungsergebnisse arbeitete der Historiker Charles Traugott zehn Jahre später heraus, dass sich die verschiedenen Gruppen der Arbeiterschaft von 1848 nicht durch ihr jeweiliges Sozialprofil, nicht durch ihre Klassenzugehörigkeit, voneinander unterschieden, sondern in ihrem Verhältnis zur Politik.[10] Ein Teil der Arbeiterschaft ließ sich von der Regierung gegen einen anderen aufhetzen. Im Kern des Aufstands und von dessen Repression steht daher eine politische Strategie, nicht Klassenkampf oder Not.

Noch Mitte der 1960er Jahre fühlte sich der amerikanische Soziologe Gary Marx dazu verpflichtet, sich gegen die verbreitete Annahme zu stemmen, dass städtische Gewalt in den USA eine Form von *issueless riots* sei.[11] Paul R. Brass, der seine Forschungen als Anthropologe den sogenannten *communal riots* in Indien gewidmet hat, hat sich immer gegen die Vorstellung einer genuinen religionsgebundenen Gewaltbereitschaft der indischen Stadtbewohner ausgesprochen. Ihm war es besonders wichtig, so wie Auyero in Argentinien, die soziale Organisation der städtischen Gewalt aufmerksam zu beobachten, insbesondere jene Akteure, die er als „Aufstandsingenieure" bezeichnet hat.[12] Diese lenkten durch die gezielte Verbreitung von Gerüchten, Feindbildern und später von Waffen die *communal riots*. Jüngstes Beispiel sind die Aufstände in Mumbai von 1992, die annähernd 2000 Menschenleben kosteten. Brass' Fazit ist eindeutig: Gewalt ist als „eine Fortsetzung der Politik mit anderen Mitteln" anzusehen.

---

10 Mark Traugott, *Armies of the Poor: Determinants of Working-Class Participation in the Parisian Insurrection of June 1848*, Princeton: Princeton University Press, 1985.
11 Gary T. Marx, „Issueless riots", in: *Annals of the American Academy of Political and Social Science* 391 (1970): 21–33.
12 Brass, *Riots and Pogroms*, 14–15.

These 2: Städtische Revolten als „Konsumentenproteste"

Neben dem Versuch, städtischer Gewalt jede politische Motivlage schlechterdings abzusprechen, gibt es jedoch auch irreführende Arten und Weisen, ihr unzutreffende politische Motive unterzuschieben. Nach den Londoner *riots* von 2011 herrschte ein überraschender Konsens unter den Beobachtern, dass diese Geschehnisse als *consumer riots* bezeichnet werden sollen und es nicht verdienen, als politische Aufstände aufgefasst zu werden. Die Stellungnahmen des britischen Premierministers David Cameron basierten auf der Unterscheidung zwischen der Aneignung von Gütern einerseits und Politik andererseits. Vor dem *House of Commons* erklärte Cameron schon am 11. August: „Fernsehgeräte mit Flachbildschirmen stehlende und Läden in Brand setzende Jugendliche haben nichts mit Politik zu tun, nur mit Raub."[13]

Einige sozialwissenschaftliche und philosophische Beobachter waren immerhin bereit, Konsumwünsche als eine passive Form der Politisierung anzuerkennen. Einige Tage nach den ersten Ausschreitungen in London erklärte Zygmunt Bauman, die Geschehnisse seien keine „hunger or bread riots", sondern „riots of defective and disqualified consumers"[14]. Eine gewisse Politisierung sei in diesen Handlungen zu erkennen, da sie in einer Welt der Sakralisierung des Konsums und seiner Erhebung zu einer „echten Eschatologie"[15] als ein Aufstand der Nicht-Habenden gegen den „Mangel jener menschlichen Würde"[16] anzusehen seien. Diese „Zerstörungsorgie" transportiere jedoch keine politische Botschaft im eigentlichen Sinn, da sie eigentlich nur in der bloßen „Imitation" der jetzigen Konsumgesellschaft bestehe und keinerlei Willen zu einer „Gesellschaftsänderung" gezeigt habe.[17] Der Gründer der *Birmingham School*, Stuart Hall, zeigte die gleiche Enttäuschung über materiell motivierte kollektive Handlungen, da sie auf ein Ausmaß der Entfremdung und Besessenheit verwiesen, das

---

13 Diese Zitate stammen aus der Rede des *Prime Ministers* im *House of Commons* am 11. August 2011 (Hansard, 11. Aug. 2011, col. 1054). Der Ausdruck „sinnloser Egoismus" entstammt einer Wortmeldung von David Cameron am 10. August 2011 in *Downing Street*.
14 Zygmunt Bauman, „The London riots: On consumerism coming home to roost", in: *Social Europe* [online am 9.11.2011; konsultiert 2017; nicht mehr verfügbar].
15 Ebd.
16 Ebd.
17 Diese beiden Zitate stammen aus dem Interview „Zygmunt Bauman on the UK riots", in: *Social Europe* [online am 11.8.2011, konsultiert am 4.3.2019] https://www.socialeurope.eu/2011/08/inter view-zygmunt-bauman-on-the-uk-riots/.

kaum noch auf Spuren von politischen Strategien schließen ließe. „Ich habe mich im Kampf für die *cultural studies* eingesetzt, da ich die Einsicht nicht teilte, dass das Leben ausschließlich aus Wirtschaftskräften besteht [...] Bestimmte Jugendliche am unterem Ende der sozialen Leiter sind völlig entfremdet, sie haben die Botschaft von Thatcherismus, Blairismus und der Koalition (Cameron und der *Liberals*) übernommen, und sie verfügen über keine politische Stimme."[18] Während für Stuart Hall mit dieser Erkenntnis auch eine persönliche Enttäuschung verbunden war, da er gehofft hatte, in den Plünderungen Belege für seine materialistischen Überzeugungen zu finden, kam Slavoj Žižek zu der Schlussfolgerung, dass „die ‚UK rioters' gleichermaßen wie die brennenden Autos in den Pariser Banlieues 2005 keine Botschaften vermittelten", ja dass sie im Hegelianischen Sinne bloßes „Gesindel" oder gar eine „abstrakte Negativität" wären.[19]

Gegen solche mehr oder minder verächtlichen Charakterisierungen des politischen Wesens der ‚rioters' als negative Kräfte, als Spiegel der Konsumgesellschaft oder – wie in der Marxschen Beschreibung des Pöbels – als unbewusste Mithelfer reaktionärer Kräfte haben Sozialwissenschaftler wie Loïc Wacquant versucht, das Politische in der städtischen Gewalt herauszuarbeiten.[20] Die Gewaltäußerungen seien zwar nicht mit artikuliertem Protest verbunden, auch sind die Aufrührer weder in politischen Gruppen organisiert, noch ist ein Wortführer mit einer klaren Forderung erkennbar, aber es handele sich dennoch um Gewalt mit politischem Hintergrund oder politischer Bedeutung. Von Wacquant und anderen wird diese Gewalt als „proto-" oder „vor-politische" Gewalt bezeichnet und dies im klaren Rückgriff auf englische Historiker des Banditenwesens wie E. P. Thompson und Eric Hobsbawm.

Solche irreführenden Auffassungen vom politischen Gehalt städtischer Gewalt werfen eine Reihe von Problemen auf, von denen im Folgenden zumindest drei angesprochen werden sollen: Erstens muss ganz allgemein festgehalten werden, dass die Auffassung, Gewalt sei schlicht das Gegenteil einer Wortmeldung, genauso falsch ist, wie die Gegenmeinung, die Plünderungen und Gewalt als unmittelbaren Ausdruck eines politischen Willens zu deuten sucht. In letzterem Sinne sagte etwa Martin Luther King schon 1966: „Riots sind die Sprache der Ungehörten."[21] Dabei ist es nicht die Gewalt an sich, die Ansprüche formu-

---

18 Stuart Hall, „The Saturday Interview: Stuart Hall", in: *The Guardian*, 11. Feb. 2012.
19 Slavoj Žižek, „Shoplifters of the world unite", in: *London Review of Books*, 11. Aug. 2011.
20 Loïc Wacquant, „Die Wiederkehr des Verdrängten: Unruhen, ‚Rasse' und soziale Spaltung in drei fortgeschrittenen Gesellschaften", in: Robert Castel & Klaus Dörre (Hg.), *Prekarität, Abstieg, Ausgrenzung: Die soziale Frage am Beginn des 21. Jahrhunderts*, Frankfurt & New York: Campus, 2009, 104.
21 Martin Luther King, *Interview with Mike Wallace*, CBS Reports, 27. September 1966.

liert. Um die Botschaften zu vernehmen, muss man sich die Mühe machen, Rap zu hören oder sich die Diskussionsforen im Internet anzuschauen, wo die Frage der Legitimität von Gewaltanwendung diskutiert wird. Was als eine Wortmeldung gilt, ist immer von den Machtverhältnissen bestimmt, und der Zugang zum öffentlichen Raum ist in diesem Sinne streng reglementiert. Das schließt aber nicht aus, dass sich Diskussionsräume abseits des etablierten öffentlichen, medialen Raumes entwickeln.

Zweitens erweist sich die Aufteilung zwischen Wort und Tat, zwischen Politik und Konsum bei näherem Hinsehen als künstlich – wie dichotomische Aufspaltungen so oft. Politischer Protest enthält immer eine starke Spaßdimension, wie auch Parolen, Transparente, Verkleidungen in ganz konventionellen Demonstrationszügen zeigen. Umgekehrt können risikoreiche, lustsuchende und natürlich auch habgierige Handlungen politische Dimensionen haben. Konsumorientierung schließt das Politische nicht aus, wie zum Beispiel die Mehrzahl der Aufstände in afrikanischen Städten zeigt: Dort wird Politik häufiger als in Europa in Taten als in Worten gelebt, die Kritik wird als Praxis betrieben. Plünderung ist dort sowohl illegale Aneignung von Gütern (*consumer riots*), impliziert aber auch strategische Auswahl der ausgeplünderten Läden (z. B. die der chinesischen oder libanesischen Eigentümer in Bamako) und deutliche Worte an die Politik, etwa die Forderung der Umverteilung der Ressourcen: „Eine strategische Beziehung zur Gewaltausübung […] schließt in keiner Weise die Teilnahme an Plünderungen aus, in denen sich sozialer und politischer Haß gegen die Mächtigen mit Rache und materiellem Vergnügen vermischt."[22]

Drittens scheint der Begriff des „Proto-" oder „Vorpolitischen" eine Teleologie zu implizieren, derzufolge es eine höhere Stufe gibt: nämlich die der reinen, institutionalisierten Politik. Durch einen solchen Evolutionismus[23] verkennt man aber das Politische in der städtischen Gewalt. Denn es geht den Gewaltakteuren nicht vornehmlich darum, Politik zu machen, sondern sie richten ihr Engagement vor allem darauf, mit Gewalt *gegen* die Politik zu protestieren. Die an städtischer Gewalt Beteiligten wollen vor allem ihren Abstand zum politischen System markieren. Es geht also um Politikverdrossenheit, Politikverweigerung und Nicht-Politik. Während meiner teilnehmenden Beobachtung in französischen Vororten,

---

22 Zu Plünderungen in Bamako siehe Johanna Siméant, *Contester au Mali. Formes de la mobilisation et de la critique à Bamako*, Paris: Karthala, 2014, 100; allgemein zum Zusammenhang zwischen Revolte und Konsum: Stephan Malinowski & Alexander Sedlymaier, „1968 als Katalysator der Konsumgesellschaft. Performative Regelverstöße, Kommerzielle Adaptionen und ihre gegenseitige Durchdringung,", in: *Geschichte und Gesellschaft* 32 (2006): 238–267.
23 Johanna Siméant, „Three bodies of moral economy: the diffusion of a concept", in: *Journal of Global Ethics* 11, 2 (2014): 163–175.

wo Bewohner gewalttätig gegen Polizeigewalt vorgehen, konnte ich eine ambivalente und zugleich reflektierte Haltung gegenüber der Politik wahrnehmen.[24] So gab es unter den gewaltbereiten Akteuren ein ungewöhnlich starkes Interesse für Politik, insbesondere für Lokalpolitik, zugleich aber auch eine tiefe Verurteilung des politischen Geschäftes als Ort der ehrlosen Kompromisse bzw. der weltlichen Sünden. Religion spielt in meinen Beobachtungen in Frankreich tatsächlich eine Rolle, jedoch nicht als eine Institution, die die Radikalisierung von unpolitischen Jugendlichen organisiert und vorantreibt, sondern als allgemeine Weltanschauung. Wie man in den Aufständen von 2005 in Frankreich oder in den nordenglischen Städten Ende der 1990er Jahre sah, entpuppten sich die religiösen Akteure in solchen Geschehnissen als unfähig, Gewalt einzudämmen, die sich selbst als heiligen Zorn inszeniert. Die städtische Gewalt lehnt jede Form des politischen Zugeständnisses ab, auch wenn diese im Gewand des Priesters oder des Imams daherkommt. Sie lässt aber auch wenig Raum für Propheten, die aus der Situation Vorteil zu ziehen versuchen: Die städtische Gewalt wirkt nur im Moment und entzieht sich jedem Versuch der Verstetigung. Nur so lässt sich erklären, dass etwa in Kairo am Anfang der 1990er Jahre radikale Islamisten Kaffee oder Tee in christlichen Lokalen tranken, die sie am Tag davor zu zerstören versucht hatten.[25] Es soll auch daran erinnert werden, dass der Karneval eine gebräuchliche Form der städtischen Gewalt war; der große US-amerikanische Historiker Charles Tilly sieht das *Charivari* gar als Vorform der politischen Demonstration.

Die Begriffe des Protopolitischen oder Vorpolitischen sind also ebenfalls nicht geeignet, um das Politische in der städtischen Gewalt sichtbar zu machen. Worauf es mir im Folgenden ankommt, ist daher zu zeigen, dass soziologische Untersuchungen von Gewaltabläufen nicht nur ihren hohen Organisationsgrad deutlich machen, sondern dass sie auch immer auf die Normalität der politischen Verhältnisse der Städte bezogen sind. Ich werde zeigen, dass stets ein politisches Element in der städtischen Gewalt vorhanden ist und dass professionelle Akteure – oder zumindest Halb-Profis der Politik – involviert sind, die versuchen, aus dem Gewaltausbruch Profit zu schlagen. Um diesen Zusammenhang zu verstehen, bedarf es einer Interpretation der städtischen Gewalt, die vor allem ihre räumliche Dimension in Rechnung stellt. In den nun folgenden vier Thesen werde ich dies verdeutlichen.

---

24 Fabien Jobard, „Die Aufstände in Frankreich. Politisierungsformen des urbanen Elends", in: Ellen Bareis & Thomas Wagner (Hg.), *Politik mit der Armut: Europäische Sozialpolitik und Wohlfahrtproduktion ‚von unten'*, Münster: Verlag Westfälisches Dampfboot, 2015, 240–260.
25 Patrick Haenni, *L'ordre des caïds: conjurer la dissidence urbaine au Caire*, Paris & Kairo: Karthala/CEDEJ, 2005.

These 3: Städtische Gewalt und Veränderungen des Stadtraums

Auch wenn es als Binsenwahrheit erscheinen mag, werde ich zunächst an die auch in der Einleitung dieses Bandes entwickelte Tatsache erinnern, dass die Stadt nichts anderes als ein Dispositiv zur Verteilung einer bestimmten Ressource darstellt, nämlich des Raumes. Von daher ist es eine naheliegende Annahme, dass städtische Gewalt ausbricht sobald sich Änderungen in der Raumverteilung vollziehen oder zumindest die Sorge besteht, dass sich solche ereignen könnten. Die US-Amerikanerin Janet Abu-Lughod hat in ihrem Buch *Race, Space, and Riots* darauf hingewiesen, dass die städtischen Revolten in den Vereinigten Staaten des 20. Jahrhundert immer mit Veränderungen des Raumes begonnen haben.[26] Darauf deutet schon die Forderung „End Jim Crow in Housing" hin, mit welcher die New Yorker Rebellen von 1935 auf die Straße zogen. Auch die Revolten von Los Angeles 1992 waren nicht nur ein Protest gegen ungeahndete Polizeiübergriffe. Vielmehr standen sie in unmittelbarem Zusammenhang mit der Ansiedlung von Koreanern in den Stadtteilen, die von den Hispanics und den Afro-Amerikanern seit mindestens drei Jahrzehnten bewohnt wurden.[27] Es heißt daher auch einer rassistisch verengten Perspektive aufzusitzen, wenn man im Einklang mit manchen Medienberichten denkt, dass damals nur Schwarze an den Unruhen teilnahmen. Tatsächlich waren auch viele Latinos unter den Festgenommenen. Anlass der Revolte war – wie allgemein bekannt – der Freispruch der Polizisten, die ein Jahr zuvor den schwarzen Autofahrer Rodney King verprügelt hatten. Doch die tieferen Beweggründe für die Gewalt sind eher in der Raumordnung zu suchen.[28]

In der Raumverteilung liegt vielleicht auch eine Erklärung für die Tatsache, dass die Vereinigten Staaten seit den 1980er vergleichsweise wenig städtische Gewalt erlebt haben. Sicherlich muss man dabei auch die Zahl von Morden und

---

26 Janet L. Abu-Lughod, *Race, Space, and Riots in Chicago*, New-York, Los Angeles & Oxford: Oxford University Press, 2007.
27 Michael Rosenfeld, „Celebration, politics, selective looting and riots: A micro level study of the Bulls Riot of 1992 in Chicago", in: *Social Problems* 44, 4 (1997): 483–502.
28 In südlichen Ländern, wo Städte rasches Wachstum und entsprechende Entwicklungsprobleme erleben, werden Aufstände meistens als Hungerrevolten bezeichnet, sind aber oft in erster Linie Kämpfe um die Verteilung von städtischen Ressourcen. Ein Beispiel aus einem Agrarland liefert: Siméant, *Contester au Mali*, 92–93. Sie berichtet über Aufstände, die sich anlässlich des Baus einer Mülldeponie im Jahr 2008, der Zwangsräumung einer von einem lokalen Führer genutzten Wohnung oder des Mangels verkehrsbezogener Sicherheitsausstattungen im Jahr 2009, von Polizeiübergriffen oder einer Zwangsräumung eines von lokalen Jugendlichen als Fußballfeld genutzten Freiraums im Jahr 2010 entzündet haben.

Gefangennahmen junger afro-amerikanischer Männer in Rechnung stellen, die sich seit der Erklärung des *war on drugs* durch Ronald Reagan und der Einführung des *mandatory sentencing* ins amerikanische Strafverfahren massiv erhöht hat.[29] Der jüngst verstorbene ehemalige Vorsitzende der US-amerikanischen Gesellschaft für Geographie, Michael Katz, wies zudem darauf hin, dass in den US-amerikanischen Großstädten längst nicht mehr um den Raum gekämpft werde. Weiße Bürger hätten mittlerweile die Stadtzentren verlassen und damit auch ihren Anspruch auf die ehemaligen Schlachtfelder aufgegeben. *Why Don't American Cities Burn?*[30] lautet der Titel von Katz' letztem Buch.

In ähnlicher Weise wurde gefragt: Warum gibt es keine städtische Gewalt in Deutschland? Interessanterweise beziehen sich deutsche Autoren wie Tim Lukas, Carsten Keller, und Dietmar Loch, die sich dieser deutschen Gewaltlosigkeit widmen, stark auf die französische Situation.[31] Kaum zur Kenntnis genommen wurde dabei aber die Analyse des französischen Soziologen Hugues Lagrange, nach der die französische Situation der US-amerikanischen stark ähnele.[32] Aufgrund der systematischen Analyse der Bevölkerungsstrukturen von 350 Städten, die von den Aufständen von 2005 betroffen waren, wies Lagrange darauf hin, dass der Ausbruch von Gewalt weniger wahrscheinlich ist, wo die Segregation sehr stark oder besonders schwach ist. Städtische Gewalt komme doppelt so häufig vor, wo die Segregation durchschnittlich ist, das heißt dort, wo sich beispielsweise die Migrationsbevölkerung aus den Vorstädten ein wenig mit weißer, französischer Bevölkerung der Stadtzentren mischt. Was aber die US-amerikanische von der französischen Situation unterscheidet, ist die Tatsache, dass die Machtverteilung in den französischen Städten unverändert geblieben ist. Heute haben ein Drittel der *major cities* in den Vereinigten Staaten einen afro-amerikanischen Bürgermeister.[33] Frankreich ist in dieser Hinsicht wenig fortschrittlich. Liegt hierin eine Erklärung für die bemerkenswert regelmäßige Wiederkehr der städtischen Gewalt in Frankreich?

Raumaufteilung wird insbesondere in solchen Ländern zur Grundbedingung städtischer Gewalt, in denen die Anziehungskraft der Städte besonders ausgeprägt ist. In Südafrika, so stellt Laurent Fourchard heraus, war Stadtpolitik im-

---

29 John Hagan, *Who Are the Criminals? The Politics of Crime Policy from the Age of Roosevelt to the Age of Reagan*, Princeton: Princeton University Press, 2010.
30 Michael B. Katz, *Why Don't American Cities Burn?*, Philadelphia: University of Pennsylvania Press, 2012.
31 Siehe Fußnote 1.
32 Hugues Lagrange, „The French riots and urban segregation", in: David Waddington et al., *Rioting in the UK*, 107–122.
33 Katz, *Why Don't American Cities Burn?*

mer an der Abschottung gegenüber der nicht-urbanen Bevölkerung orientiert.[34] So unterschied beispielsweise die südafrikanische Regierung nicht zwischen Schwarzen und Weißen bzw. nicht nur zwischen diesen beiden Bevölkerungsgruppen, sondern mittels eines Gesetzes von 1923 zwischen „städtischer Bevölkerung", also den gebildeten städtischen Honoratioren und den Unternehmern und Arbeitgebern, den *temporary sojourners*, d. h. den Wanderarbeitern vom Land, die nur befristete Aufenthaltsgenehmigungen hatten, sowie den Ausgestoßenen und Müßiggängern. Sowohl die Einführung der Apartheid in den 1950er Jahren und die Unfähigkeit der städtischen Behörden, das Gesetz von 1923 aufrechtzuerhalten, führte 1958 zu einer Verschärfung der Aufenthaltspolitik gegenüber Frauen und jungen Arbeitslosen in Sharpeville, die sich zwei Jahre später in einer städtischen Revolte entlud. Dabei tötete die Polizei siebzig Personen, unter ihren mehrheitlich Frauen, die von der über Nacht geänderten Aufenthaltsregelung betroffen waren.

Auch in unseren Breitengraden können ähnliche Zusammenhänge beobachtet werden. So hat der französische Politikwissenschaftler Hugues Lagrange auch darauf hingewiesen, dass in der Mehrheit der 350 Städte, die von den französischen Vorortrevolten 2005 betroffen waren, ein Abkommen zwischen Stadt und Zentralregierung bestand, das eine baldige Stadtsanierung vorsah. Diese Abkommen haben die Bewohner zutiefst verunsichert und damit maßgeblich dazu beigetragen, dass der Tod zweier Jugendlicher in *Clichy-sous-Bois* am 27. Oktober 2005 zum Anlass für Ausschreitungen wurde. Wir müssen also davon ausgehen, dass der Raum, und insbesondere die Veränderung seiner Verteilung, zentral für die Entstehung städtischer Gewalt ist. Er ist nicht nur ihr Rahmen, sondern auch ihre Quelle.

These 4: Der urbane Raum als politischer Horizont urbaner Gewalt

Der Raum definiert die physischen Grenzen und die Topographie des Schlachtfeldes der städtischen Gewalt. Von daher prägt er die Praktiken der Gewalt und trägt auch zur politischen Identitätsbildung der gewaltbereiten Akteure bei. Dies erklärt sich unter anderem aus der Tatsache, dass „städtische Gewalt" bisweilen

---

34 Laurent Fourchard, „Dealing with ‚strangers': Allocating urban space to migrants in Nigeria and French West Africa, end of the Nineteenth Century to 1960", in: Paul Nugent (Hg.), *African Cities: Competing Claims on Urban Spaces, Francisca Locatelli*, Leiden: Koninklijke Brill NV, 2009, 187–218.

hochgradig ritualisiert ist. Dies gilt z. B. für Gewaltriten wie sie früher die 1. Mai-Demos in Berlin oder die Chaostage in Hannover darstellten. Rituale entstehen aber auch unabhängig vom Kalender, wie die Banlieuerevolten in Frankreich zeigen. Seit Ende der 1970er Jahren verlaufen diese nach dem gleichen Schema. Am Anfang steht ein realer oder vermeintlicher Polizeiübergriff gegen Jugendliche der Plattenbausiedlungen, dann kommt es zu Ansammlungen wütender Menschen, wobei in der Regel Autos in Brand gesetzt werden. Die einrückende Bereitschaftspolizei wird angegriffen und das ganze kann sich, begleitet von mehr oder weniger intensiver Medienberichterstattung, zwei oder drei Nächte hinziehen.[35]

Was sagt uns dieses Ritual? Reduziert städtische Gewalt sich in Frankreich auf das Abbrennen von Autos der Nachbarn, Freunde und Eltern? Das wäre gewiss eine allzu vereinfachte Annahme. Vielmehr zeigt die empirische Untersuchung, dass viele dieser Brandstiftungen im Zusammenhang mit Versicherungsbetrug zu sehen sind. Andere Autos werden von den Gewaltakteuren, die ich beforscht habe, als die Autos „von Rassisten" oder von Menschen, „denen überhaupt nichts an unserem Kiez liegt", identifiziert. Wirtschaftsrationalität und politische Beweggründe gibt es also selbst in den ritualisierten Formen städtischer Gewalt.

Aber warum Autos? Auch hier ist eine genaue Analyse von Raumkonfigurationen und Handlungsmöglichkeiten geboten. Die Strategie der Polizei hat sich seit Ende der 1970er Jahre nicht geändert. Ihr geht es darum, Revolten räumlich einzuhegen, damit sie auf keinen Fall die wohlhabenderen Gegenden erreichen, in denen die Menschen an Wahlen teilnehmen und dadurch politischen Druck entwickeln können. Es geht also um eine Absicherung bestehender sozialer und politischer Hierarchien, die nicht einmal unbedingt an strafrechtlicher Verfolgung interessiert ist. Bemerkenswert ist in diesem Zusammenhang auch die Spiegelstrategie der Gewaltakteure, die sich, wie es Michael Keith für das englische Beispiel gezeigt hat, nicht aus ihren Kiezen trauen und kein Interesse an der Ausbreitung der Gewalt haben. Die Polizeistrategie und der politische Horizont der Gewaltakteure führen zu einer Beschränkung der Revolten auf einen bestimmten städtischen Raum und verstärkt damit die räumlich definierte Identität der Beteiligten. Der Handlungshorizont ist nicht die Stadt sondern der Stadtteil, was erklärt, dass städtische Gewalt in der Regel keine revolutionäre Gewalt ist.

Ich will die Erklärung dieses Phänomens mit einem 2008 in Frankreich verabschiedeten Gesetz beginnen, das bisher wenig öffentliche Aufmerksamkeit erregt hat. Ich habe auf die eindämmende Polizeistrategie in den Stadtteilen hingewiesen, die als gefährlich gekennzeichnet werden. Diese Polizeistrategie

---

35 Jobard, „Die Aufstände in Frankreich".

entspricht einer politischen Strategie der Schadensbegrenzung. Welches sind die Stadtteile, die in Frankreich seit dem Ende der 1970er Jahre Schlagzeilen gemacht haben? Es sind Gebiete, in denen nur wenig Einkommensteuer bezahlt wird und wo die Wahlbeteiligung sehr gering ist. Das Gesetz von 2008, das von allen Parteien im Parlament befürwortet wurde, sieht vor, dass die Halter von im Rahmen städtischer Gewalt zerstörter PKW vom Staat entschädigt werden. Ziel ist es, dass die städtische Gewalt die anständigen Bürger vor Ort nichts kostet. Zusammen mit der räumlichen Begrenzung der Gewalt soll dieses Gesetz dazu dienen, auch den politischen Resonanzraum der städtischen Gewalt einzudämmen.

Dies beobachtet der Schweizer Patrick Haenni auch für die Stadt Kairo.[36] Sie besteht aus riesigen Stadtteilen, die über Nacht aus der Erde gestampft wurden und in denen die öffentlichen Sicherheitskräfte und Verwaltungen nur unter größten Anstrengungen eine minimale Präsenz gewährleisten können. Viele Viertel werden daher von Straßenkriminellen verwaltet. Im Laufe der 1980er Jahre betrachtete die Regierung den Einfluss radikaler Islamisten mit wachsender Besorgnis, da sie sich weder gegen die Straßenkriminellen, noch gegen die Islamisten vorzugehen traute. Daher appellierte sie an die USA und bat um Subventionen, um die gefährlichen Stadtteile zu sanieren und insbesondere ein Kanalisationsnetz aufzubauen. Der wachsende Islamismus sollte also mit Mitteln der Stadtsanierung bekämpft werden. Die Sperrung ganzer Stadtteile für die Zeit der Sanierungsarbeiten führte nun allerdings dazu, dass die Islamisten sie sich von den Behörden unbehelligt zu eigen machen konnten. Letztlich gelang es ihnen sogar, eine Militarisierung gewaltbereiter Jugendlicher durchzusetzen und kleine kriminelle „islamistische Vereinigungen" zu gründen. Die Gewaltausbrüche gegen die Kopten von 1991 sind unmittelbar auf das Verschwinden der öffentlichen Behörden aus solchen Stadtteilen zurückzuführen. Allerdings sollte die sogenannte islamistische Radikalisierung nicht überschätzt werden: Patrick Haenni hat eine Analyse der Halbstarken-Gesänge vorgenommen. Bemerkenswert ist dabei, dass die mit religiösen Motiven durchsetzten Lieder eigentlich Melodien der kleinen Fußballvereine waren. Der Horizont der städtischen Gewalt ist nach wie vor der Stadtteil, in dem sie ihren Ursprung hatte.

Der städtische Raum ist nicht nur der spatiale Rahmen der städtischen Gewalt, der sich zugleich an ihrem Ursprung befindet. Der Raum prägt auch die Formen der Gewalt, inklusive ihrer symbolischen Ausprägungen. Das ägyptische Beispiel zeigt darüber hinaus, wie die Handlungsmöglichkeiten der Akteure durch Stadtplaner geprägt sind und wie sich durch Verräumlichung lokale politische Identitäten bilden.

---

36 Haenni, *L'ordre des caïds*.

These 5: Urbane Gewalt als Lokalpolitik

So betrachtet ist die Stadt ein politischer Spielraum, d. h. ein Raum mit eigenen politischen Regeln. In diesem abgegrenzten Raum sind gewisse Handlungen zwischen legitimen politischen Akteuren und gewaltbereiten Akteuren zu beobachten. Gleichwohl ist die städtische Gewalt, die umgrenzte Zonen in der Regel nicht verlässt, keine revolutionäre Gewalt. Sie bezieht sich vielmehr auf lokalpolitische Anliegen. Wie aber macht man Lokalpolitik mit städtischer Gewalt? Hinter dieser Frage versteckt sich wiederum das Problem der Verteilung von Ressourcen durch Stadtpolitiken. Javier Auyero spricht von der städtischen Gewalt als Phänomen, das sich immer im „finsteren Raum" der Politik abspielt.[37] Ich möchte nun diesen finsteren Raum betreten.

Martin Sanchez Jankowski hat in seiner Studie über 37 Gangs aus New York, Chicago und Los Angeles auf deren Vernetzung mit offiziellen politischen Akteuren hingewiesen.[38] Die Gangs trügen zu einer gewissen Stabilität der Innenstädte bei, v. a. was die Verteilung und den Austausch wirtschaftlicher und politischer Ressourcen angeht. Die Gangs kontrollierten die Einführung neuer Rauschmittel aber auch legaler Güter und verhandelten mit den lokalen Behörden über die Aufteilung der Stadt. So könnten Gangmitglieder, die als Sozialarbeiter angestellt werden, positiv auf die Mobilisierung afroamerikanischer Nicht-Wähler wirken, wie es Spergel für das Chicago der 1960er[39] und Venkatesh für das der 1990er[40] gezeigt haben – ohne allerdings die Rolle der Gangs in den urbanen *political machines* des 19. Jahrhunderts zu erwähnen. Die Gangs lassen die Politiker in ihre Kieze und erhalten im Gegenzug von diesen Politikern bestimmte Ressourcen. Damit tragen die kriminellen Banden sowohl zur Alltagsgewalt als auch zu ihrer Beschränkung bei. Städtische Gewalt ist in diesem Zusammenhang ein Symptom für die Unfähigkeit der Gangs, ihre Ordnungsfunktion im Kiez zu erfüllen, und/oder ein Zeichen dafür, dass sich Politiker neue lokale Ansprechpartner suchen wollen.

Ähnlich wie Spergels Beschreibungen von Chicago in den 1960er Jahren hat Marwan Mohammed in seiner Studie zum französischen Vorort *Villiers-sur-Marne*

---

37 Javier Auyero, *Routine Politics and Violence in Argentina: The Gray Zone of State Power*, Cambridge: Cambridge University Press, 2007.

38 Martin S. Jankowski, *Islands in the Street: Gangs and American Urban Society*, Berkeley: University of California Press, 1991.

39 Irving A. Spergel, „Youth gangs: continuity and change", in: *Crime and Justice* 12 (1990): 171–275.

40 Sudhir A. Venkatesh, „The social organization of street gang activity in an urban ghetto", in: *American Journal of Sociology* 103, 1 (1997): 82–111.

im Pariser Großraum auf das Repertoire der Gewalt bzw. der Gewaltandrohung hingewiesen.[41] Obwohl diese Stadt von einem prominenten Vertreter der *law-and-order*-Politik regiert wird, der sich obendrein gerne mit rassistischen Äußerungen hervortut (wie nach den Aufständen von 2005, die er ausdrücklich auf die Polygamie der Familien aus Afrika zurückführte), sind der Lokalpolitik in gewisser Weise die Hände gebunden. Man sah sich gezwungen, Arbeitsplätze in Jugendzentren gerade an die schlimmsten jugendlichen Unruhestifter der Gemeinde zu geben, die überdies auch noch afrikanischer Herkunft waren. Kurz nach den Aufständen von 2005, von denen *Villiers-sur-Marne* aus unterschiedlichen Gründen nicht betroffen war, wollte der Bürgermeister ein neues Kulturzentrum mit Arbeitslosenberatungsstelle und Boxring einweihen. Einige Tage nach der Einweihung der Einrichtung versuchten ein paar Mitglieder einer Clique von 15–17jährigen, den Motoroller eines Wachmanns zu stehlen, und hinterließen dabei ein paar ungezündete Molotov-Cocktails. Zwar wurde Anzeige erstattet, aber zugleich wurde die Jugendbande von der Leiterin eines lokalen Vereins zu einer Versammlung in der neuen Einrichtung geladen. Als die Jugendlichen, auf Vorwürfe gefasst, auf der Versammlung erschienen, wurden sie zu ihrer Überraschung von einem etwas nervösen Bürgermeister und Mitarbeitern seines Kabinetts empfangen. Die Jugendlichen wurden zu ihrer noch größeren Überraschung nach ihren Wünschen und Erwartungen befragt. In diesem Moment muss sich die Jugendbande der Macht von Gewaltdrohungen bewusst geworden sein. Marwan Mohammed beschreibt nun, wie die Jugendlichen, die aufgrund ihres Alters weniger von der Staatsanwaltschaft zu befürchten haben, nach diesem Treffen von den Älteren des Stadtteils benutzt wurden, um ab und zu Druck auf die lokale Politik auszuüben. Die Gewaltbereitschaft der Jüngsten wird dadurch zu einer politischen Ressource. Die gewaltbereiten Akteure haben nicht trotz, sondern wegen ihres Vergehens einen Verhandlungsspielraum eröffnet.

So bilden gewaltbereite Akteure einen Teil der lokalen Bevölkerung, der lokalen politischen Gemeinschaft. Als solche entwickeln sie einen Anspruch auf politische und wirtschaftliche Ressourcen, eine Art *street politics* in der Gewalt und Ausübung politischer Befugnisse ununterscheidbar sind.[42]

Was steckt also hinter eingeworfenen Fensterscheiben, dem Abbrennen von Autos oder dem Brand einer lokalen Bibliothek? Wenn darüber in der französi-

---

41 Marwan Mohammed, „Youth gangs, riots and the politicisation process", in: Waddington et al., *Rioting in the UK*, 157–172.
42 Beispiele jenseits der häufig untersuchten Länder liefern die Aufstände von 1959, 1979 und 2009 in Uganda; dazu Florence Brisset-Foucault, „What do people do when they riot? Patterns of past and present street politics in Uganda", in: American Society of Anthropology, Annual Meeting Paper, 2014.

schen Presse berichtet wird, ist oft von Wut gegen einen gewissen fremden- oder islamfeindlichen Bürgermeister die Rede. Oder von der Bibliothek als Symbol der Klassenherrschaft. Oder von beidem. Was allerdings nicht in den Blick kommt, ist, dass wir es mit Sachbeschädigungen als einem Mittel, politische Ressourcen zu beanspruchen, zu tun haben.

Erinnern wir uns daran, dass 2013 die Immunität des französischen Abgeordneten und Milliardär Serge Dassault im Rahmen einer Mordermittlung aufgehoben wurde. Dem Luftfahrt- und Rüstungsunternehmer, der gleichzeitig Bürgermeister des verarmten Vororts *Corbeil* war, wurde vorgeworfen, einen Mord an einem lokalen Halbstarken beauftragt zu haben, da dieser ihn mit Enthüllungen über den Kauf von Wählerstimmen erpresst haben soll. Das Beispiel zeigt ein weiteres Mal die künstliche Trennung zwischen einem gewaltfreien Normalzustand und der städtischen Gewalt.

An dieser Stelle muss aber auch darauf hingewiesen werden, dass die Verwirklichung des staatlichen Gewaltmonopols im städtischen Raum die Ausnahme darstellt. Meistens praktizieren die Behörden eine Strategie, die amerikanische Polizeisoziologen mit dem Begriff der *Multilateralisation* der Polizeiaufgaben fassen. Es geht dabei darum, in bestimmten Gegenden mit lokalen Machthabern bei der Herstellung von Sicherheit zusammenzuarbeiten. Dafür gab es früher in Nordamerika den Begriff des *Vigilantismus*.

Derartige Phänome sind auch in anderen Kontexten zu beobachten, so etwa im Zusammenhang mit dem Aufstand im südafrikanischen Soweto von 1976. In diesem riesigen Ghetto wurde die Ordnung durch ein dunkles Netzwerk von Gruppierungen gewährleistet. Deren Autorität konstituierte sich traditionell nach einem aus ländlichen Regionen mitgebrachten Altersprinzip. Nun hatte sich Soweto im Laufe der Zeit aber zunehmend vom Land abgekoppelt. Das städtische Ghetto hatte seine eigenen Kinder sozialisiert und zwar vor allem durch Brutalität und Gewalt. Der Aufstand von 1976 ist daher nichts anderes als die Übernahme der Macht durch die gewalttätige „Jugend" von den traditionellen Ordnungsträgern. Mit der Unterstützung der Regierung ist diese Jugend zum neuen Ordnungsträger geworden sobald sie sich mit den Behörden darauf geeinigt hatte, die Grundsätze der südafrikanischen Ordnung nicht infrage zu stellen. Die Situation in Abidjan ist von der sogenannten „Politik des Gbonhis" geprägt – „Gbonhi" bezeichnet im Lokalslang den charismatische Gauner, der seine Fähigkeiten in Straßenkonfrontationen und -plünderungen beweist und der daher gewaltbereite und einsatzfähige jüngere Gefolgsleute an sich bindet.[43] Anlässlich eines mögli-

---

43 Richard Banégas, „La politique du 'gbonhi'. Mobilisations patriotiques, violence milicienne et carrières militantes en Côte d'Ivoire", in: *Genèses* 80 (2010): 26.

chen Regimewechsels werden diese aus den Ruinen städtischer Gewalt erwachsenen Gruppen zu paramilitärischen, militärischen oder polizeilichen Sicherheitsorganisationen umgeformt. Städtische Gewalt weist den Weg zum Gewaltmonopol und zur Staatsformation.

Städtische Gewalt ist also in gewissen politischen Räumen ein probates Mittel, um Ressourcen zu beanspruchen. Dies gilt, obwohl wir in den betrachteten Fällen sehr weit von einer Umwälzung der politischen Ordnung als ganzer entfernt sind. Das führt zur letzten These, welche sich mit der Reaktion des Staates auf städtische Gewalt bzw. den Beziehungen zwischen nationaler Politik und städtischer Gewalt beschäftigt.

These 6: Städtische Gewalt und der Staat

Heißt das bisher Gesagte, dass es keine Beziehung zwischen der städtischen Gewalt und der „großen" Politik des Staates gibt? Die Frage ist klar zu verneinen. Städtische Gewalt kann für die staatliche Politik von Nutzen sein und die gewaltbereiten Akteure sehen ihrerseits städtische Gewalt als Mittel zum Zugriff auf staatliche Ressourcen. So kann städtische Gewalt zum Teil der „normalen" Politik werden.

So gesehen ist städtische Gewalt ein ritualisiertes und zugleich rationales politisches Mittel. Es wird in Frankreich darüber diskutiert, ob der Staat ausreichende öffentliche Mittel zur Verbesserung der Situation in die benachteiligten Stadtteile hat fließen lassen. Unumstritten hingegen ist, dass die ständigen Unruhen der französischen Vororte in den letzten dreißig Jahren einen starken Einfluss auf die Gestaltung der nationalen politischen Agenda in Frankreich gehabt haben. Somit lässt sich die provokative These der *disruptive politics* der beiden US-amerikanischen Politikwissenschaftler Frances Fox Piven und Richard Cloward bestätigen:[44] Unruhen und kollektive Gewalthandlungen bringen der Arbeiterbewegung mehr ein, als die gewerkschaftliche und legale politische Mobilisierung.

Die städtische Gewalt sollte aber auch als ein „Produkt zweiter Ordnung" betrachtet werden, wie man mit Rückgriff auf Niklas Luhmann sagen könnte – nämlich als ein Ereignis, das nur durch die Aufmerksamkeit der Öffentlichkeit zu einem politischen Geschehen wird. In dieser Hinsicht ist städtische Gewalt auch eine gute Gelegenheit für Politiker, die sich einen Weg in die Sphären der Macht

---

44 Frances F. Piven & Richard Cloward, *Poor People's Movements: Why They Succeed, How They Fail*, New York: Vintage Books, 1979.

bahnen wollen. Sie können sich dabei das Bild des Verständnisvollen oder des Unnachgiebigen geben. So hat die städtische Gewalt Nicolas Sarkozy bei den Präsidentschaftswahlen von 2007 ermöglicht, Stimmen des *Front National* und eines Teils der bürgerlichen Linken zu gewinnen.[45]

Somit ist die Konstellationen, in der *disruptive politics* stattfindet, alles andere als eindeutig. Der Preis der städtischen Gewalt ist hoch: Verschärfung der Strafgesetze, Erhöhung der Zahl der Gefängnisinsassen, Entstehung des Bildes der so genannten *classes dangereuses* sowie tatsächliche Ausgrenzung und letztendlich, besonders in Amerika, Flucht der Anständigen. Bereits 1969 sprach ein Politikwissenschaftler in diesem Zusammenhang mit Blick auf Detroit und andere Städte vom „hollow prize of Black control of central cities".[46] Sogar Barack Obama nutzte das Schlagwort des *hollow prize* als Kernargument seiner Wahlkampagne 2008. Ob dies etwas an der Armut und Gewaltbereitschaft der amerikanischen Städte geändert hat, ist fraglich.

Städtische Gewalt ist zwar eine politische Strategie, die sich als wirksam erweisen kann. Die Gegengewalt, die auf sie reagiert, kann allerdings ins Unmäßige überschlagen, unabhängig davon, ob sie aus der aktiven Politik oder aus der weniger sichtbar agierenden Wirtschaft kommt. Sie kann auch in andere Gewaltformen münden, wie die Massaker, die 2005 im Stadtkern von Paris stattgefunden haben, zeigen.[47] Die städtischen Revolten verliefen in Frankreich in der Regel nach dem gleichen Schema: Am Anfang steht ein realer oder vermeintlicher Polizeiübergriff gegen Jugendliche der Plattenbausiedlungen, dann kommt es zu Versammlungen wütender Menschen, wobei häufig Autos in Brand gesteckt werden. Die anrückende Bereitschaftspolizei wird angegriffen, und das Ganze kann sich zwei bis drei Nächte bei mehr oder weniger intensiver Medienberichterstattung hinziehen. Wie wir gesehen haben, verengen Polizeistrategien sowie der politische Horizont der Gewaltakteure die Revolten auf einen bestimmten städtischen Raum und verstärken damit die räumlich definierte Identität. Der Handlungshorizont der jungen Rebellen ist nicht die Stadt, sondern der Stadtteil.

Was aber haben ihnen diese Aufstände gebracht? Aus der Sicht der Aufständischen zu wenig. Vielleicht lässt sich so die Verschiebung der städtischen Gewalt ins Zentrum der Hauptstadt hinein erklären, die nicht nur als Bruch mit

---

45 Bruno Cautrès & Alistair Cole, „The 2007 French elections and beyond", in: Alistair Cole, Patrick Le Galès & Jonah Levy (Hg.), *Developments in French Politics*, Bd. 4, Basingstoke: Palgrave McMillan, 2008, 22–41.

46 H. Paul Friesema, „Black control of central cities: The hollow prize", in: *Journal of the American Institute of Planners* 35, 2 (1969): 75–79.

47 Fabien Jobard, „Paris: Eine soziale Geschichte der Gewalt", in: *soziopolis* [online 2016, konsultiert am 4.3.2019] http://www.soziopolis.de/beobachten/raum/artikel/paris.

den ritualisierten Taktiken des urbanen Aufstandes, sondern zugleich auch als Fortsetzung eines Kampfes zu verstehen ist, der auf die soziale Entwicklung des Pariser Großraums zurückgeht.

Die friedlichen Pariser Bezirke um den *Canal St. Martin* gehören tatsächlich zu den ersten Gegenden, die von der Stadtsanierung des damaligen Bürgermeisters Jacques Chirac (1977–1995) betroffen waren – es handelt sich um ärmere Viertel, in denen einst die Pariser Kommune entstand und die ab 1983 einem massiven Renovierungsprogramm unterzogen wurden. Wie tiefgreifend die Sanierungsprozesse wirkten, welche die Aneignung der Kieze durch neue Eigentümer und die Verdrängung der dort lebenden Arbeiterfamilien in die neuen Plattenbauten der *Banlieue* bewirkten, lässt sich in Karten ablesen, die von der Geographin Anne Clerval gezeichnet wurden.[48] Sie dokumentieren sowohl den Abriss hygienisch bedenklicher Wohnungen und Stadtteile – wie eben auf den beiden Seiten der *Rue du Faubourg du Temple* –, als auch die Eroberung der Stadtteile vom *Gare du Nord* bis zur *Place de la Bastille* durch die Mittelschichten in den 1980er und 1990er Jahre. Genau diese Kieze sind die Ziele der Angreifer in der tödlichen Terrorwelle vom November 2015 gewesen. Sicherlich sind diese blutigen Handlungen Reaktionen auf die schweigende strukturelle Gewalt der Ausgrenzung, aber auch auf die Lektionen aus 35 Jahren städtischer Gewalt. Nicht die Zentren der politischen Macht waren die Ziele der meist im Pariser Großraum großgewordenen Terroristen, sondern eben jene Orte, die sich allmählich die jüngere Bourgeoisie angeeignet hatte, jenes linke und weltoffene Pariser Milieu, das, wenn auch nicht ohne Bedenken und soziales Engagement, die Cafés, Bars und Kultureinrichtungen frequentiert, die ihnen nach 35 Jahren städtischer Sanierungen zur Verfügung stehen und zu denen den jungen Migranten mithilfe privater Sicherheitskräfte der Zugang meist verweigert wird. Zumindest in Paris ist Terror auch Ausdruck von vierzig Jahren Stadttransformationen, also einer langjährigen und komplexen sozialen Dynamik,[49] die letztlich in Gewaltakte mündete.

---

48 Anne Clerval, „The spatial dynamics of gentrification in Paris: a synthesis map", in: *Cybergeo: European Journal of Geography. Espace, Société, Territoire*, document 553 [online am 21. Oktober 2011; konsultiert am 29. April 2016] http://cybergeo.revues.org/23745; doi:10.4000/cybergeo.23745.
49 Zur Rolle der Eigendynamik in der Gewaltforschung, s. Peter Waldmann, „Zur Asymmetrie von Gewaltdynamik und Friedensdynamik am Beispiel von Bürgerkriegen und bürgerkriegsähnlichen Konflikten", in: Wilhelm Heitmeyer & Hans-Georg Soeffner (Hg.), *Gewalt: Entwicklungen, Strukturen, Analyseprobleme*, Frankfurt: Suhrkamp Verlag, 2004, 246–264 und den Kommentar von Wolfgang Knöbl, „Perspektiven der Gewaltforschung", in: *Mittelweg 36* 26, 3 (2017): 16–17.

Literatur

Abu-Lughod, Janet L., *Race, Space, and Riots in Chicago. New-York and Los Angeles*, Oxford: Oxford University Press, 2007.

Auyero, Javier, „The political makings of the 2001 lootings in Argentina", in: *Journal of Latin American Studies* 38, 2 (2006): 241–265.

Auyero, Javier, *Routine Politics and Violence in Argentina: The Gray Zone of State Power*, Cambridge: Cambridge University Press, 2007.

Banégas, Richard, „La politique du 'gbonhi'. Mobilisations patriotiques, violence milicienne et carrières militantes en Côte d'Ivoire", in: *Genèses* 80 (2010): 25–44.

Bauman, Zygmunt, „Interview. Zygmunt Bauman on the UK riots", in: *Social Europe* [online am 11.8.2011, konsultiert am 4.3.2019] https://www.socialeurope.eu/2011/08/interview-zygmunt-bauman-on-the-uk-riots/.

Bauman, Zygmunt, „The London riots. On consumerism coming home to roost", in: *in: Social Europe* [online am 9.11.2011; konsultiert 2017; nicht mehr verfügbar].

Bourdieu, Pierre, „Une classe objet", in: *Actes de la recherche en sciences sociales* 17–18, 1 (1977): 2–5.

Brass, Paul R., *Riots and Pogroms*, New York: New York University Press, 1996.

Brisset-Foucault, Florence, „What do people do when they riot? Patterns of past and present street politics in Uganda", American Society of Anthropology, Annual Meeting Paper, 2014.

Cautrès, Bruno & Alistair Cole, „The 2007 French elections and beyond", in: Alistair Cole, Patrick Le Galès & Jonah Levy (Hg.), *Developments in French Politics*, Bd. 4, Basingstoke: Palgrave MacMillan, 2008, 22–41.

Clerval, Anne, „The spatial dynamics of gentrification in Paris: a synthesis map", in: *Cybergeo: European Journal of Geography: Espace, Société, Territoire*, document 553 [online am 21.10.2011, konsultiert am 4.3.2019] http://cybergeo.revues.org/23745.

Fourchard, Laurent, „Dealing with ‚strangers': Allocating urban space to migrants in Nigeria and French West Africa, end of the Nineteenth Century to 1960", in: Francisca Locatelli & Paul Nugent (Hg.), *African Cities: Competing Claims on Urban Spaces*, Leiden: Koninklijke Brill NV, 2009, 187–218.

Frenzel, Janna, Philippe Greif, Fabian Klein & Sarah Uhlmann, „‚Riots': Zur Verortung eines unscharfen Phänomens", in: *sub/urban. zeitschrift für kritische stadtforschung* 4, 1 (2016): 7–24.

Friesema, H. Paul, „Black control of central cities: The hollow prize", in: *Journal of the American Institute of Planners* 35, 2 (1969): 75–79.

Haenni, Patrick, *L'ordre des caïds: conjurer la dissidence urbaine au Caire*, Paris & Kairo: Karthala/CEDEJ, 2005.

Hagan, John, *Who Are the Criminals? The Politics of Crime Policy from the Age of Roosevelt to the Age of Reagan*, Princeton: Princeton University Press, 2010.

Hall, Stuart, „The Saturday Interview : Stuart Hall", in: *The Guardian*, 11. Feb. 2012.

Jankowski, Martin S., *Islands in the Street: Gangs and American Urban Society*, Berkeley: University of California Press, 1991.

Jobard, Fabien, „Die Aufstände in Frankreich. Politisierungsformen des urbanen Elends", in: Ellen Bareis & Thomas Wagner (Hg.), *Politik mit der Armut: Europäische Sozialpolitik und*

Wohlfahrtproduktion ‚von unten', Münster: Verlag Westfälisches Dampfboot, 2015, 240–260.

Jobard, Fabien, „Paris: Eine soziale Geschichte der Gewalt", in: *soziopolis* [online 2016, konsultiert am 4.3.2019] http://www.soziopolis.de/beobachten/raum/artikel/paris.

Jobard, Fabien & Philippe Greif, „Riot – warum denn riot? Gibt es keinen deutschen Begriff dafür?", in: *sub/urban. zeitschrift für kritische stadtforschung* 4, 1 (2016): 131–142.

Katz, Michael B., *Why Don't American Cities Burn?*, Philadelphia: University of Pennsylvania Press, 2012.

Keller, Carsten, „Französische Zustände überall? Segregation und die Dispersion von Konflikten in europäischen Städten", in: Bernd Belina, Norbert Gestring, Wolfgang Müller & Detlev Sträter (Hg.), *Urbane Differenzen: Disparitäten innerhalb und zwischen Städten*, Münster: Verlag Westfälisches Dampfboot, 2011, 231–249.

King, Martin Luther, *Interview with Mike Wallace*, CBS Reports, 27. Sept. 1966.

Knöbl, Wolfgang, „Perspektiven der Gewaltforschung", in: *Mittelweg 36* 26, 3 (2017): 4–27.

Lagrange, Hugues, „The French riots and urban segregation", in: Dave Waddington, Fabien Jobard & Mike King (Hg.), *Rioting in the UK and France: A Comparative Analysis*, Cullompton: Willan, 2009, 107–122

Loch, Dietmar, „Pourquoi n'y a-t-il pas d'émeutes urbaines en Allemagne?", in: *Schweizerische Zeitschrift für Soziologie* 34,2 (2008): 281–306.

Lukas, Tim, „Why are there no riots in Germany?", in: David Waddington, Fabien Jobard, Mike King (Hg.), *Rioting in the UK and France: A comparative analysis*, Cullompton: Willan, 2009, 216–224.

Malinowski, Stephan & Alexander Sedlymaier, „1968 als Katalysator der Konsumgesellschaft. Performative Regelverstöße, Kommerzielle Adaptionen und ihre gegenseitige Durchdringung", in: *Geschichte und Gesellschaft* 32 (2006): 238–267.

Marx, Gary T., „Issueless riots", in: *Annals of the American Academy of Political and Social Science* 391 (1970): 21–33.

Marx, Karl, „Der Achtzehnte Brumaire des Louis Bonaparte", in: *Marx-Engels-Werke*, hg. vom Institut für Marxismus-Lenismus beim ZK der SED, Bd. 8, Berlin: Dietz Verlag, 1960, 111–207.

Mauger, Gérard, *L'émeute de novembre 2005: une révolte protopolitique*, Bellecombe-en-Bauges: Éditions du Croquant, 2006.

Mohammed, Marwan. „Youth gangs, riots and the politicisation process", in: Dave Waddington, Fabien Jobard & Mike King (Hg.), *Rioting in the UK and France: A Comparative Analysis*, Cullompton: Willan, 2009, 157–172.

Naegler, Laura, „Vom kriminellen Raum zum widerständigen Raum. Gentrifizierungswiderstand im Hamburger Schanzenviertel", in: *Kriminologisches Journal* 45, 3 (2013): 195–209.

Piven, Frances F. & Richard Cloward, *Poor People's Movements: Why They Succeed, How They Fail*, New York: Vintage, 1979.

Rosenfeld, Michael, „Celebration, politics, selective looting and riots: A micro level study of the Bulls Riot of 1992 in Chicago", in: *Social Problems* 44, 4 (1997): 483–502.

Siméant, Johanna, „Three bodies of moral economy: the diffusion of a concept", in: *Journal of Global Ethics* 11, 2 (2014): 163–175.

Siméant, Johanna, *Contester au Mali: Formes de la mobilisation et de la critique à Bamako*, Paris: Karthala, collection „Les Afriques", 2014.

Spergel, Irving A., „Youth gangs: Continuity and change", in: *Crime and Justice* 12 (1990): 171–275.

Stark, Rodney, *Police Riots: Collective Violence and Law Enforcement*, Belmont/Cal.: Wadsworth, 1972.

Traugott, Mark, *Armies of the Poor: Determinants of Working-Class Participation in the Parisian Insurrection of June 1848*, Princeton: Princeton University Press, 1985.

Venkatesh, Sudhir A., „The social organization of street gang activity in an urban ghetto", in: *American Journal of Sociology* 103, 1 (1997): 82–111.

Wacquant, Loïc, „Die Wiederkehr des Verdrängten. Unruhen, ‚Rasse' und soziale Spaltung in drei fortgeschrittenen Gesellschaften", in: Robert Castel & Klaus Dörre (Hg.), *Prekarität, Abstieg, Ausgrenzung: Die soziale Frage am Beginn des 21. Jahrhunderts*, Frankfurt & New York: Campus, 2009, 85–112.

Waldmann, Peter, „Zur Asymmetrie von Gewaltdynamik und Friedensdynamik am Beispiel von Bürgerkriegen und bürgerkriegsähnlichen Konflikten", in: Wilhelm Heitmeyer & Hans-Georg Soeffner (Hg.), *Gewalt: Entwicklungen, Strukturen, Analyseprobleme*, Frankfurt: Suhrkamp Verlag, 2004, 246–264.

Žižek, Slavoj, „Shoplifters of the World Unite", in: *London Review of Books*, 19. Aug. 2011.

Jan Philipp Reemtsma
Gewalt als attraktive Lebensform betrachtet

„Es war drei Uhr nachmittags. Plötzlich wurde Rufen und Schreien, eine Art von übermütigem Johlen, Pfeifen und das Gestampf vieler Schritte auf der Straße vernehmbar, ein Lärm, der sich näherte und anwuchs...

‚Mama, was ist das?', sagte Clara, die durchs Fenster [...] blickte. ‚All die Leute ... Was haben sie?'

‚Mein Gott!', rief die Konsulin, indem sie [...] angstvoll aufsprang und zum Fenster eilte. ‚Sollte es ... O mein Gott, ja, die Revolution... Es ist das Volk..."'

Die Konsulin wird gleich den Diener rufen: „‚Anton?!'" – mit „bebender Stimme" – und ihn anweisen: „‚Anton, geh hinunter! Schließe die Hausthür. Mach' Alles zu! Es ist das Volk ..."'

Es ist das Revolutionsjahr 1848, der Schauplatz ist Lübeck, zitiert habe ich aus Thomas Manns *Buddenbrooks*. Und so beginnt die Schilderung: „Die Sache war die, daß während des ganzen Tages bereits Unruhen in der Stadt geherrscht hatten. In der Breiten Straße war am Morgen die Schaufensterscheibe des Tuchhändlers Benthien vermittelst Steinwurfes zertrümmert worden, wobei Gott allein wußte, was das Fenster des Herrn Benthien mit der hohen Politik zu tun hatte."[1] Über das Fenster des Herrn Benthien wird später noch zu sprechen sein. Wie die Sache sonst abläuft – man wird sich erinnern. Die Bürgerschaft bleibt den Tag über belagert, am Ende, vor allem durch souveränes Agieren des Konsuls Johann Buddenbrook, entspannt sich die Lage, und die Ordnung wird wiederhergestellt: „‚Nicht mal die Lampen sind angezündet ... Dat geiht denn doch tau wied mit de Revolution!'"[2] Auch über Lampen wird noch zu sprechen sein.

Man fährt dann nach Hause, der Konsul Buddenbrook in der Kutsche mit seinem Schwiegervater Leberecht Kröger, dem die Sache schon zuvor auf sein aristokratisches Gemüt geschlagen war: „‚Das kleine Abenteuer geht Ihnen hoffentlich nicht nahe, Vater?' Unter dem schneeweißen Toupé waren auf Leberecht Krögers Stirn zwei bläuliche Adern in besorgniserregender Weise geschwollen,

Dieser Aufsatz ist die schriftliche Version des Vortrags, den Jan Philipp Reemtsma am 5. Juni 2015 anlässlich seines Abschieds vom Hamburger Institut für Sozialforschung hielt. Er kommt darin auf Gedanken aus einem Kommentar zurück, den er am 11. Februar 2015 zu Fabien Jobards Vortrag „Wie man mit städtischer Gewalt Politik macht" am HIS formulierte. Der Text wurde bereits in den Zeitschriften *Mittelweg 36* und *Soziopolis* veröffentlicht.

1 Thomas Mann, *Buddenbrooks: Verfall einer Familie*, Frankfurt am Main: Verlag S. Fischer, 2002, 195.
2 Mann, Buddenbrooks, 209.

https://doi.org/10.1515/9783110658354-004

und während die eine seiner aristokratischen Greisenhände mit den opalisierenden Knöpfen an seiner Weste spielte, zitterte die andere, mit einem großen Brillanten geschmückt auf seinen Knien. ‚Papperlapapp, Buddenbrook!' sagte er mit sonderbarer Müdigkeit. ‚Ich bin ennüyiert, das ist das Ganze.' Aber er strafte sich selber Lügen, indem er plötzlich hervorzischte: ‚Parbleu, Jean, man müßte diesen infamen Schmierfinken" – gemeint sind die vermuteten Agitatoren – „den Respekt mit Pulver und Blei in den Leib knallen ... das Pack ...! Die Canaille ...!'" – „Die Canaille" werden auch seine vorletzten Worte sein, denn: „Plötzlich – die Equipage rasselte durch die Burgstraße – geschah etwas Erschreckendes. Als nämlich der Wagen, fünfzehn Schritte etwa von dem in Halbdunkel getauchten Gemäuer des Thores, eine Ansammlung lärmender und vergnügter Gassenjungen passierte, flog durch das offene Fenster ein Stein herein. Es war ein ganz harmloser Feldstein, kaum von der Größe eines Hühnereies, der, zur Feier der Revolution von der Hand irgend eines Krischan Snut oder Heine Voß geschleudert, sicherlich nicht böse gemeint und wahrscheinlich gar nicht nach dem Wagen gezielt worden war. Lautlos kam er durchs Fenster herein, prallte lautlos gegen Leberecht Krögers von dickem Pelze bedeckte Brust, rollte ebenso lautlos an der Felldecke hinab und blieb am Boden liegen. ‚Täppische Flegelei!', sagte der Konsul ärgerlich. ‚Ist man denn heute Abend außer Rand und Band? ... Aber er hat Sie nicht verletzt, wie, Schwiegervater?' Der alte Kröger schwieg, er schwieg beängstigend [...] Dann aber kam es ganz tief aus ihm heraus ... langsam, kalt und schwer, ein einziges Wort: ‚Die Canaille.'"[3] Und schließlich, als es ans Aussteigen geht, nur noch „‚Helfen Sie mir'" – dann bricht er tot zusammen.

Die Canaille – als ich im Februar in diesem Hause den Abendvortrag von Fabien Jobard auf der Tagung „Politische Gewalt im urbanen Raum" kommentierte, kam ich auf die Formulierung des früheren französischen Innenministers angesichts der Pariser Vorstadtrevolten zu sprechen: „les racailles", auf Deutsch etwa „Gesindel". Mit dem Hinweis, „Gesindel" sei zweifellos kein soziologischer Begriff, wollte ich das Problem pointieren, das der Abendvortrag aufgeworfen hatte. Jobard hatte sich gegen eine Art überheblich-achselzuckender Bewertung der Träger der Unruhen gewendet, sie seien im Grunde sprachlos und hätten keine politische Agenda. Zwar sei die, auch gemessen an den sonderbar ziellosen, allenfalls symbolisch zu verstehenden Zerstörungs- und Plünderungsaktionen, angesichts der zwischen Rassismusvorwurf und eigenen rassistischen Wutaktionen sonderbar oszillierenden Affektlagen, tatsächlich nicht auszumachen – allerdings hätten diese Aufstände durchaus zuweilen politische Wirkungen – Verbesserung der Sozialfürsorge in manchen Stadtteilen etwa – zur Folge gehabt

---

3 Mann, *Buddenbrooks*, 213.

und könnten so wenigstens nicht als politisch funktionslos angesehen werden. In diesem Zusammenhang kritisierte der Vortragende das Überheblichkeitsvokabular aus der Tradition der klassischen Arbeiteraristokratie wie etwa „Lumpenproletariat" – also jene zu disziplinierter Organisation nicht fähigen proletarischen Schichten, die allenfalls spontane Zusammenrottungen zustande brächten. Der Ausdruck stammt bekanntlich aus dem *Kommunistischen Manifest* – schlagen wir nach: „Das Lumpenproletariat, diese passive Verfaulung der untersten Schichten der alten Gesellschaft, wird durch eine proletarische Revolution stellenweise in die Bewegung hineingeschleudert, seiner ganzen Lebenslage nach wird es bereitwilliger sein, sich zu reaktionären Umtrieben erkaufen zu lassen."[4] Hätte ich in meinem Kommentar erwogen, zum Verständnis von Vorstadtunruhen auf die Marx'sche Klassenanalyse zurückzugreifen, hätte die *Süddeutsche Zeitung*, die nicht die Tagung, wohl aber meinen Kommentar zum Gegenstand eines in jeder Hinsicht entgeisterten Artikels mit dem Tenor machte: ‚Das schlägt ja dem Fass den Boden aus – der Vorstand des Hamburger Instituts für Sozialforschung zitiert zustimmend Sarkozy!', das für einen erwägenswerten Gedanken gehalten.

Aber lassen wir das. Worauf ich hinweisen wollte, war, dass es eine gewisse Gruppe von Verlegenheitsvokabeln gibt – Marx: „passive Verfaulung", Sarkozy: „Gesindel" –, die darauf zeigen, dass man sich mit denselben Schwierigkeiten herumschlägt wie Clara Buddenbrook: „Was ist das? All die Leute – was haben sie?" Diese Leute – bei Victor Hugo jene der *Misérables*, die sich, man weiß nicht wie, zusammentun, in einem Fall liefert das Begräbnis eines populären Generals den Anlass: „In dem Leichenzug kreisten die wildesten Gerüchte. [...] Ein Mann, der unbekannt blieb, verbreitete das Gerücht, zwei Werkmeister, die man gewonnen habe, würden dem Volk die Tore einer Waffenfabrik öffnen. Die meisten Leute waren gleichzeitig begeistert und niedergeschlagen. Man sah in der Menge auch wahre Verbrechertypen, Leute, die es auf eine Plünderung abgesehen hatten. Wenn Sümpfe aufgewühlt werden, steigt der Kot an die Oberfläche."[5] Sarkozy sprach davon, den Abschaum „wegzukärchern". Ob Hugo, ob Marx, ob Sarkozy – die Assoziationen sind dieselben: Abschaum, Fäulnis, Kot. Sapienti sat.

Oder falls nicht – gewiss ließe sich in der Tradition Freuds und seiner Ausleger dazu eine Menge sagen, aber das können andere besser. Ich will nur darauf hinweisen, dass ontogenetisch gesehen mit der Wahrnehmung des eigenen Kots als Schmutz der Schritt hin zum selbständigen, zu Individualität wie Vergemeinschaftung geeigneten Menschen getan wird – und phylogenetisch – nun,

---

4 Karl Marx & Friedrich Engels, „Manifest der kommunistischen Partei", in: Karl Marx, *Die Frühschriften*, Stuttgart: Alfred Kröner Verlag, 1968, 536 f.
5 Victor Hugo, *Die Elenden*, München ohne Jahr, 1863, 453.

Thomas Mann lässt in seiner Moses-Erzählung *Das Gesetz* die Sauberkeitserziehung das Erste sein, was Moses seinem Volk, dem, wie es dort heißt, „Gehudel" und „Pöbel", versucht, angedeihen zu lassen (noch vor dem Inzestverbot, den Speiserichtlinien etc.): „Wie es aussah in dem Gehudel, und wie sehr es ein bloßer Rohstoff war aus Fleisch und Blut, dem die Grundbegriffe von Reinheit und Heiligkeit abgingen; wie sehr Mose von vorn anfangen und ihnen das Früheste beibringen mußte, das merkt man den notdürftigen" – was für eine bedachte Wortwahl – „Vorschriften an, mit denen er daran herumzuwerken [...] begann. [...] Vorläufig waren sie nichts als Pöbelvolk, was sie schon dadurch bekundeten, daß sie ihre Leiber einfach ins Lager entleerten, wo es sich treffen wollte. Das war eine Schande und eine Pest. Du sollst außen vor dem Lager einen Ort haben, wohin du zur Not hinauswandelst, hast du mich verstanden? Und du sollst ein Schäuflein haben, womit du gräbst, ehe du dich setzest; und wenn du gesessen hast, sollst du's zuscharren, denn der Herr, dein Gott, wandelt in deinem Lager, das darum ein heiliges Lager sein soll, nämlich ein sauberes, damit Er sich nicht die Nase zuhalte und sich von dir wende. Denn die Heiligkeit fängt mit der Sauberkeit an [...] Das nächste Mal will ich bei jedem ein Schäuflein sehen, oder der Würgeengel soll über euch kommen."[6]

Wie in dieser oder jener psychologischen Theorie solche emphatische Bindung an Ausscheidungen, Ausgeschiedenes und Auszuscheidendes interpretiert werden mag, es ist immer eine allererste zivilisatorische Unterscheidung: die zwischen Ordnung und Schmutz. Was wo hingehört, was sich keinesfalls gehört, was ekelhaft ist, was ver- und gemieden werden muss. Die anderen Unterscheidungen, die immer nach dem Muster verboten/erlaubt/(evtl.) geboten getroffen werden, und die dann Sexualität und Gewalt betreffen, kommen später. Der Kot (im wörtlichen wie im übertragenen Sinne) muss weggeräumt, vernichtet werden, weil er die zivilisatorische Bemühung als solche mit Vernichtung bedroht.

Die Ausdrücke, in diesem Zusammenhang besser: die Formulierungen – Kot, Abschaum – zeigen also eine radikale Emphase – aber wieso? Die psychoanalytische Theorie (und nicht nur sie) wird darauf hinweisen, dass alles, was abgewehrt, auch begehrt wird. Die Bedrohung kommt also nicht nur von außen, sie kommt auch von innen. In Anlehnung an einen klassischen Ausdruck können wir – vermutend – von einem Unbehagen in und an der Zivilisation sprechen.

Diese Überlegungen möchten vielleicht eine Reihe von Hörerinnen und Hörern unwillig machen. Sie erwarten eine soziologisch-historiografische Antwort auf die Frage, was es mit der Straßengewalt auf sich habe, und nicht ein Räso-

---

6 Thomas Mann, „Das Gesetz", in: ders., *Werke in zwölf Bänden, Die Erzählungen*, Bd. 2, Frankfurt a. M.: Verlag S. Fischer, 1967, 651.

nieren darüber, welche psychische Aufladung hinter unqualifizierter politischer Polemik steckt. Einem solchen Einwand möchte ich mit der Frage begegnen, ob dieses Erklärungsbegehren nicht vielleicht ein etwas zivilerer Ausdruck desselben Affektes ist: Man möchte ein Rätsel gelöst bekommen, das nur darum eines ist, weil wir uns Offensichtliches durch Verrätselung vom seelischen Leibe halten möchten.

Warum brennen in den Vorstädten Autos – ohne dass gleichzeitig Proklamationen erscheinen, die dafür einen politischen Grund angeben? Warum macht sich eine Handvoll Bürgerinnen und Bürger mit der Unterstützung von ein paar Dropouts daran, Menschen zu entführen, zu erschießen und Bomben zu werfen? Warum zieht – ausgerechnet – ein Rapper aus Köln in den Irak, um als Dschihadist zu kämpfen und vor laufender Webcam Leute zu ermorden?

Ich möchte hingegen fragen, warum wir so fragen. Warum meinen wir, die Soziologie, die Psychologie und in gewissem Sinne die Historiografie könnten uns etwas „erklären", soll heißen: uns sagen, was dahintersteckt, in Wirklichkeit passiert, die wahren Gründe/Motive/wasauchimmer sind – und so weiter? – Lassen Sie uns banal miteinander werden. Wenn einer irgendetwas tut, nehmen wir an, dass er das tut, weil er es tun will. Wir fragen ihn manchmal, warum er das tut/tun will – und dann fragen wir nach Gründen, oft nach Legitimationen. Wir fragen, wie er, was er tut, begründet und legitimieren kann. Das tun wir, weil es uns betrifft und wir uns möglicherweise mit seinem Tun befassen wollen, mit ihm, der das tut. Wir sondieren das Terrain, auf dem wir uns befinden. Wenn jemand uns anrempelt, und wir sagen: „Was fällt Ihnen ein?", und er sagt: „Ich hab's eilig!", nehmen wir es entweder hin oder wir sagen: „Das ist noch lange kein Grund!" Eine Reaktion à la „Ja, das sagen Sie so, aber warum tun Sie's wirklich?" würde uns als Sonderlinge ausweisen.

Jemand trinkt gerne sehr nach Torffeuerrauch schmeckenden Maltwhisky. Warum in aller Welt tut er das? Na, es schmeckt ihm eben. Wenn er diesen Geschmack nicht schätzte und wenn er nicht Alkohol schätzte – er tät's nicht. Ja, aber das Zeug schmeckt doch abscheulich – wie Moorleiche! Und auch noch Schnaps! Ja, du magst das nicht, er schon. Aber warum? – Wann ist das eine sinnvolle Frage? Zum Beispiel dann, wenn er sich, nachdem er ein Glas getrunken hat, stets erbricht, weil er keinen Alkohol verträgt, und immer sagt: Eigentlich trinke ich viel lieber Gin Tonic, aber den vertrage ich auch nicht. Das wäre ein guter Anlass zu fragen, was hier eigentlich los ist. – Nur sind die Probleme, vor die man gestellt ist, selten dieser Art.

Einwand: Das mag für die meisten Alltagsprobleme gelten, aber hier geht es doch um wissenschaftliche Problemstellungen. Aber warum sollte es sich in der Wissenschaft anders verhalten? Ich denke, weil es keine wissenschaftlichen Fragen gibt, sondern nur wissenschaftliche Antworten. Das wissenschaftliche

Reden über Sachverhalte unterscheidet sich vom Alltagsreden nur durch größere Komplexität. Es ist nicht dazu da, Verborgenes aufzuspüren, sondern aus einem großen Fundus von Kenntnissen, aus genauem Nachdenken heraus, darzustellen, was der Fall ist.

Ich bin, einige unter Ihnen wissen das bereits, den anderen ist es nun vielleicht deutlich geworden, kein Freund Platons. Ich gehöre nicht zur Spezies derer, die Nietzsche die „Hinterweltler" nannte, also zu den Betreibern von Gedankenläden, in denen man Secondhand-Platonismus angedreht bekommt. Die Öffentlichkeit liebt diese Läden, sucht sie auf und wird dementsprechend bedient. Ich will hier nicht ausführen, wie es zu dieser Neigung gekommen ist, etwas über irgendeine Wirklichkeit hinter der Wirklichkeit herauszufinden und erklärt zu bekommen, was „die wahren Ursachen" oder „die wirklichen Motive" sind. Ich lasse es mit dem Hinweis sein Bewenden haben, dass diese merkwürdige Neigung Teil der Ersetzung der Religion/Theologie durch Geschichtsphilosophie ist, und Letztere haben wir, trotz aller profunden Kritik, noch längst nicht überwunden – im Gegenteil, sie ist öffentlicher Habitus geworden, heruntergekommen gewiss, darum aber durchaus, ähnlich wie Jeans mit hängendem Hosenboden, attraktiv, nach allem Anschein.

Lassen Sie mich also an den Versuch gehen, Gewaltmilieus – grob schematisiert, zugegeben – zu beschreiben. Wobei ich natürlich vorausschicken muss, dass eine Vorstadtrevolte, eine Terrorgruppe wie die RAF und die Banden des „Islamischen Staats", beziehungsweise ihre mitteleuropäischen Rekruten, selbstverständlich nicht dasselbe sind. Aber was heißt das schon? Nichts ist „dasselbe" wie ein anderes, doch kann es durchaus und in mancher Hinsicht auf einen gemeinsamen Nenner gebracht werden. Das ist eine triviale Feststellung, gewiss, nur muss man sie manchmal in Erinnerung rufen. Dieses Gemeinsame möchte ich, wie gesagt, nicht im Modus des Erklärens aufsuchen, sondern in dem der Beschreibung – nicht in Reaktion auf die Frage, was dahintersteckt, sondern als Antwort auf die Frage, was der Fall ist – und sehen Sie mir bitte nach, dass ich mit diesen Stichworten die Debatten, innerhalb derer sie geprägt worden sind, nur bezeichne, ohne mich erneut in sie hineinzubegeben.

Ich möchte mich dabei auf die Betrachtung des oben beschriebenen, Literatur und Politikparole gewordenen, Affekts beziehen. Affekte dieser Art sind Abwehr, wie die Psychoanalyse weiß, und als Abwehr sind sie als Detektoren zu gebrauchen: Was wird abgewehrt, wo liegt das Lockende, ist es mit einer einigermaßen tauglichen Beschreibung dessen, was Gewaltmilieus wie die angesprochenen tatsächlich bieten (oder doch zu bieten versprechen), zusammenzubringen?

Der Affekt, etwas Soziales als unrein, kotig, abschaumartig, auferstanden aus Kloaken zu schmähen, schmäht es als aus Zuständen vorzivilisatorischer

Unordnung hervorgekommen, als etwas, das unsere zivilisatorische Reinheit bedroht. Nicht diese oder jene zivilisatorische Errungenschaft, nicht dieses oder jenes kulturelle Ordnungsprinzip – nicht diese oder jene Regelung unseres Sexuallebens, nicht unsere Ordnung des verboten/geboten/erlaubt hinsichtlich von Gewaltausübung (privat oder öffentlich), nicht, was wir so „kulturelle Werte" nennen –, sondern ganz grundsätzlich das zivilisatorische Prinzip, dass überhaupt etwas zu ordnen ist, wenn man zusammenleben will – zuallererst das Schäufelchen. Nun ist es natürlich nicht so, dass sich der Mensch im Grunde seines Gemüts nach Unordnung sehnte – keineswegs. Täte er das, hätte er sich nicht auf den langen historischen Marsch in die diversen Ordnungszustände gemacht, und dass es je einen Unordnungszustand – gefürchtet bei Hobbes, idealisiert bei Rousseau – gegeben habe, bezweifelten schon Hume (bei Hobbes) und Voltaire und Wieland (bei Rousseau) mit allerlei Spott. Gleichwohl gibt es Unbehagen und eine Instabilität, das und die von vielen Autoren unterschiedlich metaphorisch bezeichnet worden sind, wenn etwa von einer „dünnen Decke" gesprochen wird oder, um zu zeigen, was nötig ist, von einem „stählernen Gehäuse".

Was passieren kann, zeigt uns der Lebensstil der römischen Cäsaren, den der Althistoriker Alexander Demandt ein historisch einzigartiges anthropologisches Experiment genannt hat. Ganz gleich, wie sehr die Biografien des Tacitus und Sueton von den Ressentiments eines entmachteten Standes (der Senatoren) getragen worden sind – was passieren kann, wenn ein Einzelner sittlicher Selbstverständlichkeiten weitgehend entbunden ist und über die Machtmittel verfügt, seinen Launen freien Lauf zu lassen, dokumentieren sie doch. Die Baugeschichte von Neros *Domus Aurea* – seine (übrigens abscheulich hässliche) Stadtvilla und ihre kompensatorische Überbauung durch Vespasian – zeigt das wie vieles mehr. Das Nero zugeschriebene Wort, vor ihm habe kein Sterblicher gewusst, was man sich herausnehmen könne, signalisiert, worum es geht, und die Überbauung der *Domus Aurea* mit öffentlichen Thermen, was man wieder ins Lot bringen wollte – die dramatische Selbstermächtigung zur Grenzenlosigkeit.

Man denke auch an die ja nicht stets und ständig vorkommenden, aber durch Kriegsbräuche immerhin lizenzierten mittelalterlichen Plünderungen von Städten nach einer gewissen Belagerungsdauer – Shakespeare lässt Heinrich V. so zu den ihre Stadt verteidigenden Bürgern von Harfleur sprechen (und Geschichtliches durchaus korrekt abbilden):

Ergebt euch unsrer besten Gnade;
Sonst ruft, wie Menschen auf Vernichtung stolz,
Uns auf zum Ärgsten [...]
Der eingefleischte Krieger rauhen Herzens

Soll schwärmen, sein Gewissen höllenweit
[...] und mähn wie Gras
Die holden Jungfraun und die Kinder.
[...] Was für ein Zügel hält die freche Bosheit?[7]

Der Phase der kriegerischen Gewalt unter der Fuchtel des „Du sollst!" folgt –
unter Umständen – eine unter der Lizenz des „Du darfst!". Und dann ist der Teufel
los. Bis nach ein, zwei Tagen wieder die Trompete bläst. Denken Sie an die Zustände in Lagern, wo der Willkürspielraum von Bewachern und Kapos einfach
nicht mehr oder jedenfalls kaum begrenzt wurde. Es soll damit nicht behauptet
werden, hier käme etwas wie der „wahre Adam" zum Vorschein, denn den gibt es
nicht oder er ist alle Adams zusammen, das, wie es einmal hieß: „Ensemble der
gesellschaftlichen Verhältnisse" (ergänze: durch die Zeiten). Aber es lässt sich –
durch die Zeiten und sozialen Klassen – feststellen, dass dieses Moment der
Versuchung durch Grenzenlosigkeit einfach existiert, und die Frage Warum? ist
schlichtweg müßig. Und, das ist entscheidend, dieses Grenzenlose erweist sich
dann, wenn es auf Kosten des Nebenmenschen geht, eben als grenzenlos – es
muss rücksichtslos und zerstörerisch sein, sonst wäre es nicht, was es ist. Der –
mancher – Einbrecher stiehlt nicht nur und säuft die Hausbar leer, sondern
schlägt die Möbel kaputt, reißt die Vorhänge runter und – ja, natürlich scheißt er
auf den Teppich.

Die Attraktivität mancher Gewaltmilieus so zu beschreiben, mögen viele
nicht. Oft bekomme ich zu hören, meine These sei, Gewalt lasse sich aus den
„niederen Instinkten" der Menschen erklären. Dabei weiß ich gar nicht, was das
sein soll. Mein Hinweis, zu dem Entschluss, einer Stadtguerilla beizutreten, gehöre, das Tragen von Waffen zu mögen – der Entschluss, eine Pistole mit sich
herumzuschleppen hat weitreichende psychische, physiologische, verhaltensre-
levante Konsequenzen –, wurde so referiert, als behauptete ich, Stadtguerilleros
seien „Waffenfetischisten" – was etwas ganz anderes ist (abgesehen vielleicht von
dem Umstand, dass Andreas Baader tatsächlich etwas von einem solchen hatte).
Mir geht es aber nicht darum, der Tatsache, dass entgrenztes Verhalten für
Menschen eine Verlockung darstellt, noch eine zusätzliche psychologische Erklärung hinzuzufügen. Für eine Analyse der Attraktivität von Gewaltmilieus ist
eine derartige Ergänzung nicht nötig, wobei gar nicht zu bestreiten ist, dass es
stets individuelle Wege gibt, auf denen diese soziale antisoziale Versuchung
wirksam wird. Ebenso wie es sehr individuelle Umstände sind, die dazu führen,
dass der Lebensweg einen nicht dahin führt – nicht nur der Mangel an Gelegenheit *nota bene*.

---

7 William Shakespeare, *König Heinrich der Fünfte*, Wien: Verlag von J.P. Sollinger, 1825, 43.

Ferner resultiert das Nichtmögen der von mir favorisierten Beschreibung aus dem Wunsch, es möge für abscheuliches Verhalten doch irgendeine, letztlich moralisch akzeptable (wiederum:) Erklärung geben oder doch wenigstens ein einsehbares Motiv „hinter" dem schieren Destruktionsgeschehen. Also sind die *urban riots* wahrscheinlich doch die Rebellionen Zukurzgekommener, irgendwie ein, wenn auch ungelenk vorgetragener, Schrei nach Gerechtigkeit und Liebe. Wenn sie nur nicht so ritualisiert abliefen. Wenn man sich nur nicht auf ein Kalenderstichwort hin versammelte wie der Karnevalsverein – „Heraus zum Ersten Mai!", was dann heißt: Autos anzünden. Oder die Scheibe des Tuchhändlers Benthien einwerfen oder Stereoanlagen abschleppen oder Bullenklatschen. Es ist die Selbstermächtigung zum großen „Du darfst!"

Natürlich wird immer auch geredet: Da ist die Legende vom Auslöser der *urban riots*, dem rassistischen Agieren der Polizei (das hier gar nicht bestritten werden soll), da ist der Bankraub durch die RAF, der dazu dient, Sportwagen zu beschaffen, Waffen, konspirative Wohnungen und Sprengstoff, ein antikapitalistischer Avantgarde-Aufstand, da ist die Reise in den fernen Orient, wo das Köpfen und Frauenversklaven lockt, eine Pilgerreise im Namen des Propheten. Kaum ein Erpresser und Entführer, der sich nicht irgendwann einmal als Robin Hood ausgäbe. Nun, wir wissen, dass starkes Legitimitätsempfinden nicht nur die Erregbarkeit steigert, sondern auch die Grausamkeit. Schwache Legitimitätsempfindungen sind demgegenüber eher handlungshemmend.

Auch wenn es, um nun noch schnell zur Sache zu kommen, beim Eintritt in das Gewaltmilieu neue Zwänge gibt – eine Guerilla braucht ein gewisses Maß an Disziplin, der Gotteskrieger muss beten –, so ist dieser Übertritt doch zunächst die Abkehr von vorher gültigen Verboten, hin zu unerhörten Lizenzen. An die Stelle der Stabilisierung, vielleicht gar Steigerung dessen, was Hegel „Sittlichkeit" nennt, tritt die Steigerung der Erlaubnis, das alles zum Teufel zu schicken, wie es im angeblich aus den Bauernkriegen stammenden Lied heißt, das aber ein Marschlied der Wandervögel war: „Wir sind des Geyers schwarzer Haufe, heia-hoho" und: „Des Edelmannes Töchterlein – heia-hoho – die schickten wir zur Höll' hinein – heia-hoho". Und das hat viele Facetten. Dies scheint mir die Grundlage:

1. Das bürgerliche Leben, nehmt alles nur in allem, zeichnet sich, wie seine Kritiker spätestens seit Schillers „Ästhetischen Briefen" wussten, durch irgendetwas aus, das diese Kritiker als Auseinanderfallen eines, wie immer auch fantasierten, Ganzen zu verstehen versuchten. Diese Einschätzung ist außerhalb des jeweiligen Jargons, in dem sie vorgetragen wird, schwer zu fassen. Lassen Sie es mich so versuchen: *Das bürgerliche Leben wurde als eine Art Unterprämierung für die Anstrengung, es zu leben, empfunden.* Man musste die Zumutung der Vereinzelung, der Ohnmacht, der a-personalen Abhängigkeit, einer generellen Zusam-

menhanglosigkeit (die Soziologie und Historiografie sind die Kompensations-respektive Trostwissenschaften ins Syn- und Diachrone) aushalten und bekam ... ja, was? (Nun ja, vielleicht den Roman als die klassische bürgerliche Kunstform, die gleichfalls kompensiert oder Formen, es zu ertragen, vorführt.)

2. *Das Gegenmodell ist das mit Überprämierung versehene Angebot, das bürgerliche Leben zu verlassen.* Wie kommentierte Ulrike Meinhof Baader/Ensslins Brandstiftung? Unpolitisch beziehungsweise reaktionär, aber illegal, ergo tendenziell ein Vorbild. Was folgte, waren die Bekenntnisschreiben, in denen vornehmlich von der Menge an TNT-Äquivalenten die Rede gewesen ist.

Was sind die Facetten des Gegenmodells?

3. Das bürgerliche Leben gewährt selten Grandiosität. Wenn doch, wird das mit außerbürgerlichen Attributen versehen. Man sehe nach, wie über außerordentlich erfolgreiche Manager geschrieben wird. Wer die Scheibe des Tuchhändlers Benthien oder wie Hugos Gavroche die Scheibe des Barbiers einschmeißt, wird mit Schauder wahrgenommen. Die RAF okkupiert Nachrichtensendungen und Fantasien, stürzt die Regierung in Krisen, gewinnt Macht über Leben und Tod, richtet und richtet hin. Der IS bietet Mord und/oder Tod, die Leute kommen aus aller Herren Länder, um mittun oder doch wenigstens zusehen zu dürfen, wie ohne all dies ewige Bedenken geköpft, gekreuzigt, verbrannt werden darf und sogar soll.

4. Denn praktizierte Bedenkenlosigkeit ist auch die Gewährung äußerster Macht. Den Körper eines anderen zerstören zu dürfen. Und zwar auf Zuruf. Man ist ja nicht Beamter in der Todeszelle irgendeines Gefängnisses, wo es ohne Willkür, nach der Uhr und nach Ritual ohne jeden Anflug eines Machterlebnisses nur um den tödlichen Job geht. Bürgerliche Gesellschaft hat die direkte Macht, die in der Zerstörung des anderen Körpers ihren extremen Ausdruck findet, abgeschafft. Da gibt es Machtfragmentierung, da gibt es Prozeduren, Verrechtlichungen, Verzögerungen – der direkte Zugriff bleibt auf der Strecke. Im *urban riot*, in der Terrorgruppe, im IS, ist der Einzelne in den Status der Machtwillkür eingesetzt.

5. Gemach: es gibt ja noch die Gruppe. Aber diese Gruppen verleihen solche Willkürmacht. In den *riots* durchs große Gewährenlassen, in der Terrorgruppe durch Delegation („Du schießt!"), im IS vielleicht durch eine Art Henker-Casting. Die Gruppe (bei den *riots* die Masse) hebt die bürgerliche Vereinzelung auf. Wie Sebastian Haffner über die NS-Feriencamps für Jura-Referendare schrieb, sie seien für die ein Genuss, die zu schwach für die Anforderungen des bürgerlichen Lebens seien, so findet man in schlechthin allen Dokumenten, die Erlebnisse der von Gewaltmilieus Attrahierten bezeugen, diesen Genuss am Aufgehobensein in

einer regressiven Gemeinschaft. *Und dann verleiht diese Gemeinschaft das cäsarische Privileg, Herr über Leben und Tod zu sein.*

6. Die Zugehörigkeit zur regressiven Gruppe garantiert keinen Lebensunterhalt. Das Bandenmitglied oder der Randalierer beziehen kein Einkommen. Aber sie werden gedeckt beim Beutemachen.

7. Die Deckung durch das Gewaltmilieu ist die Grundkontradiktion zur bürgerlichen Not-Tugend, der Kompromissbereitschaft. Der Einzelne in der Gewaltmenge schlägt zu und verschwindet, der Terrorist schlägt zu und verschwindet. Vielleicht hinterlässt er noch ein Flugblatt, auf dem zu lesen ist, dass der Bulle, um noch einmal Ulrike Meinhof zu zitieren, ein Schwein und kein Mensch ist. Auch dem Gotteskrieger ist der Kompromiss fremd, er kennt nur Gläubige und Ungläubige oder Ketzer. Der einem Gewaltmilieu Zugehörige hat also und genießt Identität. Demgegenüber findet sich der Bürger zur Individualität verurteilt, und seine Identität ist, da er als soziales Wesen lebt, diffus.

8. Die narzisstischen Gewinne aus Bürgerlichkeit fallen bescheiden aus. Sie sind schmal, stellen sich gelegentlich, nur hier und da ein, mögen sich aus der Bilanzierung von Handlungsfolgen ergeben. Triumphal sind sie allenfalls im Sport oder auf der Bühne, und auch dort hart erwirtschaftet. Demgegenüber sind die narzisstischen Gewinne aus der permanent die Zugehörigkeit als Grandiosität wertenden Prämierung durch die Gruppe immens, nebst der Lizenz, Identität, sprich: Einzigartigkeit aus der existenziellen Aktion der Zerstörung zu gewinnen.

Rede ich über Bürgerlichkeit (sprich: das Leben in einer machtfragmentierten, verrechtlichten, auf Gewaltverminderung ausgerichteten Gesellschaft), als redete ich über ein Telos des Zivilisationsprozesses, und über die Gewaltmilieus, als seien sie die negierende Kehrseite dieses Prozesses, der altböse Feind, den man nicht von den Sohlen schütteln kann? So natürlich nicht. Es gibt in der Geschichte keine Teleologie, aber man kann sehr wohl sagen, dass es Entwicklungen gibt, deren Richtungen sich nachzeichnen lassen, auch wenn sie nicht gerichtet verliefen. Nicht: da sollte es hingehen, aber sehr wohl: da ist es hingegangen, und von unserer Beschreibungswarte aus gesehen, muss uns nichts daran hindern, diesen Ort als einen zu definieren, von dem aus das Ungerichtete normativ als Fortschritt angesehen werden kann. Es gehört nun zu diesem Fortschritt im Sinne der Bürgerlichkeit, dass ihm die Grandiositäts- und A-Zivilitätsangebote ausgehen. Zum Vergleich: Im antiken Rom war die Zugehörigkeit zur herrschenden Klasse ein einziges Grandiositätsangebot, sogar eine Verpflichtung zur Grandiosität, der sich nur wenige – etwa der Freund Ciceros, Atticus – zu entziehen vermochten. Eine solche Offerte hält sich – nicht in diesem Extrem, aber doch – durch die Geschichte. Für den modernen Bürger besteht dieses Angebot freilich nicht mehr. Und wo doch, etwa in den Sturmzeiten zwischen ursprünglicher und geregelter Kapitalakkumulation, legen sich die Pioniere ein offensiv puritanisches Gehabe – siehe Rockefeller, ein virtuoser Unternehmer und gleichzeitig ein Bandenhäuptling – zu. Oder sie verlagern ihre Wünsche ins Symbolische, wie Philipp Reemtsma, der sich von Hans Domizlaff einen Wikingerschiffsbug als Firmenemblem entwerfen ließ und, ein *homo novus* und Neureicher in Hamburg, demonstrativ eine besonders avantgardistische Architektur für seine Privatvilla wählte.

Für die anderen Klassen existieren solche Angebote nicht, es sei denn in Kriegszeiten – und sozusagen an den Rändern: man geht irgendwo hin – meist aus Not – schlägt sich durch und bereichert sich, wenn's klappt. Emily Brontë schildert so einen Fall in *Wuthering Heights*. Aber es gab meist so etwas wie Kolonien, später auch die Fremdenlegion, wo man hinkonnte, nahm das Unbehagen am unterprämierten Alltag überhand; siehe Ernst Jünger, für den dann gottseidank das Gemetzel auf dem Schlachtfeld die ersehnten Sensationen brachte. Und es gab immer die Möglichkeit der Räuberbande und der Piraterie. Das Echo solcher Attraktivität reicht bis heute ins Kinderbuch. Es waren immer wenige, wenige sind es auch heute, doch machen sie viel von sich reden – „das Schiff mit acht Segeln und mit fünfzig Kanonen", und der Geschichtsdozent in Jena wird mit Getrampel empfangen, der Hörsaal kann die Begeisterten nicht fassen, hat er doch mit einem Stück über eine Räuberbande am Theater debütiert.

Die Abwehraffekte – „Fäulnis", „Kot", „Abschaum" –, die verzweifelte Suche nach Erklärungen in Gestalt der Suche nach etwas „hinter" dem Offensichtlichen, zeigen nicht nur das Erschrecken vor der, sondern auch die Versuchung durch die Möglichkeit, sich in dies scheinbar „Urtümliche" wenigstens zu „vergaffen", wie es Professor Kuckuck im Speisewagen nach Lissabon Felix Krull gegenüber formuliert. Shakespeares Heinrich V. können erst die Krone, die ihm zufällt, und ein großer Krieg, den er anzettelt, wirklich von der Bande an Räubern und Randalierern loseisen, denen er sein Leben mit Sir John Falstaff zuvor geweiht hatte, und vor Azincourt lässt er den letzten der Bande, den man beim Plündern erwischt hat, mit leisem Bedauern, aber doch, henken. Bei Victor Hugo ist die einzig unambivalent sympathische Figur jener erwähnte Fensterscheiben und Straßenlaternen einschmeißende Gavroche. Schiller schreibt genussvollen Schauder in sein Stück, wenn er „Schufterle" auftreten lässt, der einen Säugling verbrennt. Adorno (in den *Minima Moralia*) hat dieses Genussvolle in dem Befehl „Amalia für die Bande" klar notiert. Brechts kalte Grausamkeit in der „Maßnahme" ist das Gegenstück zur Ballade mit dem Refrain „O Himmel, strahlender Azur" mit den Zeilen „und oft besteigen sieben Stiere eine geraubte fremde Frau". Arno Schmidts Alter Ego in der *Gelehrtenrepublik* heißt „Bob Singleton" – Bob Singleton ist der titelgebende Name aus einem Roman von Daniel Defoe und ist dort ein skrupelloser und fürchterlicher Pirat. Das mag zuweilen tatsächlich grenzgängerische Qualitäten haben – Arno Schmidt nannte den beim öffentlichen Vorlesen der

Mordszenen aus seinen Büchern schier aus dem Häuschen geratenden Dickens einen „Nicht-Mörder" – aber doch ist es Sublimation. Noch die exzessive Schilderung des Entgrenzten unterwirft sich in der Literatur, der Malerei, der Musik (*Sacre du Printemps*) der Ordnung der Form.

Gewaltmilieus liefern die Möglichkeit exzessiver Entsublimation – die ihrerseits symbolisch geraten kann. In den *urban riots* werden gerne Scheiben eingeschlagen und Autos angezündet. Es handelt sich um demonstrierte Zerstörungsmacht und Angriffe auf Körperrepräsentanzen, nicht um Krieg, aber doch nahe dabei. Nicht selten kommt sogar vor, dass Bibliotheken angezündet werden, mithin direkt attackiert wird, was unsere Kultur ausmacht. Während der Straßenkämpfe des 19. Jahrhunderts in Paris und Wien wurden immer wieder die Straßenlampen zerschmissen. Auch Gavroche, ich habe es erwähnt, tut das mit Lust. Auf die Fenster, in denen dann noch Licht brennt, wird geschossen. Es ist der Angriff auf Sichtbarkeit und auf, lassen Sie mich den französischen Begriff für „Aufklärung" nehmen: *les lumières*. Die RAF verfasst Kassiber in einer Art regressiven Lallens, das als Ausweis radikaler Antibürgerlichkeit gelesen werden soll. Der IS sprengt Altertümer in die Luft – die Zeichen unserer kulturellen Entwicklung. Vielleicht lässt sich derlei auf diesen Nenner bringen: Hass auf die Symbolisierungen der Fähigkeit zur Sublimation.

Literatur

Hugo, Victor, *Die Elenden*, München ohne Jahr.

Mann, Thomas, *Buddenbrooks: Verfall einer Familie*. Frankfurt am Main: Verlag S. Fischer, 2002.

Thomas Mann, „Das Gesetz", in: ders., *Werke in zwölf Bänden, Die Erzählungen*, Bd. 2, Frankfurt a. M.: Verlag S. Fischer, 1967, 621–672.

Marx, Karl & Friedrich Engels, „Manifest der kommunistischen Partei", in: Karl Marx, *Die Frühschriften*, Stuttgart: Alfred Kröner Verlag, 1968, 525–560.

Shakespeare, William, *König Heinrich der Fünfte*, Wien: Verlag von J.P. Sollinger, 1825.

II Stadtentwicklung und Gewalt

Renaud Epstein

Stadterneuerung und städtische Unruhen: Paris (1871) – Clichy (2005)

Von den für die Olympischen Spiele umgestalteteten Stadtvierteln Londons und Rio de Janeiros,[1] über die sich weltweit ausbreitenden *gated communities*,[2] bis hin zu den gesicherten Grünen Zonen Bagdads und Kabuls[3] scheint die Stadtplanung heute in hohem Maße von Sicherheitserwägungen bestimmt, die in Begriffen wie „Aufrechterhaltung der öffentlichen Ordnung" und „Verbrechensprävention" zum Ausdruck kommen. In der internationalen Stadtforschungsliteratur ist es in Mode gekommen, diese sicherheitsorientierte Stadtplanung anzuprangern, ja sie teilweise sogar als „Militarisierung des Städtebaus" hinzustellen. Diese Kritik ist jedoch keineswegs neu: Sie wurde 1968 von Henri Lefebvre begründet, der die in der zweiten Hälfte des 19. Jahrhunderts von Haussmann geleiteten Großbauvorhaben zur Modernisierung von Paris als Ausdruck einer konterrevolutionären Stadtplanungspolitik interpretierte.[4]

Eine ganze Reihe radikaler Kritiker der Stadtplanung, vor allem der Sanierungsmaßnahmen in den Arbeiter- und Migrantenvierteln der westlichen Städte, folgen dieser Traditionslinie Lefebvres. Ob es diesen Kritikern um die Arbeiterwohnungen der Vorstädte in den 1960er Jahren oder um die Großsiedlungen des sozialen Wohnungsbaus in den Vorstädten fast ein halbes Jahrhundert später geht, ist dabei unerheblich: Für die radikalen Soziologen und Geografen sind diese Stadterneuerungsmaßnahmen lediglich die Neuauflage des Haussmannschen Projekts, das die Rückeroberung der für die bürgerliche Ordnung bedrohlichen Arbeiterviertel und die Umgestaltung des Raums im Interesse der Ordnungskräfte vorsah.[5] Dabei beschränkt sich diese Kritik weder auf die wissenschaftlichen Fachkreise noch auf die Gentrifizierungsgegner der linksradikalen Szene, wie der

---

1 Pete Fussey, Jon Coaffee, Gary Armstrong & Dick Hobbs, „The regeneration games: purity and security in the Olympic city", in: *The British Journal of Sociology* 63, 2 (2012): 260 – 284.
2 Georg Glasze, Chris Webster & Klaus Frantz (Hg.), *Private Cities: Global and Local Perspectives*, London/New York: Routledge, 2006.
3 Stephen Graham, *Cities Under Siege: The New Military Urbanism*, London: Verso, 2011.
4 Henri Lefebvre, *Le droit à la ville* (1968), Paris: Éditions Anthropos ³1996, 13.
5 Mustafa Dikeç, *Badlands of the Republic: Space, Politics and Urban Policy*, Oxford: Blackwell Publishing, 2007; Hacène Belmessous, *Opération Banlieues: Comment l'Etat prépare la guerre urbaine dans les cités françaises*, Paris: La Découverte, 2010; Mathieu Rigouste, *La domination policière: Une violence industrielle*, Paris: La Fabrique, 2012.

https://doi.org/10.1515/9783110658354-005

folgende Auszug aus dem Buch *La loi du ghetto: Enquête dans les banlieues fran-çaises* des in der Zeitung *Le Monde* mit der *banlieue* befassten Journalisten zeigt:

> Zwei Jahrhunderte nach Baron Haussmann, der das Pariser Stadtzentrum vor allem zur besseren Gewährleistung der Sicherheit umgestaltete, hat sich die Polizei der umfangreichen Erneuerungsmaßnahmen zur Umgestaltung des städtischen Erscheinungsbildes angenommen. Hier werden Eliteeinheiten und umfangreiche Mittel eingesetzt, um die angespannte Lage zu beruhigen. Dahinter jedoch verbirgt sich, weitaus verdeckter, der direkte Eingriff in die bauliche Gestaltung dieser Viertel. Ein totaler Krieg.[6]

Das vorliegende Kapitel stützt sich vor allem auf Untersuchungen, die im Rahmen einer Doktorarbeit von 2003 bis 2008 in mehreren französischen Städten durchgeführt wurden, und kann als eine Kritik an der Kritik der Stadterneuerung verstanden werden. Es geht hier nicht darum, die zunehmende Bedeutung der sicherheitspolitischen Aspekte im gegenwärtigen urbanistischen Denken und bei der Umsetzung der Stadtplanungsmaßnahmen in Frage zu stellen, sondern um eine differenziertere Analyse der Stadtsanierungspolitik. In diesem Sinne werden zunächst die drei großen Wellen städtischer Erneuerung vorgestellt, welche die französischen Städte im 19., 20. und 21. Jahrhundert veränderten. Danach wird die Lefebvresche Kritik an der Stadterneuerung als Politik zur Aufrechterhaltung der öffentlichen Ordnung dargelegt und die Anwendung dieser Kritik auf jede der drei großen Wellen erörtert, um sie abschließend an der Realität zu messen. Obwohl sie die französische Stadtsanierungspolitik zum Gegenstand hat, reicht diese Kritik an der Kritik über den nationalen Rahmen hinaus: In Bezug auf die Stadtplanungspolitik sollten die militanten Diskurse und radikalen wissenschaftlichen Arbeiten mit Vorsicht genossen werden, denn so markig sie klingen, so schwach sind ihre empirischen Grundlagen.

Die Stadterneuerung in Frankreich vom 19. bis zum 21. Jahrhundert

Die Großbauvorhaben, die zwischen 1853 und 1870 unter der Leitung von Präfekt Haussmann durchgeführt wurden, waren Teil derjenigen Veränderungen, die Paris am Ende des 19. Jahrhunderts zur Hauptstadt der Moderne machten.[7] Durch den Abriss heruntergekommener Häuserblöcke, die Zerstörung der am Vorabend

---

6 Luc Bronner, *La loi du ghetto: Enquête dans les banlieues françaises*, Paris: Calmann-Lévy, 2010, 224.

7 David Harvey, *Paris: Capital of Modernity*, New York/London: Routledge, 2003.

der Revolution errichteten Stadtmauern, die Eingemeindung von Vororten, den Bau großer Boulevards, die Schaffung unterirdischer technischer Versorgungsnetze, die Anlage von sternförmigen Plätzen, den Bau von Bahnhöfen, die Errichtung von Denkmälern, die Vereinheitlichung der Architektur und das Aufstellen von Stadtmöbeln erfuhr der Pariser Städtebau, der sich seit dem Mittelalter kaum verändert hatte, eine tiefgreifende Umgestaltung. Parallel zur Neukonzipierung des Stadtnetzes erfolgte im Rahmen dieser umfangreichen Bauvorhaben eine Umsiedlung verschiedener sozialer Gruppen.[8] Die im Stadtzentrum konzentrierten kleinindustriellen Werkstätten wurden mit ihren Arbeitern in die nördlichen und östlichen Vororte verdrängt, um das Zentrum zu dem Ort zu machen, an dem sich imperiale Größe zur Schau stellen ließ und wo die Bourgeoisie ihre Konsumbedürfnisse decken konnte.

Haussmanns Großbauprojekt, das die Hauptstadt nachhaltig prägte, bildet das Grundmuster für die Stadtsanierungsstrategien, die in der Folgezeit in zahlreichen europäischen Städten nachgeahmt wurden. In Frankreich folgten dieser ersten Stadterneuerungswelle, die sich zur gleichen Zeit auf Lyon und Marseille ausbreitete, zwei weitere Phasen tiefgreifender Veränderung, die fast alle Städte des Landes erfassten.

Die erste post-hausmannsche Welle wurde in den ersten Monaten der Fünften Republik mit der Veröffentlichung der Verordnung vom 31. Dezember 1958 zur Stadterneuerung in die Wege geleitet. Tausende heruntergekommene Gebäude wurden abgerissen, um in Paris und den meisten anderen französischen Städten Platz für moderne Bauten zu schaffen. Und wieder ging es bei dem Versuch, gegen Verslumung und Wohnmisere vorzugehen, gleichzeitig auch um den Anspruch, die Stadt an moderne Zeiten anzupassen: „Die Stadterneuerung bezweckt nicht nur, körperlich oder seelisch in Elendsquartieren dahinvegetierende Familien in sanierten Gebäuden unterzubringen. Sie strebt auch danach, den Stadtzentren, die durch mangelnde Instandhaltung und ungeregelte Bautätigkeit Schaden genommen haben, eine unserer Zeit würdige Struktur und Architektur zurückzugeben."[9] Diese Stadterneuerungspolitik wurde von Technokraten bestimmt, die sich die von Le Corbusier entwickelten funktionalistischen Theorien der modernen Architektur zu eigen gemacht hatten, und von 1958 bis Mitte der 1970er Jahre zeitgleich mit der Erbauung der Großwohnsiedlungen am Stadtrand umgesetzt. Die Planierraupen machten heruntergekommene Häuserblöcke der alten Stadtzentren, vorstädtische Arbeiterviertel und Barackensiedlungen, die in den Bau-

---

8 Jean Des Cars & Pierre Pinon, *Paris-Haussmann*, Paris: Pavillon De L'Arsenal and Picard, 1993.
9 Allgemeine Verordnung zur Stadterneuerung vom 8. November 1959, *Journal Officiel*, 24. Nov. 1959, 11250.

lücken der Stadt entstanden waren, dem Erdboden gleich, während die Kräne in den Vororten Stadtviertel mit Wohnblöcken und Hochhäusern errichteten. Die Sanierung der alten Zentren und der Bau moderner Großsiedlungen im Umland sind die zwei Seiten der Stadtentwicklungspolitik des gaullistischen Staates. Beide zusammen haben die sozio-urbane Struktur der französischen Ballungsräume völlig verändert.

Im boomenden Nachkriegsfrankreich der *Trente Glorieuses* (der „dreißig glorreichen Jahre") verkörperten die Großwohnsiedlungen die Moderne und erschienen als Räume des gesellschaftlichen Aufstiegs, doch Anfang der 1980er Jahre wurden sie zum Symbol der sozialen Krise in den Städten. Dank verschiedener staatlicher Maßnahmen zur Förderung des Erwerbs von Wohneigentum verließen die Mittelschicht und der besserverdienende Teil der Arbeiterklasse nach und nach diese Viertel des sozialen Wohnungsbaus, wo sie von ärmeren Familien, insbesondere Einwanderern, abgelöst wurden: Bei der Volkszählung von 1999 hatten die fast fünf Millionen Einwohner zählenden Problemviertel (*Zones Urbaines Sensibles*, ZUS)[10] im Vergleich zum nationalen Durchschnitt einen doppelt so hohen Arbeitslosenanteil (19,8 %), einen zweieinhalb Mal höheren Anteil von Haushalten unter der Armutsgrenze (26,5 %) und einen dreimal höheren Ausländeranteil (16,5 %). Die Großwohnsiedlungen der Vorstädte mit ihrer hohen Konzentration gesellschaftlicher Probleme und ihrer veralteten und oft heruntergekommenen Architektur werden heutzutage als Viertel des sozialen Abstiegs, ja sogar als Ghettos wahrgenommen, die sich von der Gesellschaft weit entfernt haben. Dies veranschaulichen die Äußerungen von Premierminister Manuel Valls kurz nach dem Anschlag auf die Satirezeitschrift *Charlie Hebdo* und auf den Supermarkt *Hyper Cacher:*

> Die letzten Tage haben viele Missstände in unserem Land aufgedeckt und uns die Herausforderungen vor Augen geführt, die wir annehmen müssen. Hinzu kommen alle Brüche und Spannungen, die schon viel zu lange unterschwellig vorhanden sind und über die wenig gesprochen wird. [...] Die Abschiebung in die Stadtrandgebiete, die Ghettos – das alles sind Probleme, die ich bereits 2005 ansprach: Eine territoriale, soziale und ethnische Apartheid hat sich in unserem Land ausgebreitet.[11]

Diese Großwohnsiedlungen, deren Aufbau die Erneuerung der alten Stadtzentren vierzig Jahre zuvor begleitet hatte, wurden im Jahr 2003 Gegenstand eines umfassenden staatlichen Stadterneuerungsrogramms (*Programme national de rénovation*

---

10 Diese Verwaltungskategorie, die durch das Gesetz zur Umsetzung des Konjunkturpaktes für die Stadt vom 14. November 1996 geschaffen wurde, vereint die 751 von der Stadtentwicklungspolitik als vorrangig bezeichneten Stadtviertel.

11 Premierminister der Republik Frankreich, *Neujahrsrede an die Presse*, 20. Januar 2015.

urbaine, PNRU). In dieses durch das Gesetz vom 1. August 2003 zur Stadt und Stadterneuerung eingeführte Programm wurden 490 über ganz Frankreich verteilte Stadtviertel aufgenommen. Es verfolgte ein zweifaches Ziel: soziale Durchmischung und städtische Homogenisierung. Angestrebt wurde die Umgestaltung dieser mono-funktionalen, architektonisch ungenormten und sozial einseitig bewohnten Räume zu gewöhnlichen Stadtvierteln mit vielfältigen Funktionen, Wohnungstypen und vor allem Bevölkerungsgruppen. Zu diesem Zweck erhielt das Nationale Amt für Stadterneuerung ein Budget von 12 Milliarden Euro für den Zeitraum 2003 – 2015, um die von den Städten und den sozialen Wohnungsbauunternehmen[12] durchgeführten Abriss- und Neubaumaßnahmen staatlich zu fördern: 150.000 Abrisse und 150.000 Wohnungsneubauten, 320.000 Sanierungen und 350.000 „Residenzialisierungen"[13] sowie umfangreiche Eingriffe in die öffentlichen Räume und Einrichtungen.

Die soeben vorgestellten drei Perioden der Stadterneuerung weisen eine Reihe gemeinsamer Merkmale auf.[14] Was die institutionelle Seite betrifft, so wurde die Umsetzung dieser mit beträchtlichen privaten und öffentlichen Mitteln geförderten Programme auf nationaler Ebene systematisch an *ad hoc* geschaffene Institutionen delegiert, die keinerlei Kontrolle durch Verwaltung und Parlament unterlagen. Die von der Stadterneuerung ins Visier genommenen Stadtteile waren zunächst die Viertel, die unter Napoleon III. das Pariser Zentrum bildeten, in den 1960er Jahren rückten die Gegenden rund um dieses Zentrum in den Fokus der Planer, während im 21. Jahrhundert die Vorstädte im Mittelpunkt standen. Obwohl sich der Fokus der Stadterneuerung vom Zentrum in Richtung Peripherie verlagerte, bleiben die Konzepte sehr ähnlich: In der Vergangenheit wie in der Gegenwart zielt die Stadterneuerung auf solche Viertel, in denen überwiegend Arbeiter und Migranten leben. Und schließlich findet man in den drei Phasen der Stadterneuerung – von denen jede in einer Zeit historischer Veränderungen der kapitalistischen Akkumulationssysteme stattfand – eine Verzahnung der städtebaulichen Modernisierung mit allgemeineren sozialen Reformen. Durch die Veränderung des städtischen Raumes und die Umverteilung der Arbeit und der so-

---

12 Das Projektvolumen betrug insgesamt mehr als 45 Milliarden Euro. Nach dem Beschluss von 2014 trat ab 2016 im Rahmen des PNRU ein neues Stadterneuerungsprogramm in Kraft, das mit 5 Milliarden Euro für 200 Stadtviertel ausgestattet ist.

13 Die Residenzialisierung determiniert den Status von Räumen im Umfeld von Gebäuden etwa durch die Errichtung von Zäunen oder den Einbau elektronischer Türschlösser, die einen privaten, nur für ausgewählte Bewohner der Stadt zugänglichen Raum kennzeichnen.

14 Renaud Epstein, „(Dé)politisation d'une politique de peuplement : la rénovation urbaine du XIXe au XXIe siècle", in: Fabien Desage, Christelle Morel-Journel & Valérie Sala Pala (Hg.), *Le peuplement comme politiques*, Rennes: Presses Universitaires de Rennes, 2014, 329 – 354.

zialen Gruppen in diesem befördert die Stadterneuerung die Anpassung der Stadt an die Wandlungen des Kapitalismus: Umgestaltung einer mittelalterlichen Stadt, die den Anforderungen des in der zweiten Hälfte des 19. Jahrhunderts triumphierenden Industrie- und Handelskapitalismus nicht mehr entsprach;[15] funktionalistische Optimierung der Stadt im Zuge der Entwicklung der Massenproduktion und des Massenkonsums des Ford-Zeitalters;[16] Wiederverwendung der in dieser Ära entstandenen Industrieräume und Beseitigung der in diesem Zusammenhang errichteten, aber heute stigmatisierten Wohnungen – all dies sollte dazu dienen, immer neue Anforderungen an urbane Attraktivität zu erfüllen.[17] Gleichzeitig verfolgte Stadtmodernisierung immer auch sozialreformerische Zielsetzungen: Im 19. Jahrhundert drückten die Hygieniker diese Bestrebungen in Gesundheitsbegriffen aus, im darauffolgenden Jahrhundert lautete die Parole der auf Modernisierung orientierten Technokraten „Verbesserung der Wohnbedingungen", während ihre Nachfolger und die heutigen Mandatsträger von „sozialer Durchmischung" sprechen.[18]

Die Stadterneuerung zur Aufrechterhaltung der öffentlichen Ordnung: die Lefebvresche Kritik

Ohne sich auf die zur Bestimmung der Funktion und der realen Auswirkungen der Stadterneuerung verfolgten Ziele zu beziehen, hatte Friedrich Engels in einem Text von 1872 die spekulativen Motive der Stadterneuerung aufgedeckt, wobei er sich in dieser Schrift nicht nur auf die Haussmannsche Erneuerung beschränkt:

> Die Ausdehnung der modernen großen Städte gibt in gewissen, besonders in den zentral gelegenen Strichen derselben dem Grund und Boden einen künstlichen, oft kolossal steigenden Wert; die darauf errichteten Gebäude, statt diesen Wert zu erhöhn, drücken ihn vielmehr herab, weil sie den veränderten Verhältnissen nicht mehr entsprechen; man reißt sie nieder und ersetzt sie durch andre. Dies geschieht vor allem mit innerstädtischen Arbeiterwohnungen, deren Miete, selbst bei der größten Überfüllung, nie oder doch nur äußerst langsam über ein gewisses Maximum hinausgehn kann. Man reißt sie nieder und baut

---

15 Marcel Roncayolo, „Destins de la ville héritée", in: Georges Duby (Hg.), *Histoire de la France urbaine*, Bd. 5, Paris: Seuil, 1985, 393–437; Harvey, *Paris*.

16 Francis Godard et al. (Hg.), *La rénovation urbaine à Paris: Structure urbaine et logique de classe*, Paris & La Haye: Mouton & E.P.H.E. 1973.

17 Neil Brenner, *New State Spaces: Urban Governance and The Rescaling Of Statehood*, Oxford: Oxford University Press, 2004.

18 Marie-Christine Jaillet, „Renouvellement urbain et transformations sociales: une vieille histoire", in: *Droit et Ville* 55 (2003): 27–40.

Läden, Warenlager, öffentliche Gebäude an ihrer Stelle. Der Bonapartismus hat durch seinen Haussmann in Paris diese Tendenz aufs kolossalste zu Schwindel und Privatbereicherung ausgebeutet; aber auch durch London, Manchester, Liverpool ist der Geist Haussmanns geschritten, und in Berlin und Wien scheint er sich ebenso heimisch zu fühlen. Das Resultat ist, daß die Arbeiter vom Mittelpunkt der Städte an den Umkreis gedrängt werden.[19]

Diese marxistische Untersuchung der Stadterneuerung, in deren Mittelpunkt der Grundzins steht, wurde ein Jahrhundert später mit einer stärker politischen Akzentuierung von Henri Lefebvre fortgesetzt. Als neo-marxistischer Geograf und Theoretiker der politischen Dimension des städtischen Raumes schlug er vor, den Raum als ein politisches Produkt (da seine Organisation und Funktionsweise aus konkurrierenden Strategien, Repräsentationen, Aneignungen und Praktiken vonseiten sozialer Gruppen mit antagonistischen Interessen hervorgehen) und als eine politische Herausforderung (da er Grundlage, Mittel und Objekt von Kämpfen und Konflikten zwischen diesen sozialen Gruppen ist) zu betrachten.[20] Lefebvre interpretierte die Haussmannsche Erneuerung unter dem Gesichtspunkt des Klassenkonflikts, sie war für ihn eine Antwort des autoritären Kaiserreichs auf die Revolutionstage von Februar 1848, welche die Intensität der gesellschaftlichen Widersprüche und die Fähigkeit des Pariser Volkes sichtbar gemacht hatten, die Kontrolle über die Stadt und damit über den Sitz der politischen Macht zu übernehmen. Er sieht in der Stadterneuerung die Absicht der Bourgeoisie, die von den Kapitalbesitzern verlassenen zentralen Räume zurückzuerobern, um die ihren Interessen entsprechende politische und soziale Ordnung zu erhalten.[21] Haussmanns Großprojekt vertrieb nicht nur das revolutionäre Volk, das in den verslumten Wohnungen der Innenstadtviertel zusammengedrängt lebte, in die Vororte, sondern ersetzte im Pariser Stadtplan auch das Gewirr von verwinkelten Gassen durch breite, schnurgerade, durch sternförmige Plätze miteinander verbundene Achsen und errichtete in deren Nähe Kasernen, damit sich die Armee die Kontrolle über den Raum sichern konnte. In dieser Hinsicht ist der Haussmannsche Stadtumbau laut Henri Lefebvre als das Ergebnis eines konterrevolutionären Projekts zu verstehen:

> Wenn er Boulevards und unbebaute Plätze anlegt, dann tut er dies nicht um der schönen Perspektiven willen, sondern um Paris mit Maschinengewehren zu durchkämmen. Der berühmte Baron macht keinen Hehl daraus. Später wird man es Haussmann danken, dass er Paris dem Verkehr geöffnet hat. Das war aber nicht Ziel und Zweck des Haussmannschen Stadtumbaus. Die unbebauten Flächen haben einen Sinn: Sie stehen klar und deutlich für

---

19 Friedrich Engels, *Zur Wohnungsfrage* (1887), Berlin: Hofenberg, 2013, 14.
20 Henri Lefebvre, *La production de l'espace*, Paris: Anthropos, 1974.
21 Lefebvre, *Le droit à la ville*.

den Ruhm und die Macht des Staates, der sie einrichtet, und für die Gewalt, die sich dort entfalten kann.[22]

Diese in der Geschichtsschreibung zum Zweiten Kaiserreich lange Zeit vorherrschende Interpretation der Stadterneuerung als ein Versuch, die aufstandsbereiten Arbeiterviertel zurückzuerobern und einen von der Armee kontrollierbaren Raum zu schaffen, wurde in jüngerer Zeit von Historikern entkräftet. Der baulichen Modernisierung der Hauptstadt, die sich über zwanzig Jahre erstreckte, lagen vielfältige und wechselnde Absichten zugrunde.[23] Dabei war das Bestreben, durch den Stadtumbau die öffentliche Ordnung aufrechtzuerhalten, zweifelsohne vorhanden, es war jedoch für die Festlegung der Bauprojekte keineswegs maßgeblich. So entsprachen von den siebzig unter dem Zweiten Kaiserreich geplanten Straßendurchbrüchen lediglich fünf tatsächlich einem konterrevolutionären Ziel.[24] Es erscheint sehr übertrieben, Haussmann die schrittweise Verdrängung des Pariser Volkes aus den Innenstadtbezirken zuzuschreiben. Allenfalls verstärkten die öffentlichen Bauvorhaben zur Modernisierung von Paris durch ihre Begünstigung der Bodenspekulation eine Dynamik, die bereits vor ihrem Beginn eingesetzt hatte.[25] Vor allem waren die Sicherheitsziele der unter Napoleon III. durchgeführten Stadterneuerung nicht nur militärischer und polizeilicher Art. Man betrachtete die hohe Wohndichte der Menschen in den innerstädtischen Räumen zwar durchaus als Gefahr, aber mehr unter dem Aspekt der Gesundheitsfürsorge denn der öffentlichen Ordnung. Die Hygieniker warnten damals vor der Gefahr, die durch die engen Wohnverhältnisse der Arbeiter in den verslumten, kaum belüfteten Vierteln, die ein Herd für Seuchen darstellten, für die gesamte Bevölkerung entstehen konnte:[26] Durch die Stadterneuerung wollte man stärker noch als die große politische und soziale Angst von 1848 die Angst vor Epidemien und Ansteckung bannen.

Wie Baron Haussmann die Stadterneuerung erfunden hatte, so erfand Henri Lefebvre deren radikale Kritik[27] – und diese blieb erfolgreich, obwohl ihr Grün-

---

22 Übers. nach ebd., 13.

23 Thierry Oblet, *Gouverner la ville*, Paris: Presses Universitaires de France, 2005.

24 Des Cars et al., *Paris-Haussmann*.

25 Florence Bourillon, „Des relectures d'Haussmann", in: *Histoire urbaine* 5, 1 (2002): 189–199; Alain Faure, „La ségrégation, ou les métamorphoses historiographiques du Baron Haussmann", in: Marie-Christine Jaillet, Evelyne Perrin & François Ménard (Hg.), *Diversité sociale, ségrégation urbaine, mixité*, Paris: PUCA, 2008, 51–64.

26 Alain Corbin, *Le miasme et la jonquille: L'odorat et l'imaginaire social, XVIIIe–XIXe siècles*, Paris: Aubier, 1982.

27 Zu Haussmanns Zeiten ging die Kritik an seinem Großbauprojekt in eine ganz andere Richtung: Sie bezog sich vor allem auf die Finanzierung der Arbeiten sowie auf die mit ihnen ein-

dungstext durchaus in Frage gestellt wurde. Die nachfolgenden Generationen von Kritikern der Stadterneuerung machten sich Lefebvres Analyse zueigen. So bezeichnete die Forschungsgruppe Stadtsoziologie der Universität Paris-Nanterre Anfang der 1970er Jahre die von der gaullistischen Regierung organisierte Stadterneuerung und dabei insbesondere die von ihr als „städtebauliche Rückeroberung von Paris" dargestellte Sanierung der Hauptstadt als eine „Deportationssanierung"[28]. Durch den Vergleich der verslumten Häuserblöcke mit den im vorangegangenen Jahrzehnt durchgeführten Abrissaktionen in den Stadtplänen zeigten diese Soziologen, dass das Argument der Bekämpfung gesundheitsschädlicher Zustände nur schwer der empirischen Prüfung standhält: Die abgerissenen Häuserblöcke aus der Abrissplanung waren nicht unbedingt diejenigen mit der schlechtesten Bausubstanz; sie unterschieden sich jedoch stark durch ihre Bevölkerungsstruktur von anderen Häuserblöcken, die verschont blieben. *De facto* betraf die Stadterneuerung vorrangig die Räume, die einen hohen Anteil an Facharbeitern, Hilfsarbeitern und ausländischen, insbesondere algerischen Arbeitnehmern aufwiesen.[29] Aufgrund dieser Feststellung sahen die Soziologen in der Stadterneuerung eine „vollkommene historische Kontinuität zum Haussmannschen Unternehmen"[30]. Da der Stadtumbau einen zentrifugalen Ortswechsel der Proletarier und eine zentripetale Bewegung der Bourgeoisie bewirkte, müsse man ihn als „eine direkte Einwirkung des Politischen auf das Politische" betrachten, „die darauf abzielte, die Kontrolle über Schlüsselbereiche mit Hilfe deren institutioneller Ansiedlung durch Auswechseln der Wohnbevölkerung wiederzuerlangen"[31]. Diese von Manuel Castells bis zum Äußersten verfolgte Forschungslinie führte zur Interpretation der Stadterneuerung als einer neuerlichen reaktionären Aktion, die letztendlich Volksaufstände verhindern sollte: „Die ‚Rückeroberung von Paris' erlangt eine präzise Bedeutung. Es ist die Rückeroberung des Paris der kleinen Leute durch die Bourgeoisie im Arbeits- wie im Wohnbereich. Damit wäre der große Versailler Traum verwirklicht. Von ihren historischen Wurzeln abgeschnitten und ihrer sozialen Grundlage beraubt, wäre die Kommune tot, endlich!"[32]

---

hergehende Spekulation und Korruption (siehe das Buch des damals zukünftigen Ministerpräsidenten Jules Ferry, *Les comptes fantastiques d'Haussmann*, Paris: Guy Durier, 1868).

28 Groupe de Sociologie Urbaine de Nanterre, „Paris 1970. Reconquête urbaine et rénovation-déportation", in: *Sociologie du travail* 4 (1970): 488–514.

29 Godard et al., *La rénovation urbaine à Paris*.

30 Groupe de Sociologie Urbaine de Nanterre, „Paris 1970", in: *Sociologie du travail* 12, 4, 512.

31 Ebd., 503

32 Manuel Castells, *La question urbaine*, Paris: François Maspero, 1972.

Die Kritik an einer Stadterneuerung mit konterrevolutionärer Zielstellung beruht hier auf der Analyse der Auswirkungen einer zentrifugalen Umverteilung kleinindustrieller Unternehmen und des Proletariats, vernachlässigt jedoch den zweiten Teil der Lefebvreschen Kritik, der sich auf die Schaffung eines für den Einsatz der Ordnungskräfte günstigen Raumes bezieht. In der Politik des gaullistischen Staates im Zusammenhang mit dem Algerienkrieg fehlte dieser Aspekt keineswegs: Zur Kontrolle der für Unabhängigkeitsideen empfänglichen algerischen Arbeiter dehnte die Regierung die Stadterneuerung auf die Barackensiedlungen aus, die sich in den Baulücken der Stadt entwickelt hatten. Der Abriss dieser Siedlungen wurde ab 1959 zu einer sicherheitspolitischen Priorität, die zum Ziel hatte, den algerischen *Front de Libération Nationale* durch ein Programm zum Bau von Übergangswohnsiedlungen zu bekämpfen. Damit beabsichtigte man, „den Familien in den Elendsvierteln zu zeigen, dass sie Teil der französischen Gesellschaft sind; gleichzeitig wollte man sie von den nationalistischen Aktivisten abschneiden, die aus dem Barackenlabyrinth einen Zufluchtsort gemacht hatten, der die Arbeit der Polizei erschwerte"[33].

Der Start des nationalen Stadterneuerungsprogramms im Jahr 2003 bescherte Henri Lefebvres Kritik einen zweiten Frühling. Dieses Wiederaufleben war umso vorhersehbarer, als die im Programm enthaltenen Ziele, die Armut räumlich zu entflechten und den städtischen Raum besser zu sichern, der Offenlegung durch die Soziologen gar nicht bedurften: Die Vorgaben waren im Rahmengesetz und in den Rahmenvorschriften des PNRU sowie noch expliziter in der umfangreichen Literatur, die von den Behörden im Zuge des Programms herausgegeben wurde, enthalten.

In der Tat bildet die soziale Durchmischung das in den Artikeln 6 und 10 des Gesetzes vom 1. August 2003 formulierte Hauptziel des PNRU. Die mit diesem Programm betraute staatliche Behörde hielt sich streng an dieses Ziel und ließ ihre Finanzierung nur den Städten zukommen, die nachweisbar beabsichtigten, die armen (sprich farbigen) Haushalte der Problemviertel zu verteilen und Haushalte der Mittelschichten (möglichst der Mehrheitsgruppe) in diese Viertel zu holen. Somit konnte das PNRU als neue Variante einer Politik der Verdrängung unerwünschter Bevölkerungsgruppen in immer weiter entlegene Außenbezirke verstanden werden. Unter diesem Gesichtspunkt kritisierten die Soziologen das PNRU, als es auf den Weg gebracht wurde. Diese Kritiken verschwanden jedoch schnell aus der wissenschaftlichen Literatur und waren sehr bald nur noch in

---

33 Muriel Cohen & Cédric David, „Les cités de transit: le traitement urbain de la pauvreté à l'heure de la décolonisation", in: *Métropolitiques* [online am 29. 2. 2012; konsultiert am 3. 4. 2019] http://www.metropolitiques.eu/Les-cites-de-transit-le-traitement.html.

bestimmten kämpferischen Reden zu vernehmen. Das hing damit zusammen, dass das Programm zwar durch die Verteilung der in den Problemvierteln zusammengepferchten Armen und sichtbaren Minderheiten sehr wohl „die Ghettos zerschlagen" sollte, seine Ergebnisse jedoch weit hinter dem eigenen Ziel zurückblieben. Das Angebot an Sozialwohnungen mit niedrigen Mieten war unzureichend, die Bürgermeister entwickelten protektionistische Strategien, und die betroffenen Familien hatten ihre eigenen Vorlieben. So fanden die meisten der durch die Abrisse herbeigeführten Bevölkerungsumsiedlungen im gleichen Viertel statt oder führten in ähnliche Stadtviertel in der Nachbarschaft.[34] Die Zahl der anstelle der abgerissenen Wohnblöcke und Hochhäuser des sozialen Wohnungsbaus gebauten Privatwohnungen reichte nicht aus, sie wurden außerdem nicht von der erwarteten Kundschaft bezogen und lösten also nicht die erhoffte Gentrifizierungsdynamik aus.[35]

Das PNRU hat die Armen und Migranten nicht aus den Sanierungsvierteln vertrieben, und ebenso wenig hat es die Mittelschichten der Mehrheitsgruppe in die Großwohnsiedlungen gelockt. Dieses Programm konnte also nicht als ein erneuter Versuch zur Rückeroberung der Arbeiterviertel durch die Bourgeosie dargestellt werden, was die Kritiker der Stadtsanierung veranlasste, sich doch eher auf den zweiten, im eigentlichen Sinne städtebaulichen Teil der Lefebvreschen Analyse zu konzentrieren. Sie interpretierten die Abriss- und Neubaumaßnahmen der großen Wohnsiedlungen als repressive, mit den als „situativ" bezeichneten Ansätzen zur Bekämpfung der Kriminalität zusammenhängende Stadtentwicklungspolitik. Architektur und Raumgestaltung sind in dieser Interpretation Faktoren, die Einfluss auf das Begehen einer Straftat haben, den Stadtumbau in ein Mittel der Kriminalprävention verwandeln und das Einschreiten der Ordnungskräfte erleichtern. Der Beweis dafür wäre die Ausbreitung der bei der Stadtsanierung erfolgenden „Residenzialisierungsmaßnahmen" in Anwendung von Oscar Newmans Theorie des „zu verteidigenden Raumes"[36] ebenso wie die systematische Wiedereinführung autobefahrener Straßen in Stadtvierteln, deren Planer in den 1960er bis 1970er Jahren

---

34 Christine Lelévrier, „La mixité dans la rénovation urbaine: dispersion ou re-concentration?", in: *Espaces et sociétés* 140–141, 1 (2010): 59–74.

35 Eine ausführlichere Untersuchung der Ziele, Errungenschaften und Ergebnisse des PNRU findet sich bei Renaud Epstein, *La rénovation urbaine, démolition-reconstruction de l'Etat,* Paris: Presses de Sciences Po, coll. Sciences Po Gouvernances, 2013.

36 Laut der zugrunde liegenden Definition des Stadtplaners Oscar Newman ist der zu verteidigende Raum ein Präventionsmodell im Hinblick auf den Übergang zur Straftat, begründet auf der Materialisierung eines sich selbst verteidigenden sozialen Netzwerks im physischen Raum. (Oscar Newman, *Defensible Space: People and Design in the Violent City,* London: Architectural Press, 1972).

die Autos zugunsten von Fußgängerwegen an den Stadtrand verlegt hatten. Diesen Kritikern zufolge dienten die humanistischen Reden der Architekten, Stadtplaner und Mandatsträger mit ihren fortschrittlichen Zielen lediglich der Verschleierung der wahren Absicht der Stadtsanierung. Um nur einen Kritiker unter anderen zu zitieren: „Oberstes Ziel ist es, den Einsatz der Ordnungskräfte und Polizeistreifen sowie Polizeisperren und allgemeine Überwachungsmaßnahmen zu erleichtern."[37]

In diesem Sinne wäre das PNRU also Teil eines niederschwelligen Polizeikrieges, den der französische Staat gegen die als inneren Feind betrachtete Bevölkerung der Großwohnsiedlungen führt.[38] Die Gebäude würden also nicht abgerissen, um die Revolution zu verhindern, sondern um die sporadisch in den Arbeitervierteln auflodernden Revolten niederzuwerfen. In Wirklichkeit sind die betroffenen Stadtviertel viel zu weit vom Zentrum entfernt, um der Regierung gefährlich werden zu können, und revolutionäre Projekte, die den Gefühlen von Ungerechtigkeit, Abhängigkeit und Erniedrigung einen Sinn und eine politische Perspektive geben könnten, sind Anfang des 21. Jahrhunderts auch rar geworden. Die Bedrohungen würden einen anderen Charakter annehmen, die proletarische Revolution würde von postkolonialen Aufständen abgelöst, doch die Funktion der Stadterneuerung bliebe unverändert: Die Abrissmaßnahmen dienten der Aufrechterhaltung der öffentlichen Ordnung, indem sie den Einsatz der Ordnungskräfte und die polizeiliche Kontrolle in den Arbeitervierteln erleichtern.[39]

Die Kritik auf dem Prüfstand der Fakten

Diese Kritik, die aus der Stadterneuerung ein Instrument der Unterdrückung des Proletariats und der Niederschlagung seiner Aufstände macht, ist inzwischen mehr als ein Jahrhundert alt. Aber hat sie angesichts der Unruhen, die im heutigen Frankreich zeitweise in den Großsiedlungen des sozialen Wohnungsbaus ausbrechen, auch ihre Berechtigung?

Das PNRU war zweifellos ein zusätzlicher Schritt auf dem Wege der Annäherung zwischen Sicherheits- und Stadtsanierungspolitik. Es diente in Fachkreisen als Rahmen zur Verbreitung des Begriffs der situativen Prävention. Außerdem bestätigte es die polizeilichen Gutachten, die zur Konzipierung von Umbauprojekten hinzugezogen wurden, und bot großen Raum zum Testen von technischen

---

37 Jean-Pierre Garnier, „Un espace indéfendable", in: *Cidades* 5 (2002): 43–52, hier 47.
38 Belmessous, Opération Banlieues; Rigouste, *La domination policière.*
39 Ebd.; Stefan Kipfer, „Neocolonial urbanism? La rénovation urbaine in Paris", in: *Antipode* 48, 3 (2016): 603–625.; Bronner, *La loi du ghetto.*

Lösungen zur Schaffung eines „zu verteidigenden Raums"[40]. Man kann jedoch nicht ernsthaft davon ausgehen, dass die derzeitige Stadterneuerung das repressive Urbanismusprojekt eines Staates verwirkliche, der den Boden für einen Krieg mit den Vorstädten bereiten will. Soziologen und Journalisten, die dies behaupten und damit die angeblich wahren Absichten der Abriss- und Neubaumaßnahmen aufdecken, tun dies aus reiner Spekulation, ohne die vielfältigen Ziele der verschiedenen Beteiligten zu berücksichtigen und ohne deren Vorschläge zu Konzeption und Umsetzung einer ernsthaften empirischen Untersuchung zu unterziehen.

Denn zuerst einmal werden die Stadterneuerungspläne nicht von Polizisten oder Sicherheitsberatern aufgestellt, sondern von Stadtplanern und Stadtentwicklern. Die Versuche von Seiten der Sicherheitspolitik, ein Kontrollrecht über die Umgestaltungsprojekte zu erhalten (oder sogar ein Vetorecht, wenn ihre Sicherheitsanliegen nicht ausreichend berücksichtigen werden), stießen in der Tat auf den Widerstand der Stadtplaner, die sich gegen eine defensive, die Qualität und Urbanität der Räume außer Acht lassende Stadtgestaltung wehrten.[41] Gewiss, Artikel 11 des Orientierungs- und Planungsgesetzes zur Sicherheit vom 21. Januar 1995 legt fest, dass Stadtentwicklungsvorhaben, „die durch ihre Bedeutung, ihren Standort oder ihre besonderen Merkmale Auswirkungen auf den Schutz von Personen und Gütern vor Bedrohungen und Angriffen haben können, zwecks Folgenabschätzung eine Studie zur öffentlichen Sicherheit enthalten müssen." Doch die Durchführungsbestimmungen zu diesem Artikel, der dazu verpflichtet, die Polizei an der Ausarbeitung der großen Stadtentwicklungsprojekte zu beteiligen, wurden erst 2007 veröffentlicht, und es dauerte vier weitere Jahre, bis eine neue Bestimmung diese Verpflichtung auf alle Stadterneuerungsmaßnahmen ausdehnte. Da fast alle Stadtsanierungsprojekte vor 2011 ausgearbeitet und in die Wege geleitet wurden, kam die gesetzliche Verpflichtung nicht zur Anwendung. Hinzu kommt, dass es nur sehr wenige Maßnahmen gab, die sich auf solche Studien stützten: Von 119 in der Île-de-France entwickelten Stadterneuerungsprojekten beruhten lediglich drei auf Studien zur öffentlichen Sicherheit.[42]

---

40 Der Urheber dieses Konzeptes, Oscar Newman, war der Ansicht, Sanierungsmaßnahmen könnten zur Sicherheit eines Stadtviertels beitragen, indem sie die Überwachung des Raumes durch Bewohner und Nutzer fördern, und nicht, indem sie den Einsatz der Polizei erleichtern.
41 Bilel Benbouzid, „Urbanisme et prévention situationnelle: le cas de la dispute des professionnels à Lyon", in: *Métropoles* 8 [online am 17.12.2010; konsultiert am 3.4.2019] http://journals.openedition.org/metropoles/4391; Bertrand Vallet, *Qualité et sûreté des espaces urbains. Onze expériences novatrices*, Paris: La Documentation française, 2012.
42 Camille Gosselin, *Quel traitement des enjeux de sécurité par la rénovation urbaine?*, Paris: IAU, 2015, 45.

Wenn defensive Formen und Techniken in bestimmte Projekte des PNRU eingeflossen sind, so geschah dies auf Initiative der Bauherren, das heißt der Städte und des sozialen Wohnungsbaus, nicht jedoch der Ordnungskräfte. Bei diesen unter Sicherheitsaspekten durchgeführten Umgestaltungen ging es sehr viel mehr um Ruhe, Stadtmanagement und Gebäudeschutz als um Aufrechterhaltung der öffentlichen Ordnung. Beide Seiten sind natürlich nicht voneinander zu trennen. Die Verriegelung der Zugänge zu den Dachterrassen, die Beseitigung verwinkelter Gänge, das Verlegen von Müllcontainern unter die Erde sowie der Ausbau und die Sicherung der Straßenbeleuchtungssysteme können sowohl Beschädigungen und Straftaten verhindern (oder zumindest erschweren) als auch zur Aufrechterhaltung der öffentlichen Ordnung beitragen. Ganz allgemein kann man sagen, dass die dem PNRU zugrunde liegenden Stadtgestaltungsprinzipien, insbesondere die Rückkehr zur traditionellen Straße und die Abtrennung der Anwohnerräume, besser den Anforderungen eines Polizeieinsatzes Rechnung tragen als die Prinzipien der Stadtentwicklung in den 1960er und 1970er Jahren. Die Schaffung von Durchgangsstraßen anstelle von Sackgassen und Fußgängerüberwegen begünstigt den Einsatz und erhöht die Beweglichkeit der Ordnungskräfte; die Zunahme der Abzäunungen und Gebäude-Eingangskontrollen erschwert die Flucht vor der Polizei. Doch auch wenn es so sein sollte, dass all dies so vorgesehen wurde, um Unruhen in den Großwohnsiedlungen zu verhindern, muss man zugeben, dass das PNRU – angesichts seiner Kosten – das am wenigsten effiziente Programm der Geschichte der französischen Stadterneuerungspolitik ist.

Ebenso wenig wie Haussmanns Großprojekt 1871 die Pariser Kommune verhindern konnte, beendete das PNRU die kollektiven Unruhen in den Arbeitervierteln: Die Stadtsanierungsviertel blieben von den Revolten, die im Herbst 2005 in Hunderten von Städten ausbrachen, nicht verschont. Im Gegenteil, zwischen den Unruhen und den Stadterneuerungsmaßnahmen scheint es einen Zusammenhang zu geben: In 85 % der Städte, in denen Stadterneuerungsvorhaben eingeleitet worden waren, kam es zu „Gewalt im städtischen Raum" – wie die Polizei es nennt. Demgegenüber gab es solche Ausschreitungen lediglich in 66 % der Städte mit einer bestehenden urbanen Problemzone.[43] Die Zusammenstöße zwischen Ordnungskräften und jungen Bewohnern in mehreren Stadtvierteln, deren Sanierung beendet war, bestätigen dies: Wenn Abriss- und Neubaumaß-

---

43 Hugue Lagrange, „La structure et l'accident", in: Hugues Lagrange & Marco Oberti (Hg.), *Emeutes urbaines et protestations*, Paris: Presses de la FNSP, 2006, 105–130, hier Anhang, Tabelle 2, 217.

nahmen Aufstände verhindern sollten, so ist dieses Konzept kläglich gescheitert – das ist das Mindeste, was man sagen kann.

Muss man nun Henri Lefebvres Untersuchung weiter folgen, in der er ebenfalls einen kausalen Zusammenhang zwischen Erneuerung und Revolution herstellte? Er konstatierte, „dass Haussmann sein Ziel nicht erreicht hat. Die Pariser Kommune wollte unter anderem die Rückkehr der in die Vorstädte und Randgebiete abgedrängten Arbeiter ins Stadtzentrum gewaltsam durchsetzen und die Stadt, die man ihnen entrissen hatte, dieses höchste Gut, diesen Wert, dieses Kunstwerk, zurückerobern."[44] Die Übertragung von 1871 auf 2005 ist gewagt. Denn das PNRU hatte keine Bevölkerungsverschiebungen zur Folge, die mit denen vergleichbar wären, die im Gefolge von Haussmanns Bauprojekt oder durch die „Planierraupen-Sanierung" der 1960er Jahre erzeugt wurden: Mehr als 50 % der Umzüge fanden im selben Viertel statt und 90 % in der selben Gemeinde. Die Tatsache, dass ganze Heere von Sozialarbeitern zur Begleitung der Umsiedlungen eingesetzt wurden, ändert sicher nichts daran, dass ein Teil der Betroffenen diese Vorgänge als verunsichernde Gewalt erlebte.[45] Aber deswegen zu behaupten, einer der Zwecke der Unruhen von 2005 sei die Rückeroberung der sanierten Stadtviertel durch diejenigen gewesen, denen man sie weggenommen hatte, ginge zu weit und wäre unhaltbar.

Die Stadtsanierung beraubte die Bewohner der Neubausiedlungen nicht ihres Rechts auf die (Innen-)Stadt, das sie längst verloren hatten. Sie nahm ihnen jedoch jedes Recht auf die Gestaltung ihrer eigenen Stadtteile, da die Abriss- und Neubauprojekte ohne Absprache mit den Hauptbetroffenen festgelegt wurden. Diese fehlende Abstimmung und oft sogar Information über die Stadtsanierungsprojekte verstärkte das Misstrauen der Bewohner gegenüber den Behörden, die oft, nicht zu Unrecht, verdächtigt wurden, sie aus ihren Stadtvierteln vertreiben zu wollen, um andere, begehrtere Bevölkerungsgruppen anzuziehen.

Im Herbst 2005 lebten die Bewohner der von Stadtsanierungsvorhaben betroffenen Großsiedlungen in Ungewissheit. Sie wussten nichts über die Vorhaben, die ihr Stadtviertel in den kommenden Jahren verändern und sie vielleicht zum Wegzug zwingen sollten. Die in den öffentlichen Einrichtungen und Räumen ausgehängten und mit aufwändiger Computergrafik gestalteten Plakate kündigten tiefgreifende städtebauliche Veränderungen an, aber auf ihre Fragen erhielten die in erster Linie Betroffenen keine Antwort: Wird mein Haus abgerissen? Werde

---

44 Lefebvre, *Le droit à la ville*, 13.
45 Camille François, „Au mépris des locataires", in: *Genèses* 96, 3 (2014): 86 – 109; Pierre Gilbert, „Comment la rénovation urbaine transforme les classes populaires", in: *Métropolitiques* [online am 8.11.2018; konsultiert am 20.03.2019] https://www.metropolitiques.eu/Comment-la-renovati on-urbaine-transforme-les-classes-populaires.html.

ich umziehen müssen? Wann? Wohin? Zu diesen beängstigenden Fragen kam das in den am stärksten heruntergekommenen Vierteln verbreitete Gefühl, dass die angekündigten Rieseninvestitionen doch wohl „nicht für uns" bestimmt sein konnten. Die damaligen Bewohner hatten den Eindruck, dass sie den Behörden so viel Geld nicht wert seien. In der Tat wurde das Ziel der Bauvorhaben, die Aus-wechselung der Bevölkerung, ganz offen erklärt. Die angekündigten Abriss- und Neubauprojekte stießen in den Großsiedlungen auf Ängste und Ablehnung, wie wir bei unseren Untersuchungen in Clichy-Montfermeil einige Wochen vor Aus-bruch der durch den Tod von Zyed Benna und Bouna Traoré ausgelösten Unruhen beobachten konnten. Die Stadterneuerung hatte eine spannungsgeladene At-mosphäre in den Neubauvierteln geschaffen. Es bedurfte nur eines Funkens – in diesem Fall den Tod zweier Jugendlicher, die sich in einem Transformatoren-häuschen versteckt hatten, um einer Polizeikontrolle zu entgehen – um eine Ex-plosion auszulösen, die sich in ganz Frankreich verbreitete.[46]

Literatur

Belmessous, Hacène, *Opération Banlieues: Comment l'Etat prépare la guerre urbaine dans les cités françaises*, Paris: La Découverte, 2010.

Benbouzid, Bilel, „Urbanisme et prévention situationnelle: le cas de la dispute des professionnels à Lyon", in: *Métropoles* 8 [online am 17.12.2010; konsultiert am 3.4.2019] http://journals.openedition.org/metropoles/4391.

Bourillon, Florence, „Des relectures d'Haussmann", in: *Histoire urbaine* 5, 1 (2002): 189–199.

Brenner, Neil, *New State Spaces: Urban Governance and The Rescaling Of Statehood*, Oxford: Oxford University Press, 2004.

Bronner, Luc, *La loi du ghetto: Enquête dans les banlieues françaises*, Paris: Calmann-Lévy, 2010.

Castells, Manuel, *La question urbaine*, Paris: François Maspero, 1972.

Cohen, Muriel & Cédric David, „Les cités de transit: le traitement urbain de la pauvreté à l'heure de la décolonisation", in: *Métropolitiques* [online am 29.2.2012; konsultiert am 3.4.2019] http://www.metropolitiques.eu/Les-cites-de-transit-le-traitement.html.

Corbin, Alain. *Le miasme et la jonquille: L'odorat et l'imaginaire social, XVIIIe–XIXe siècles*, Paris: Aubier, 1982.

Des Cars, Jean & Pierre Pinon, *Paris-Haussmann*, Paris: Pavillon De L'Arsenal and Picard, 1993.

Dikeç, Mustafa, *Badlands of the Republic: Space, Politics and Urban Policy*, Oxford: Blackwell Publishing, 2007.

Engels, Friedrich. *Zur Wohnungsfrage* (1887), Berlin: Hofenberg 2013.

---

46 Renaud Epstein, „Urban renewal = riot revival? The role of urban renewal policy in the French riots", in: Dave Waddington, Fabien Jobard & Mike King (Hg.), *Rioting in the UK and France: A Comparative Analysis*, Cullompton: Willan, 2009, 124–134.

Epstein, Renaud, „(Dé)politisation d'une politique de peuplement: la rénovation urbaine du XIXe au XXIe siècle", in: Fabien Desage, Christelle Morel-Journel & Valérie Sala Pala (Hg.), *Le peuplement comme politiques*, Rennes: Presses Universitaires de Rennes, 2014, 329 – 354.

Epstein, Renaud, *La rénovation urbaine, démolition-reconstruction de l'Etat*, Paris: Presses de Sciences Po, coll. Sciences Po Gouvernances, 2013.

Epstein, Renaud, „Urban renewal = riot revival? The role of urban renewal policy in the French riots", in: Dave Waddington, Fabien Jobard & Mike King (Hg.), *Rioting in the UK and France: A Comparative Analysis*, Cullompton: Willan, 2009, 124 – 134.

Faure, Alain, „La ségrégation, ou les métamorphoses historiographiques du Baron Haussmann", in: Marie-Christine Jaillet, Evelyne Perrin & François Ménard (Hg.), *Diversité sociale, ségrégation urbaine, mixité*, Paris: PUCA, 2008, 51 – 64.

Ferry, Jules, *Les comptes fantastiques d'Haussmann*, Paris: Guy Durier, 1868.

François, Camille, „Au mépris des locataires", in: *Genèses* 96, 3 (2014): 86 – 109.

Fussey, Pete, Jon Coaffee, Gary Armstrong & Dick Hobbs, „The regeneration games: purity and security in the Olympic city", in: *The British Journal of Sociology* 63, 2 (2012): 260 – 284.

Garnier, Jean-Pierre, „Un espace indéfendable", in: *Cidades* 5 (2002): 43 – 52.

Gilbert, Pierre, „Comment la rénovation urbaine transforme les classes populaires", in: *Métropolitiques* [online am 8.11.2018; konsultiert am 20.03.2019] https://www.metropolitiques.eu/Comment-la-renovation-urbaine-transforme-les-classes-populaires.html.

Glasze, Georg, Chris Webster & Klaus Frantz (Hg.), *Private Cities: Global and Local Perspectives*, London/New York: Routledge, 2006.

Godard, Francis, Manuel Castells, Henri Delayre, Catherine Dessane & Claire O'Callaghan (Hg.), *La rénovation urbaine à Paris: structure urbaine et logique de classe*, Paris & La Haye: Mouton & E.P.H.E., 1973.

Gosselin, Camille, *Quel traitement des enjeux de sécurité par la rénovation urbaine?* Paris: IAU-ÎdF, 2015.

Graham, Stephen, *Cities Under Siege: The New Military Urbanism*, London: Verso, 2011.

Groupe de sociologie urbaine de Nanterre, „Paris 1970. Reconquête urbaine et rénovation-déportation", in: *Sociologie du travail* 4 (1970): 488 – 514.

Harvey, David, *Paris, Capital of Modernity*, New York/London: Routledge, 2003.

Jaillet, Marie-Christine, „Renouvellement urbain et transformations sociales: une vieille histoire", in: *Droit et Ville* 55 (2003): 27 – 40.

Kipfer, Stefan, „Neocolonial urbanism? La rénovation urbaine in Paris", in: *Antipode* 48, 3 (2016): 603 – 625.

Lagrange, Hugues, „La structure et l'accident", in: Hugues Lagrange & Marco Oberti (Hg.), *Emeutes urbaines et protestations*, Paris: Presses de la FNSP, 2006, 105 – 130.

Lefebvre, Henri, *Le droit à la ville* (1968), Paris: Anthropos, ³1996.

Lefebvre, Henri, *La production de l'espace*, Paris: Éditions Anthropos, 1974.

Lelévrier, Christine, „La mixité dans la rénovation urbaine: dispersion ou re-concentration ?", in: *Espaces et sociétés* 140 – 141, 1 (2010): 59 – 74.

Newman, Oscar, *Defensible Space: People and Design in the Violent City*, London: Architectural Press, 1972.

Oblet, Thierry, *Gouverner la ville*, Paris: Presses Universitaires de France, Collection „Le lien social", 2005.

Rigouste, Mathieu, *La domination policière: Une violence industrielle*, Paris: La Fabrique, 2012.

Roncayolo, Marcel. „Destins de la ville héritée", in: Georges Duby (Hg.), *Histoire de la France urbaine*, Bd. 5, Paris: Seuil, 1985, 393–437.

Vallet, Bertrand, *Qualité et sûreté des espaces urbains. Onze expériences novatrices*, Paris: La Documentation française, 2012.

Moritz Rinn

„… um Zustände wie in Paris, Stockholm oder London zu verhindern": Auseinandersetzungen um Polizeikontrollen und Rassismus im „Aufwertungsgebiet" Hamburg-Altona

Sommertage in Altona-Altstadt

Es ist der Abend des 11. Juli 2013, eines Donnerstags: Im Hamburger Stadtteil Altona-Altstadt umringen mehrere Streifenwagenbesatzungen eine Gruppe von etwa zwanzig Jugendlichen, um deren Personalien zu kontrollieren. Die Jugendlichen haben sich vor einem Kiosk getroffen, auch, um gemeinsam das Fasten zu brechen – seit Anfang der Woche ist Ramadan.[1] Einigen gelingt es, sich dem polizeilichen Zugriff durch Flucht in einen Hauseingang zu entziehen. Die verbleibenden sechzehn Personen wehren sich, sie wollen sich offenbar nicht ohne weiteres kontrollieren lassen. Laut Polizeimeldung kommt es „durch diese Jugendlichen zu massiven Bedrohungen, Sachbeschädigungen an Einsatzfahrzeugen und Widerstandshandlungen gegen Polizisten"[2]. Die Polizei setzt Schmerzgriffe, Pfefferspray und auch Schlagstöcke gegen die 17- bis 26-jährigen Männer ein. Einer von ihnen verliert aufgrund des Pfefferspray-Einsatzes das Bewusstsein, ein weiterer wird mit dem Kopf gegen eine Fensterscheibe geschleudert, diese zerbricht.[3]

Der vorliegende Text basiert auf meinem Konferenzbeitrag und einem gemeinsamen Artikel mit Julika Mücke, bei der ich mich ganz herzlich für die Zusammenarbeit bedanke. Wir haben vor allem die diskursiven Deutungskämpfe um den Konflikt in Altona-Altstadt untersucht (vgl. Julika Mücke & Moritz Rinn, „Keine riots in Deutschland? Die Ereignisse in Hamburg-Altona im Sommer 2013", in: sub\urban. zeitschrift für kritische stadtforschung 4, 1 (2016): 111–130.) Den Herausgebern dieses Bandes danke ich für ihre hilfreichen Anmerkungen.

1 Jill Jana Janicki & Florian Kasiske, „‚Morgen werdet ihr sehen!' Antimuslimischer Urbanismus und Widerstand in Hamburg-Altona", in: *Analyse & Kritik. Zeitung für linke Debatte und Praxis* 585 [online am 14.8.2013; konsultiert am 4.3.2019] https://www.akweb.de/ak_s/ak585/26.htm.
2 Polizei Hamburg, Polizeipressestelle, *Widerstand und Landfriedensbruch in Hamburg-Altona* [online 2013; konsultiert am 16.2.2015] http://www.presseportal.de/pm/6337/2512835/pol-hh-130712-3-widerstand-und-landfriedensbruch-in-hamburg-altona.
3 Lena Kaiser & Ludwig Kristiana, „Eskalation in Hamburg-Altona. ‚Sind wir gefährlich?'", in: *taz*, 14. Juli 2013.

https://doi.org/10.1515/9783110658354-006

In kürzester Zeit kommen gut 150 Menschen aus der Nachbarschaft zusammen und protestieren gegen die Festnahmen. Die lokale Polizeileitung fordert weitere Einsatzkräfte zur Verstärkung an, insgesamt sind rund hundert Beamt_innen beteiligt.[4] Besonderen Unmut ziehen diejenigen von ihnen auf sich, die sich weigern, dem ohnmächtig gewordenen Jugendlichen die Handschellen abzunehmen. Dann setzt sich einer der Unterstützer_innen auf die Straße und ruft: „Heute fährt hier kein Auto". Andere folgen seinem Beispiel und blockieren unter Jubeln und Klatschen die Fahrbahn.[5] Die festgenommenen Jugendlichen werden gegen Mitternacht auf vier verschiedene Polizeiwachen im Umkreis verbracht und erst in den frühen Morgenstunden wieder entlassen. Im Anschluss werden Ermittlungsverfahren gegen 22 Beteiligte „wegen des Verdachts des Landfriedensbruchs, Widerstand gegen Vollstreckungsbeamte, Körperverletzung und Sachbeschädigung" eingeleitet.[6]

In der Hamburger Tagespresse erscheinen am Freitag danach die ersten Berichte, vor allem aber macht im Internet das Video eines unabhängigen Filmteams die Runde, das die Ereignisse vom Vorabend dokumentiert hat.[7] Die *Hamburger Morgenpost* titelt: „Gewalt in Altona: Massenkrawalle nach Polizeieinsatz" (12.7. 2013), das *Hamburger Abendblatt* spricht von einer „Massenaggression"[8]. In den folgenden beiden Nächten versammeln sich abermals Menschen aus dem Viertel, aber auch andere Interessierte und nicht wenige Journalist_innen am Schauplatz der Auseinandersetzung. Die Tagespresse berichtet über eine „erneute Krawallnacht mit brennenden Autos", über „bis zu 150 Krawall-Macher" und „größere Gruppen von Immigranten", die die Polizeikräfte mit Feuerwerkskörpern und Steinen provoziert und angegriffen hätten.[9] Dabei häufen sich Diskurselemente, die sich zur Figur eines *riots* verdichten: „wütender Mob", „Gewalt",

---

4 Lena Kaiser & Kai von Appen, „Anwohner beklagen Polizeigewalt. Tumulte in Altona", in: *taz*, 12. Juli 2013.

5 Utopie TV, Filmreportage *Polizeieinsatz in Altona Altstadt: Pfeffer, Knüppel gegen Jugendliche?* [online am 11.7.2013; konsultiert am 4.3.2019] https://www.youtube.com/watch?v=5cLlmmM7-mA.

6 Polizei Hamburg, *Widerstand und Landfriedensbruch in Hamburg-Altona*. Vgl. Freie Hansestadt Hamburg: Drucksache 20/8655, Bürgerschaft der Freien und Hansestadt Hamburg, 19.7.2013: *Schriftliche Kleine Anfrage der Abgeordneten Antje Möller (GRÜNE) vom 12.07.13 und Antwort des Senats. Betr.: Polizeieinsatz 11./12.7. in der Holstenstraße, Auseinandersetzungen mit Anwohnern und Anwohnerinnen.*

7 Ebd.

8 Art. „Massenaggression: Jugendliche schildern ihre Sicht im Video", in: *Hamburger Abendblatt*, 12. Juli 2013.

9 André Zand-Vakili & Dania Maria Hohn, „Erneute Krawallnacht mit brennenden Autos", in: *Hamburger Abendblatt*, 13. Juli 2013; Art. „30 Jugendliche greifen Polizisten an – 150 Anwohner applaudieren", in: *Hamburger Abendblatt*, 13. Juli 2013.

„brennende Autos", „Hass", „frustrierte junge Männer", „Randalierer". Eine Polizeisprecherin wird zitiert, es ziehe „auch durch die Medienberichterstattung leider sehr viele Trittbrettfahrer in das Viertel"[10]. Die betroffenen Straßenzüge erhalten in der polizeilichen Öffentlichkeitsarbeit und der medialen Berichterstattung den Namen „Stolperviertel" – eine Bezeichnung, die nur wenige aus dem Viertel jemals zuvor gehört haben.[11] Da ist sie nun: Die Angst, dass auch in einer Großstadt in Deutschland „Zustände wie jüngst in Stockholm, Paris, oder London" herrschen – so der Vorsitzende der Hamburger Gewerkschaft der Polizei (GdP).[12]

In der zweiten Nacht der Auseinandersetzungen kommt es zu Annäherungen zwischen der lokalen Polizeiführung und einigen Anwohner_innen. Der Einsatzleiter, so wird berichtet, habe im Gespräch mit zwei „Familienvätern" Fehler eingestanden und zudem sei ein klärendes Gespräch für den kommenden Montag ausgehandelt worden.[13] In der dritten Nacht, von Samstag auf Sonntag, werden noch immer 80 Personen vor dem Kiosk gezählt, allerdings keine größeren Eskalationen beobachtet. Während sich die Führung des lokalen Polizeikommissariats in den folgenden Wochen um Deeskalation bemüht, organisieren Anwohner_innen am folgenden Samstag eine Demonstration gegen „rassistische Polizeikontrollen". In einer Erklärung kritisieren sie „Schikanen" und „Gewalt" durch die Polizei, fordern ein „Ende der erhöhten Polizeipräsenz und der verdachtsunabhängigen Kontrollen" sowie eine unabhängige Untersuchung der Vorfälle.[14]

Das, was sich hier in Altona-Altstadt ereignet hat, erscheint zunächst als Ausnahme. Bislang wurden städtische Konfliktereignisse in Deutschland medial so gut wie nie als *riots* repräsentiert. Auch über Altona-Altstadt war in der Vergangenheit kaum als Schauplatz solcher Auseinandersetzungen berichtet worden. Und doch weht gelegentlich durch deutsche Großstädte zumindest „ein Hauch von Banlieue", wie der *Spiegel* Straßenproteste und Demonstrationen im Kölner Stadtteil Kalk Anfang 2008 betitelte, die sich an der Tötung eines Jugendlichen und dem anschließenden Vorwurf einer rassistisch diskriminierenden

---

10 Lena Kaiser, „Lösungen in Altona. Eltern suchen Gespräch", in: *taz*, 15. Juli 2014.
11 Anonym, *Offene Erklärung der AnwohnerInnen* [online 2013; konsultiert am 14.6.2015] http://www.rechtaufstadt.net/recht-auf-stadt/altona-altstadt-offene-erklaerung-der-anwohnerinnen.
12 Art. „Runder Tisch soll Randale in Altona beenden", in: *BILD*, 15. Juli 2013.
13 Kaiser & Ludwig, „Eskalation in Hamburg-Altona".
14 Anonym, *Offene Erklärung der AnwohnerInnen* [online 2013; konsultiert am 14.6.2015] http://www.rechtaufstadt.net/recht-auf-stadt/altona-altstadt-offene-erklaerung-der-anwohnerinnen.

polizeilichen Ermittlungsarbeit entzündeten.[15] Die Konfliktpraktiken der dortigen Bewohner_innen wurden als Kritiken an Ungerechtigkeit, Ungleichbehandlung und Rassismus entlang der Koordinaten deutsche/nicht-deutsche Herkunft gelesen[16] – und zugleich als Auseinandersetzung um gesellschaftliche Anerkennung und Teilhabe ‚von unten'[17]. Aber auch die Debatte um eine zunehmende „Gewalt gegen Polizeibeamte" insbesondere in städtischen Räumen macht auf ähnliche Konfliktkonstellation aufmerksam – skandalisiert vor allem von lokalen Polizeien und ihren Gerwerkschaften.[18] Diese beiden widerstreitenden Deutungsmuster wurden nun auch in den Altonaer Auseinandersetzungen im Sommer 2013 produktiv.

Die dortige Akteurskonstellation, aber auch die mediale Repräsentation und die Deutungskämpfe um die Ereignisse erinnern dabei stark an Auseinandersetzungen, die vor allem aus den USA, Großbritannien und Frankreich bekannt sind, und die dort zumeist als *riots* und *émeutes* bezeichnet werden.[19] Diese beiden Begriffe sind der Alltagssprache entlehnt, normativ aufgeladen und politisch wie wissenschaftlich umstritten. So existiert bislang keine einheitliche sozialwissenschaftliche Definition.[20] Allerdings rufen die im europäischen und US-amerikanischen urbanen Kontext zirkulierenden Bilder und Diskursfiguren offenbar

---

15 Vgl. Wolf-Dietrich Bukow & Sonja Preißing, „„Wir sind kölsche Jungs'. Die ‚Kalker Revolte' – Der Kampf um Partizipation in der urbanen Gesellschaft", in: Angela Pilch Ortega, Andrea Felbinger, Regina Mikula & Rudolf Egger (Hg.), *Macht – Eigensinn – Engagement: Lernprozesse gesellschaftlicher Teilhabe*, Wiesbaden: Springer VS Verlag für Sozialwissenschaften, 2010, 151–171.
16 Vgl. Jan Ole Arps, „Die Kinder der Nachbarn. Was die Riots in England mit Jugendprotesten in Köln-Kalk verbindet", in: *ak – Analyse & kritik – Zeitung für linke Debatte und Praxis 565* [online am 21.10.2011; konsultiert am 3.4.2019] https://www.akweb.de/ak_s/ak565/35.htm.
17 Vgl. Bukow & Preißing, „„Wir sind kölsche Jungs'", 167.
18 Siehe etwa zuletzt die Debatten um polizeiliche „No-Go-Areas" in Duisburg-Marxloh. Die mediale Berichterstattung (vgl. exemplarisch Benjamin Sartory, „Duisburg wehrt sich gegen ‚No-Go-Areas'", in: *Deutschlandfunk* [online am 14.1.2016; konsultiert am 3.4.2019] http://www. deutschlandfunk.de/soziale-brennpunkte-duisburg-wehrt-sich-gegen-no-go-areas.862.de.html? dram:article_id=342449) und die polizeilichen Reaktionen lassen sich als Musterbeispiel der Produktion urbaner Paniken begreifen. Vgl. Rafael Behr, „Wie man vom ‚Dienstleister' erst zum Helden und dann zum lästigen Übel wird. Die Hamburger Polizei im Jahreswechsel 2013/2014. Gleichzeitig eine Kritik der Hamburger Gefahrengebiete", in: *Vorgänge – Zeitschrift für Bürgerrechte und Gesellschaftspolitik* 4, 204 (2013): 74–81.
19 Vgl. Mücke & Rinn, „Keine riots in Deutschland?".
20 Vgl. Donatella della Porta & Bernard Gbikpi, „The riots: A dynamic view", in: Seraphim Seferiades & Hank Johnston (Hg.), *Violent Protest, Contentious Politics, and the Neoliberal State*, Farnham: Routledge, 2012, 87; Janna Frenzel, Philippe Greif, Fabian Klein & Sarah Uhlmann, „Riots – Zur Verortung eines unscharfen Phänomens", in: *sub\urban. zeitschrift für kritische stadtforschung* 4, 1 (2016): 7–24; sowie den Beitrag von Fabien Jobard in diesem Band.

regelmäßig Kombinationen ganz spezifischer Akteur_innen, Praktiken und Dynamiken auf. Danach stehen sich in *riots* oder *émeutes* Polizeieinheiten und Gruppen von vor allem männlichen, jugendlichen Stadtbewohner_innen gegenüber, die in der sozialen Hierarchie und deren stadträumlicher Ausprägung untergeordnete und abgewertete, ja periphere Positionen ‚bewohnen'. Als Auslöser solcher Konflikte gelten Polizeiübergriffe, die Austragungsformen werden als „Gewalt" und „Zerstörung" charakterisiert (wobei auch weitere Praktiken wie etwa „Plünderungen" eine Rolle spielen können), und ihre Dynamiken werden als „Eskalation" oder „Ausbreitung" beschrieben.[21] Wird nun in Altona-Altstadt also jene bundesrepublikanische Gewissheit erschüttert, dass es so etwas wie *riots* ‚bei uns' nicht gebe?[22] Und greifen die mit dieser Annahme verbundenen Erklärungen der ‚Ruhe' in deutschen Großstädten – zumindest im Altonaer Konfliktfall – zu kurz?

Das *riot narrative* und die Ruhe in deutschen Städten

Bisher wurde in der deutschsprachigen sozialwissenschaftlichen Debatte (implizit oder explizit) davon ausgegangen, dass in Deutschland keine solch konfrontativen urbanen Konflikte zu beobachten seien wie in den nordwesteuropäischen Nachbarstaaten oder den USA, wo sich tage- oder wochenlang jugendliche Bewohner_innen und Polizeikräfte gegenüberstehen und es zu massiven Überschreitungen der Regeln des ‚normalen' stadtgesellschaftlichen Zusammenlebens kommt. Vor allem nach den Auseinandersetzungen in französischen Städten im Herbst 2005 wurden solche Vergleiche bemüht[23] – aber auch nach den von Tot-

---

21 Vgl. ebd. sowie Fabien Jobard, „Riots in France: Political, proto-political or anti-political turmoils?", in: Francis Pakes & Richard Pritchard (Hg.), *Unrest and Protest on the Global Stage*, Basingstoke: Palgrave McMillan, 2014, 132–150; Fabien Jobard & Philippe Greif, „Riot – warum denn riot? Gibt es keinen deutschen Begriff dafür?", in: *sub\urban. zeitschrift für kritische stadtforschung* 4, 1 (2016): 134.
22 Vgl. Tim Lukas, „Why are there no riots in Germany? Interactions and mutual perceptions between police forces and minority adolescents", in: David Waddington, Fabien Jobard & Mike King (Hg.), *Rioting in the UK and France: A Comparative Analysis*, Cullompton: Willan, 2009, 216–228; Dietmar Loch, „Immigrant youth and urban riots: A comparison of France and Germany", in: *Journal of Ethnic and Migration Studies* 35, 5 (2009): 791–814.
23 Vgl. Ellen Bareis, „Warum zünden ‚sie' ‚ihre eigenen' Schulen an? Zur Konstruktion der gefährlichen Vorort-Klasse", in: Karin S. Amos & Helga Cremer-Schäfer (Hg.), *Saubere Schulen. Vom Ausbrechen und Ausschließen Jugendlicher*, Baden-Baden: Nomos-Verlag, 2007, 89–104; Martin

tenham ausgehenden Ereignissen in Großbritannien im Sommer 2011 oder den Konflikten in Stockholm im Jahr 2013. Angesichts solcher urbaner Katastrophenszenarien ist die Markierung einer Differenz offenbar ein wichtiges Moment der Selbstvergewisserung: Dass es hierzulande noch nicht so schlimm und gefährlich ist wie anderswo. Dass die stadtgesellschaftliche Kohäsion in Deutschland doch alles in allem gut funktioniert. Dass weder ‚die Jugend' noch ‚die Polizei' hier so über die Stränge schlägt wie etwa in den Vororten französischer Metropolen.[24] Und dass dann, wenn etwas nur annähernd Vergleichbares geschieht, alle Alarmglocken schellen und schnellstmöglich ‚gegengesteuert' wird.[25] Es ist eine paradoxe Figur, in der die vermeintliche Ruhe in deutschen Städten immer schon als latent bedroht erscheint – eine Bedrohung, die engagierte sozial- wie kriminalpolitische Reaktionen verlange.[26]

Diese Selbstvergewisserung bedarf zunächst einmal einiger Erklärungen: Für die Entstehungsbedingungen konfrontativer, „nicht-normierter" urbaner Konflikte[27] ebenso wie für ihr Ausbleiben. Etwas pointiert zusammengefasst lassen sich in den soziologischen wie kriminologischen Forschungs- und Debattenbeiträgen vier Erklärungsvariablen unterscheiden: Segregation, Integration, Polizeiarbeit sowie Rassismus. Diese vier Dimensionen verdichten sich zu einer Erzählung ganz analog zu jenem „riot narrative", das della Porta und Gbikpi als

Kronauer, „Revolte in den Banlieus. Anmerkungen aus deutscher Sicht", in: *PROKLA – Zeitschrift für kritische Sozialwissenschaft* 37, 2 (2007): 597–602.

24 Carsten Keller, „Französische Zustände überall? Segregation und die Dispersion von Konflikten in europäischen Städten", in: Bernd Belina, Norbert Gestring, Wolfgang Müller & Detlev Sträter (Hg.), *Urbane Differenzen. Disparitäten innerhalb und zwischen Städten*, Münster: Verlag Westfälisches Dampfboot, 2011, 231–249; Carsten Keller & Franz Schultheis, „Jugend zwischen Prekarität und Aufruhr: Zur sozialen Frage der Gegenwart", in: *Schweizerische Zeitschrift für Soziologie* 34, 2 (2008): 239–260; Dietmar Loch, „Gesellschaftliche Entsolidarisierung gegenüber den banlieues – Städtische Segregation und Stadtpolitik in Frankreich", in: Dietmar Hüser (Hg.), *Frankreichs Empire schlägt zurück: Gesellschaftswandel, Kolonialdebatten und Migrationskulturen im frühen 21. Jahrhundert*, Kassel: Kassel University Press, 2010, 95–121.

25 Stefan Hradil, „Brennende Vorstädte – auch in Deutschland?", in: Gesellschaft – Wirtschaft – Politik 1 (2006): 9–12.

26 Dass die Angst vor der Banlieue im deutschen stadt- und sozialpolitischen Diskurs ein äußerst mächtiges Element ist, zeigte sich jüngst an der Debatte um das Berliner „Monitoring Soziale Stadtentwicklung". Nach dessen Veröffentlichung übertitelten gleich mehrere überregionale Tageszeitungen ihre Beiträge mit „Stadtforscher warnt von Banlieues in Berlin" (vgl. Andrej Holm, „Berlin: Armut an den Rand gedrängt", in: *Gentrification Blog* [online am 4.4.2016; konsultiert am 4.3.2019] https://gentrificationblog.wordpress.com/2016/04/04/berlin/.).

27 Steffen Liebig, „Soziale Unruhen als nicht-normierte Konflikte. Das Beispiel der englischen Riots von 2011", in: *PROKLA – Zeitschrift für kritische Sozialwissenschaft* 44, 2 (2014): 271–287.

kennzeichnend für die Medienberichterstattung über die *émeutes* in Frankreich 2005 herausgearbeitet haben.[28]

Die ersten beiden Argumentationslinien verbinden sich dabei zu einem Theorem urbaner Integration bzw. Desintegration: Im Gegensatz vor allem zu Frankreich sei die verräumlichte soziale und ,ethnische' Segregation ebenso wie die soziale Ausgrenzung in deutschen Metropolen wesentlich schwächer ausgeprägt. Eine relativ erfolgreiche Sozialpolitik, eine entsprechend geringe Jugendarbeitslosigkeit sowie die hiesigen integrierten Politiken der Stadtteilentwicklung werden dafür verantwortlich gemacht, dass sich hierzulande keine derart ,homogenen Armutsquartiere' herausgebildet hätten.[29] Die Stadtforschung liefert dazu Erklärungsansätze, die aus ihrem Wissen über Räume urbaner Desintegration abgeleitet sind und die dazu beigetragen haben, dass in verschiedenen europäischen Ländern soziale Probleme in benachteiligten Stadtteilen durch Anwendung politisch-administrativer Programme mit klangvollen Namen wie „Soziale Stadt" oder „Politique de la ville" angegangen wurden.[30] In dieser Lesart bringen segregierte ,Problemquartiere' deviantes Verhalten hervor, von *urban uncivilities* bis hin zu massiven Grenzüberschreitungen und Gewaltanwendungen wie sie *riots* kennzeichnen. Solche städtischen ,Gewalträume' machten zugleich zivil(gesellschaftlich)e Artikulationsformen der Kritik und des Protests der Bewohner_innen gegen ihre Marginalisierung unmöglich. Auch dies hängt mit Prozessen der Segregation in ihrer Deutung als ,Entmischung' zusammen: In der Bevölkerungszusammensetzung dieser Räume fehlten, so die Argumentation, die Trägergruppen zivilgesellschaftlicher Organisation.[31] Die Bewohner_innen sind insofern benachteiligt, weil die ,Mittelschichten', die möglicherweise ihren berechtigten Protest artikulieren bzw. verstärken könnten, sie nicht an die Hand nehmen (können). Die Subjekte urbaner Aufstände werden dieser Argumentation

---

28 Porta & Gbikpi, „The riots".

29 Vgl. Keller, „Französische Zustände überall?", 243 f.

30 Vgl. etwa Hartmut Häußermann, Martin Kronauer & Walter Siebel, *An den Rändern der Städte: Armut und Ausgrenzung*, Frankfurt am Main: Suhrkamp Verlag, 2004; kritisch Vassilis Tsianos, „Urbane Paniken. Zur Entstehung des antimuslimischen Urbanismus", in: Duygu Gürsel, Zülfukar Çetin & Allmende e.V. (Hg.), *Wer Macht Demo_kratie? Kritische Beiträge zu Migration und Machtverhältnissen*, Münster: Verlag Westfälisches Dampfboot, 2013, 22–42; Stephan Lanz, „Der Staat verordnet die Zivilgesellschaft", in: *Widersprüche. Zeitschrift für sozialistische Politik im Bildungs-, Gesundheits- und Sozialbereich* 78 (2000): 39–51.

31 Diese Argumentation findet sich auch in Beiträgen zu den Ereignissen in Frankreich 2005 oder Großbritannien 2011. In den betroffenen Stadtteilen seien nachbarschaftliche Organisationen erodiert, die in den urbanen Aufständen der 1970er und 1980er Jahre noch für eine produktive ,Politisierung' gesorgt hätten (vgl. etwa Loch, „Gesellschaftliche Entsolidarisierung gegenüber den banlieues").

entsprechend als ‚benachteiligt' oder ‚marginalisiert' markiert: In erster Linie seien es männliche Jugendliche – besonders solche, die aufgrund eines Migrationshintergrundes einer ‚ethnischen Minderheit' zugehörig positioniert werden und räumlich konzentriert zusammenwohnen, die über geringes formales Bildungskapital verfügen und keiner geregelten Erwerbsarbeit nachgehen. In dieser desintegrationstheoretischen Defizitperspektive werden die *rioter* zu Opfern gesellschaftlicher Ausgrenzung und urbaner Desintegration. Städtische Räume werden zu einer eigenen Erklärungsvariable für deviantes Verhalten ihrer Bewohner_innen, gewissermaßen zur Ursache sozialer Konflikte.[32]

Doch in bundesrepublikanischen Städten – so die Argumentation der Verfechter des *riot narrative* weiter – funktioniert die Integration und Kohäsion der städtischen Gesellschaft noch. Das Verhältnis zwischen marginalisierten Jugendlichen und Polizeikräften in Deutschland sei nicht derart zerrüttet wie in Frankreich oder England.[33] Polizeiforscher_innen stellen etwa heraus, dass Konflikteskalationen hierzulande auch deshalb ausblieben, weil die lokalen Polizeikräfte vor allem bürgernahe Strategien des *community policing* einsetzen würden. Die doch eher positive Beziehung zwischen Polizei und Jugend zeigt sich etwa auch in den von Lukas referierten Studien zum Vertrauen Jugendlicher unterschiedlicher Nationalitäten in die deutsche Polizei.[34] Zuletzt hat ein deutschfranzösisches Forschungsprojekt die starken Unterschiede beider Länder vor allem hinsichtlich Personenkontrollen und Identitätsfeststellungen herausgearbeitet.[35] Blickt man auch auf die in den USA und Großbritannien verbreiteten

---

32 Die Annahme negativer Quartierseffekte ist stadtpolitisch wie stadtsoziologisch weit verbreitet (vgl. Anne Volkmann, *Quartierseffekte in der Stadtforschung und in der sozialen Stadtpolitik. Die Rolle des Raumes bei der Reproduktion sozialer Ungleichheit* (= Graue Reihe des Instituts für Stadt und Regionalplanung der Technischen Universität Berlin 36), Berlin: Universitätsverlag der Technischen Universität Berlin, 2012). Gleichzeitig aber werden erhebliche Zweifel an der empirischen Haltbarkeit dieser These formuliert (vgl. David Manley, Maarten van Ham & Joe Doherty, „Social mixing as a cure for negative neighbourhood effects: Evidence based policy or urban myth?", in: Gary Bridge, Tim Butler & Loretta Lees (Hg.), *Mixed Communities: Gentrification by Stealth?*, Bristol: Bristol University Press, 2012, 151–167.

33 Vgl. Keller & Schultheis, „Jugend zwischen Prekarität und Aufruhr"; Keller, „Französische Zustände überall?".

34 Lukas, „Why are there no riots in Germany?", 220 ff.

35 Vgl. Tim Lukas & Jérémie Gauthier, „Warum kontrolliert die Polizei (nicht)? – Unterschiede im Handlungsrepertoire deutscher und französischer Polizisten", in: *Soziale Probleme* 22, 2 (2011): 174–206; Dietrich Oberwittler, Anina Schwarzenbach & Dominik Gerstner., „Polizei und Jugendliche in multiethnischen Gesellschaften. Ergebnisse der Schulbefragung 2011 ‚Lebenslagen und Risiken von Jugendlichen' in Köln und Mannheim", in: *forschung aktuell – research in brief* 47, Freiburg i. Br.: Max-Planck-Institut für ausländisches und internationales Strafrecht, 2014.

Kontrollpraktiken, so scheint Deutschland eine Ausnahme gegenüber diesen eher autoritären und konfrontativen Formen von Polizeiarbeit zu sein.

Hier schließt nun die vierte Argumentationslinie an, die auf unterschiedliche Ausprägungen und Bedeutungen von Rassismus hinweist: Erstens strukturiere Rassismus in Deutschland die urbane Geographie nicht derart wie etwa in Frankreich.[36] Zweitens wecke das deutsche Staatsbürgerschaftsverständnis und das entsprechende Integrationsregime im Vergleich zu Frankreich oder Großbritannien geringere Anerkennungserwartungen „ethnischer Minderheiten". Dementsprechend unterscheide sich dann auch das Protestverhalten dieser Gruppen.[37] Zugespitzt formuliert: in Deutschland spiele die „Diskrepanz zwischen formaler Gleichberechtigung und sozialer Marginalisierung" kaum eine Rolle. Gerade weil etwa den „Gastarbeitern" und ihren Nachkommen keine bürgerrechtliche Gleichstellung versprochen bzw. gewährt worden sei, würden „Minderheitenkonflikte" nicht „von unten", also etwa von der „türkischen Migrantenpopulation" als Anerkennungskämpfe, sondern wenn, dann „von oben", also Seitens der „Mehrheitsgesellschaft", artikuliert.[38] Es ließe sich dann folgendes schlussfolgern: Während die als *riots* oder *émeutes* repräsentierten Konflikte in Frankreich, England oder den USA vor dem Hintergrund dortiger Bürgerschaftskonzepte wenigstens potentiell als *acts of (urban) citizenship* begriffen werden könnten[39] – also als widerständige politische Akte –, fallen solche in Deutschland

---

36 Vgl. Keller, „Französische Zustände überall?", 243 f.
37 Vgl. Keller & Schultheis, „Jugend zwischen Prekarität und Aufruhr", 248 f.; Loch, „Immigrant youth and urban riots: A comparison of France and Germany".
38 Vgl. Keller, „Französische Zustände überall?", 244.
39 *Citizenship* wird in den entsprechenden Debatten der kritischen Migrationsforschung „nicht einfach als statisches bzw. staatliches Rechtsregime" (Sabine Hess & Henrik Lebuhn, „Politiken der Bürgerschaft. Zur Forschungsdebatte um Migration, Stadt und citizenship", in: *sub\urban. zeitschrift für kritische stadtforschung* 2, 2 (2014): 11–33, hier 27), sondern als „dynamisches Terrain von Kämpfen" (Anna Köster-Eiserfunke, Clemens Reichhold & Helge Schwiertz, „Citizenship zwischen nationalem Status und aktivistischer Praxis – Eine Einführung", in: Lisa-Marie Heimeshoff et al. (Hg.), *Grenzregime II. Migration, Kontrolle, Wissen. Transnationale Perspektiven*, Berlin & Hamburg: Assoziation A, 2014, 177–196, hier 178) diskutiert. Auf diesem werde um das grundlegende „Recht, Rechte zu haben" (Arendt) gestritten und dabei um „Fragen von Gleichheit und Differenz, von Anerkennung, Mitbestimmung und Teilhabe, Zugehörigkeit und Ausschluss" (Köster-Eiserfunke et al., „Citizenship", 178). *Citizenship* wird nicht als Frage von *membership* und formalem Status begriffen, sondern von Praxis und Aneignung, von *claims, performance* oder *enactment* gerade derjenigen, denen bürgerschaftliche Rechte verwehrt würden (vgl. Engin Isin, „Citizenship in flux: The figure of the activist citizen", in: *Subjectivity* 29 (2009): 367–388). Köster-Eiserfunke et al. weisen allerdings auf die analytisch-strategische Ambivalenz der Deutung von riots als *acts of citizenship* hin: Einerseits bestehe bei Konfliktartikulationen, „die keine eindeutigen Forderungen stellen und in denen der Bezug auf ein (Un-)Recht zumindest nicht explizit ist",

schlicht aus, weil die „Jugendlichen mit Migrationshintergrund" ohnehin keine Teilhabeerwartungen artikulieren würden.

Diese vier Elemente des *riot narrative* – Segregation und Integration, *policing* und *citizenship*-Versprechen respektive Rassismus – zusammengenommen erklären also, warum es in Deutschland bisher noch nicht zu urbanen *riots* gekommen sei, und was getan werden muss, damit dies so bleibt: Arbeitsmarktintegration von Jugendlichen verbessern, sozialräumliche Integration durch eine Bevölkerungspolitik der sozialen Mischung in Stadtteilen schaffen oder bewahren, weiter an einer bürgernahen lokalen Polizeiarbeit festhalten (die allerdings auch verbindliche Regeln des Zusammenlebens durchsetzen muss), und in diesem Kontext auch die interkulturelle Öffnung der Polizei vorantreiben. Nun erweist sich aber mit Blick auf die geschilderten Altonaer Konfliktereignisse beides als problematisch: die grundierende Annahme von der Ruhe in deutschen Großstädten *und* der Erklärungskomplex dafür – und damit auch die scheinbar so naheliegenden politischen Lösungen. Was also, wenn die Konfliktkonstellation in Altona mehr mit den Auseinandersetzungen in Frankreich und Großbritannien zu tun hat, als das deutsche *riot narrative* nahelegt? Es stellen sich hier also Fragen nach der stadträumlichen Situierung, nach der lokalen Polizeiarbeit und der Bedeutung von Rassismus innerhalb des Konflikts.

Eruptionen verräumlichter Desintegration oder rassistische Polizeipraktiken im Aufwertungsgebiet?

Zunächst einmal entfaltete sich der Altonaer Konflikt rund um eine polizeiliche Ermittlungs- bzw. Kontrollmaßnahme. Dass polizeiliche Übergriffe (oder Gerüchte darüber) am Beginn vieler eskalativer urbaner Konflikte in Frankreich, Großbritannien, aber ebenso in Schweden und vor allem auch den USA standen, scheint unstrittig.[40] Die jugendlichen Bewohner_innen, ihre Nachbar_innen und Ange-

---

die Gefahr, „den in ihnen artikulierten Begehren nicht gerecht zu werden [...]." Andererseits könnte durch eine solche Deutung aber auch die „diskursive Abdrängung" von riots „ins Barbarische, Unzivilisierte oder Irrationale" verhindert werden (Köster-Eiserfunke et al., „Citizenship", 192).

40 Vgl. Jobard, „Riots in France…"; Iris Dzudzek & Michael Müller, „Der Lärm des Politischen. Die Londoner riots 2011 und ihre politischen Subjekte", in: *sub/urban. Zeitschrift für kritische Stadtforschung* 2 (2013): 17–40; Catharina Thörn, „Der Aufstand in Stockholm und der Mythos der schwedischen Sozialdemokratie", in: *Sozial.Geschichte Online* 11 (2013): 48–58.

hörige warfen den lokalen Polizeikräften eine rassistisch fundierte Kontrollpraxis vor – auch in den internationalen urbanen Konflikten spielen Auseinandersetzungen um *racial profiling* eine bedeutende Rolle. Die Frage nach der Bedeutung der stadträumlichen Verortung von *riots* scheint dagegen komplizierter zu sein. Altona-Altstadt gleicht jedenfalls kaum den Schreckensbildern von Ghettos oder Banlieues, die durch den medialen *riot*-Diskurs geistern. Das macht ein kurzer Blick auf die stadtentwicklungspolitische Geschichte des Stadtteils deutlich.

Stadtteilentwicklungspolitik

In Altona-Altstadt leben gegenwärtig etwa 29.000 Menschen, mit in den letzten Jahren leicht steigender Tendenz. Als Teil der westlichen inneren Stadt liegt das Gebiet zwischen dem weitgehend gentrifizierten Stadtteil Ottensen und St. Pauli mit der Reeperbahn als wichtigster touristischer Attraktion der Hansestadt. Geprägt von gründerzeitlicher Bebauung, aber auch mit starken Spuren funktionaler Stadtplanung der 1960er Jahre, wurden in einigen Teilgebieten ab Ende der 1970er Jahre Sanierungsmaßnahmen durchgeführt, um der „Flucht der Mittelschicht" nach *Suburbia* und der Verarmung der innerstädtischen Wohngebiete zu begegnen.[41] Altona-Altstadt war insofern das, was in der Krise der fordistischen Stadt „sozialer Brennpunkt" genannt wurde.[42]

Seit Anfang der 2000er Jahre sollte der gesamte Stadtteil durch eine massive Stadtentwicklungspolitik aufgewertet werden. Rund um die Haupteinkaufsstraße wurde ein Sanierungs- und Stadtumbaugebiet festgelegt und zugleich ein Großteil des Stadtteils zum Fördergebiet im Rahmen des Bund-Länder-Programms „Soziale Stadt" ernannt.[43] Die politisch-administrativ identifizierten Schieflagen bestanden insbesondere in einer ‚problematischen' Sozialstruktur mit überdurchschnittlicher Arbeitslosenquote, hoher Jugendarbeitslosigkeit und Kinderarmut. Gut 30 % der Bewohner_innen verfügten nicht über einen deutschen Pass – doppelt so viele wie im gesamtstädtischen Durchschnitt. Aber auch Geschäftszentren und Infrastrukturen wurden als „verödet" beschrieben,

---

41 Vgl. Moritz Rinn, *Konflikte um die Stadt für alle: Das Machtfeld der Stadtentwicklungspolitik in Hamburg*, Münster: Verlag Westfälisches Dampfboot, 2016, 77 ff. u. 83 ff.

42 Ebd., 96.

43 Stadterneuerungs- und Stadtentwicklungsgesellschaft mbH, *Integrierte Stadtteilentwicklung in Altona-Altstadt, Teil A* [online September 2013; konsultiert am 4.3.2019] http://www.altona-altstadt.de/_downloads/2014/IEK/2013-09_IEKAltona-Altstadt_TeilA_einseitig.pdf, 21.

es wurden „Angsträume" identifiziert[44] und eine Verstärkung „teilräumliche[r] Problemlagen im Stadtteil" durch die „Abwanderung von insbesondere sozial stabileren Familien" festgestellt.[45] Als zentrale Zielsetzung der stadtentwicklungspolitischen Maßnahmen wurde dementsprechend eine „Stabilisierung" der Quartiere Altona-Altstadts durch eine „Attraktivitätssteigerung der Wohnquartiere für Familien und junge Haushalte vor der Familiengründung" formuliert.[46] Diese Strategie verweist auf die urbane Bevölkerungspolitik der „sozialen Mischung", die in der kritischen Stadtforschung auch als politisch-administrativ vorangetriebene Gentrifizierung gedeutet wird:[47] Um die Lebensbedingung der ‚benachteiligten' Bewohner_innen Altona-Altstadts zu verbessern, sollte gezielt „langfristig marktgerechte[r] Wohnraum[...] auch für einkommensstärkere Bevölkerungsgruppen" geschaffen werden.[48]

Im Zuge dieser Verfahren, aber auch der gesamtstädtischen Entwicklung sind in den letzten Jahren Veränderungen der Bevölkerungsstruktur, Mietsteigerungen und die Umwandlung von Miet- in Eigentumswohnungen nicht ausgeblieben. Schließlich mussten auch politisch-administrative Akteur_innen faktisch die Verdrängung vor allem geringerverdienender Menschen aus dem Stadtteil anerkennen.[49] Das zeigt sich nicht zuletzt daran, dass Bezirksamt und Behörde

---

44 GEWOS, *Altona-Altstadt, Große Bergstraße/Nobistor, vorbereitende Untersuchungen gemäß § 141 BauGB. Grundlagenerarbeitung und Analyse – zusammenfassende Gesamtbewertung Teil A. Entwurf des städtebaulichen Erneuerungskonzepts – planerische Darstellung und Erläuterungsbericht*, Hamburg 2004, 18.

45 Stadterneuerungs- und Stadtentwicklungsgesellschaft mbH, *Integrierte Stadtteilentwicklung in Altona-Altstadt*, 13.

46 Ebd.

47 Vgl. Loretta Lees, Tim Butler & Gary Bridge, „Introduction: gentrification, social mix/ing and mixed communities", in: Gary Bridge, Tim Butler & Loretta Lees (Hg.), *Mixed communities: Gentrification by stealth?*, Bristol: Bristol University Press, 2012, 1; Andrej Holm, „Soziale Mischung. Zur Entstehung und Funktion eines Mythos", in: Forum Wissenschaft 26, 1 (2009): 23–26.

48 GEWOS, *Altona-Altstadt*, 12. Zahlreiche Untersuchungen zeigen, dass sich durch eine ‚verbesserte' sozialstrukturelle Mischung keine Verbesserungen von Armutslagen feststellen lassen (vgl. dazu Kate S. Shaw & Iris W. Hagemans, „Gentrification without displacement and the consequent loss of place: The effects of class transition on low-income residents of secure housing in gentrifying areas", in: *International Journal of Urban and Regional Research* 39, 2 (2015): 323–341.) Vielmehr wird ein umgekehrter Effekt verstärkter Ausgrenzung und Verdrängung konstatiert (vgl. etwa Gary Bridge, Tim Butler & Patrick Le Galès, „Power relations and social mix in metropolitan neighbourhoods in North America and Europe: Moving beyond gentrification?", in: *International Journal of Urban and Regional Research* 38, 4 (2014): 1133–1141.)

49 2014 wurden 14% Empfänger_innen von Leistungen nach SGB II gezählt, 2004 machten registrierte Arbeitslose und Sozialhilfeempfänger_innen noch 20% der Bevölkerung aus. Zum Vergleich: Die SGBII-Quote in der Gesamtstadt Hamburg bewegt sich seit Einführung des Alg II zwischen 10 und 12% (alle Daten: Statistikamt Nord, „Bevölkerung mit Migrationshintergrund in

für Stadtentwicklung 2012 für weite Teile des Stadtteils eine „Soziale Erhaltungsverordnung" erlassen haben.[50] Mit diesem städtebaulichen Rechtsinstrument sollen Luxussanierungen sowie die Umwandlung von Miet- in Eigentumswohnungen eingeschränkt und so Gentrifizierungsprozesse reguliert werden.[51] Die „Stabilisierung" des Viertels ist aus dieser Perspektive abgeschlossen, es wird politisch-administrativ kaum mehr als problematisch begriffen. Vielmehr gilt nun die spezifische „Altonaer Mischung" als erhaltenswert.[52]

Die segregations- und desintegrationstheoretischen Argumente des *riot narrative* scheinen also als Erklärung für den Konflikt in Altona-Altstadt wenig plausibel zu sein. Vielmehr befindet sich der Stadtteil offenbar in einem Transformationsprozess, in dem die „Durchmischung der Bevölkerung"[53] auch mit Ausschlüssen einhergeht. Deshalb mag es auch nicht verwundern, dass einer der Bewohner, die von der lokalen Polizei zum Klärungsgespräch eingeladen worden waren, die polizeiliche Kontrollpolitik gegen „Ausländer" explizit mit der Aufwertung des Stadtteils in Verbindung setzt. Auf die Rückfrage zweier *taz*-Journalistinnen, warum er glaube, die Kontrollen hätten etwas mit der umstrittenen Ansiedlung einer Filiale des Möbelhauses IKEA zu tun, antwortet er: „Ich weiß nicht. Ich weiß aber, dass Ausländer hier in Altona keine Wohnungen mehr bekommen."[54] Dies verweist auf ein Deutungsmuster, in dem die Verdrängung von „Ausländern" als übergreifende stadtpolitische Strategie erfahren wird. Das Wissen um eine rassistisch aufgeladene Bevölkerungspolitik via Wohnungspolitik speist sich dabei auch aus verorteten Erfahrungen, die etwa mit den politisch-administrativen Bemühungen um eine „Verringerung der Ausländerkonzentration" in bestimmten Hamburger Stadtteilen – auch in Altona-Altstadt – ab Ende der

den Hamburger Stadtteilen Ende 2013", in: *Statistik informiert Spezial* IX (2014) [online am 22.9. 2014; konsultiert am 4.3.2019] https://www.statistik-nord.de/fileadmin/Dokumente/Statistik_in formiert_SPEZIAL/SI_SPEZIAL_IX_2014_komplett.pdf).

50 Bezirksamt Hamburg-Altona, *Zukunftsplan Altona. Bürger entwickeln ein Leitbild für die Zukunft* [online im August 2011; konsultiert am 3.4.2019] http://zukunftsplan-altona.hamburg.de/contentblob/3043870/data/zukunftsplan-kurzfassung.pdf.

51 Vgl. Anne Vogelpohl, Mit der Sozialen Erhaltungssatzung Verdrängung verhindern? Zur gesetzlichen Regulation von Aufwertungsprozessen am Beispiel Hamburg [online 2013; konsultiert am 15.6. 2015] https://www.geo.uni-hamburg.de/geographie/dokumente/personen/publikatio nen/vogelpohl/vogelpohl_soziale-erhaltungssatzung.pdf.

52 Vgl. etwa Bezirksamt Hamburg-Altona, *Zukunftsplan Altona*, 13.

53 GEWOS, *Altona-Altstadt*, 12.

54 Lena Kaiser & Kristiana Ludwig, „Anwohner Hüsein Göktas über Altonaer Unruhe: ‚Das Problem kennen wir'", in: *taz*, 16. Juli 2013.

1970er Jahre verbunden sind.[55] Doch unmittelbarer Ausgangspunkt der Ereignisse im Sommer 2013 war eine konkrete Kontrollsituation, die sich zwischen lokalen Polizeikräften und Bewohner_innen ereignete. Und diese hat eine eigene Vorgeschichte.

Policing

Einige Straßenzüge Altona-Altstadts wurden im Verlauf des Jahres 2012 Schauplatz einer polizeilichen Sondermaßnahme. Diese bezog sich auf eine „lose Gruppierung" von Jugendlichen und Heranwachsenden „mehrheitlich mit Migrationshintergrund", die „bereits deliktisch in Erscheinung getreten" seien, wie die Innenbehörde später berichten wird.[56] Das zuständige Polizeikommissariat (PK) 21 war im Frühjahr 2012 auf die Gruppe aufmerksam geworden. Es seien zwischen 15 und 40 Personen, die Betäubungsmittel-, Roheitsdelikte und Ordnungsstörungen verübten und „gegenüber der Polizei aggressiv provozierend" aufträten.[57] Ab Mitte des Jahres 2012 seien nun im entsprechenden Gebiet vermehrt „alkoholisierte[...] St. Pauli-Besucher" Opfer von Raubdelikten geworden.[58] Nachdem „Kontaktaufnahmen durch den polizeilichen Jugendschutz sowie den zuständigen Jugendbeauftragten" an mangelnder „Gesprächs- und Kooperationsbereitschaft" gescheitert seien, veranlasste das PK 21 von Oktober 2012 bis Februar 2013 „Schwerpunkteinsätze durch gezielten Einsatz von Zivilfahndern und durch offensive Präsenzmaßnahmen"[59]. Dadurch habe sich die Lage zunächst beruhigt, doch im Frühjahr 2013 seien wieder vermehrt Delikte registriert worden – vor allem aber auch ein als respektlos empfundenes Verhalten der Jugendlichen gegenüber der Polizei, die in diesem Gebiet ihre Arbeit verrichteten. Die Innenbehörde sprach von Beleidigungen und offenen Todesdrohungen gegen Polizeibeamt_innen.[60] Deshalb wurde ab dem 8. Juli 2013 die polizeiliche Präsenz etwa durch uniformierte Doppelstreifen wieder erhöht. Mit diesem „Prä-

---

55 Freie Hansestadt Hamburg: Drucksache 8/1990, Bürgerschaft der Freien und Hansestadt Hamburg; 8. Wahlperiode; 2.11.1976; Mitteilung des Senats an die Bürgerschaft: *Leitlinien für die Hamburgische Ausländerpolitik.*

56 Freie Hansestadt Hamburg: Drucksache 20/8655, Bürgerschaft der Freien und Hansestadt Hamburg, 19.7.2013: *Schriftliche Kleine Anfrage der Abgeordneten Antje Möller (GRÜNE) vom 12.07.13 und Antwort des Senats. Betr.: Polizeieinsatz 11./12.07. in der Holstenstraße, Auseinandersetzungen mit Anwohnern und Anwohnerinnen,* 1.

57 Ebd.

58 Ebd.

59 Ebd.

60 Ebd., 2.

senzkonzept" werde das Ziel verfolgt, „Ordnungsstörungen sowie das Sicherheitsgefühl beeinträchtigende Verhaltensweisen in dem betreffenden Gebiet" zu reduzieren: „Präsenzmaßnahmen in diesem Rahmen sollen verdeutlichen, dass der Staat die Einhaltung seiner Regeln anlassbezogen verstärkt überwacht und im Falle eines Verstoßes eine unverzügliche Ahndung droht."[61]

Ganz offenbar sollte so ein drohender Autoritätsverlust der Polizeikräfte in einem spezifischen städtischen Raumausschnitt abgewehrt werden. Und damit bettet sich der Konflikt in eine gleichermaßen hamburgische wie bundesweite Debatte ein, die sich vor allem um die Figur „Gewalt gegen Polizeibeamte" zentriert.[62] Es vermag kaum zu verwundern, dass Konflikte um polizeiliche Kontrollarbeit in dieser Debatte eine herausgehobene Stellung einnehmen. Personenkontrollen sind starke polizeiliche Grundrechtseingriffe, deren Anwendungsmöglichkeiten in der Vergangenheit juristisch ausgeweitet wurden.[63] Sie konstituieren eine unmittelbar asymmetrische Beziehung zwischen den zur Kontrolle befugten bzw. faktisch befähigten Polizist_innen und den Kontrollierten. Polizeikontrollen können deshalb auch als legalisierter herrschaftlicher Zugriff einer staatlichen Institution betrachtet werden. Sie sind Demonstrationen von Souveränität: die kontrollierenden Polizist_innen verlangen Anerkennung *als Polizei*, und damit faktisch Unterwerfung.

Diese Praktiken stellen sich für Bewohner_innen in unterschiedlichen sozialen Lagen und unterschiedlichen Stadtteilen bzw. Quartieren jeweils unterschiedlich dar. Erstens werden nicht alle städtischen Räume gleichermaßen polizeilich kontrolliert.[64] Einige werden als kriminell bzw. kriminogen definiert, andere dagegen als unauffällig. Mit dieser Verräumlichung der Kontrollarbeit überlagert und verbindet sich eine zweite Dimension polizeilicher Selektivität: Kontrollen im urbanen Raum richten sich nicht (oder in den seltensten Fällen) auf alle, die sich dort aufhalten, sondern immer auf spezifische Segmente der

---

61 Freie Hansestadt Hamburg: Drucksache 20/8735, Bürgerschaft der Freien und Hansestadt Hamburg, 30.7.2013: *Schriftliche Kleine Anfrage der Abgeordneten Antje Möller (GRÜNE) vom 23.7.13 und Antwort des Senats. Betr.: Polizeieinsatz 11./12.07. in der Holstenstraße, Auseinandersetzungen mit Anwohnern und Anwohnerinnen* (II), 2. Die Altonaer „Schwerpunkteinsätze" wiesen dabei Ähnlichkeiten zum im Hamburgischen Polizeigesetz festgeschriebenen Instrument des „Gefahrengebietes" auf (vgl. dazu Bernd Belina & Jan Wehrheim, „‚Gefahrengebiete' – Durch die Abstraktion vom Sozialen zur Reproduktion gesellschaftlicher Strukturen", in: *Soziale Probleme. Zeitschrift für soziale Probleme und soziale Kontrolle* 22, 2 (2011): 207–230.), blieben im Gegensatz zu letzteren aber rechtlich im Rahmen der ‚normalen' Kontrollarbeit der Polizei: formal waren keine verdachtsunabhängigen Kontrollen zulässig.

62 Vgl. Behr, „Wie man vom ‚Dienstleister' erst zum Helden und dann zum lästigen Übel wird".

63 Busch, „Institutionalisierter Rassismus".

64 Vgl. Belina & Wehrheim, „Gefahrengebiete".

urbanen Bevölkerung – entsprechend einem spezifischen *profiling*, und ohne ein *konkretes* Verdachtsmoment gegen die zu kontrollierende Person.

Kontrollen haftet nahezu immer ein selektives Moment an, weil die Kontrollierten sich als zu einem kontrollierbaren Bevölkerungssegment zugeordnet erfahren. Gerade in urbanen Räumen bedeutet jugendlich und männlich auszusehen, mit den Insignien einer *street culture* (bzw. „Unterschicht") ausgestattet zu sein und als Person erkannt zu werden, die selbst oder deren Vorfahren „nach 1950" nach Deutschland eingewandert sind,[65] mit hoher Wahrscheinlichkeit zu den „üblichen Verdächtigen" gezählt zu werden.[66] Und das wohl an nahezu jedem Ort: seien es touristische Hotspots, die Hamburger Villen- oder Geschäftsviertel, oder eben einzelne Straßenzüge in ‚Problemquartieren'. Allerdings werden eben nicht alle städtischen Räume gleichermaßen polizeilich bearbeitet. Die Wahrscheinlichkeit, kontrolliert zu werden, ist insofern immer Produkt des Zusammenspiels von spezifischer Verräumlichung und *profiling*.

Für die Bewohner_innen Altona-Altstadts stellte sich dieses Zusammenspiel nun auch vor dem Hintergrund der gegenwärtigen stadtentwicklungspolitischen Transformationen dar. Die verräumlichte Kontrollstrategie steht nicht einfach nur ‚neben' einer Aufwertungspolitik, deren Ziel es ist, den Stadtteil für und durch den Zuzug junger Familien aus der Mittelschicht zu attraktiver zu machen, zu stabilisieren und so zu normalisieren. Aber sie war, so die starke Vermutung, zu diesem Zeitpunkt auch nicht Teil einer ressortübergreifend integrierten Strategie lokaler *governance* eines Aufwertungsgebietes. Die Verbindung dieser beiden Vorgehensweisen – sozialer Mischungspolitiken und intensiver polizeilicher Kontrollpolitik – stellte sich vielmehr vor allem in den alltäglichen Erfahrungen der Veränderungsprozesse innerhalb der Nachbarschaften her. Das wird an den Ereignissen jener Tage im Hochsommer 2013 deutlich, die auf die Wiederverschärfung der polizeilichen Kontrollpraktiken folgten – und vor allem an den Deutungen dieses Konflikts.

Auch die Jugendlichen, die als „Menschen mit Migrationshintergrund" im gefährlichen „Stolperviertel" kontrolliert wurden, artikulieren einen Konflikt um Anerkennung – und zwar zunächst einmal als Menschen, mit denen die Polizei nicht machen kann, was sie will. Die Altonaer Ereignisse lassen sich insofern auch

---

65 So lautet die Definition der amtlichen Statistik Hamburgs (vgl. Statistikamt Nord, „Bevölkerung mit Migrationshintergrund", 3). Es gibt hier also zwei Kategorien von Deutschen – diese hierarchische Differenzierung ist unschwer als Reminiszenz an das alte deutsche Staatsbürgerschaftsrecht des *jus sanguinis* zu erkennen.

66 Vgl. auch Jenny Künkel, „Cop Culture Reloaded? Wandel und Persistenz schutzpolizeilicher Macht", in: *Kriminologisches Journal* 46, 4 (2014): 264–283.

als Auseinandersetzung um die Kontroll- und „Definitionsmacht der Polizei"[67] begreifen, und das heißt auch: um den praktischen „Illegalismus" der für die Polizei konstitutiv ist, der allerdings ebenso konstitutiv umstritten ist.[68] Davon zeugt dann auch, dass die lokale Polizeiführung in Altona ihre „Präsenzstrategie" nach den Auseinandersetzungen mit der Bewohner_innenschaft aufgeben musste. Dem PK 21 stand hier neben einem repressiv-kontrollintensiven augenscheinlich auch ein eher *community*-orientiertes und präventives Handlungsrepertoire „bürgernaher Polizeiarbeit" zur Verfügung. Welches davon zur Anwendung kam, hing *auch* mit den Dynamiken verorteter Kräfteverhältnisse zusammen: Offenbar verfügten die Altonaer Jugendlichen – ganz entgegen der soziologischen, stadtentwicklungspolitischen und polizeilichen Annahme – über die Macht, nicht nur unmittelbar widerständig gegen Polizeikontrollen zu agieren, sondern auch, sich öffentlich hör- und sichtbar kritisch zu artikulieren und damit eine selektive, rassistische, diskriminierende Polizeipraxis zu skandalisieren. Der Konflikt schreibt sich so zugleich auch ein in die bundesweite Konfliktkonstellation um institutionalisierten Rassismus und *racial profiling*.[69]

Kämpfe um Rassismus

Polizeikontrollen als staatlich-souveräne Praxis und der Widerstand dagegen verweisen insofern tatsächlich auf den letzten Bestandteil des *riot narrative*: auf die Frage nach Teilhabe, Zugehörigkeit und Rechten, die als *(urban) citizenship* diskutiert werden. Besonders aufschlussreich ist hier das schon erwähnte Filmdokument, in dem Angehörige und Bekannte der kontrollierten Jugendlichen zu Wort kommen:[70] Sie artikulieren die Forderung nach Gleichbehandlung und benennen die Kontrollpraktiken als „Rassismus" und „Diskrimination".[71] Dabei verweisen sie auf die Geschichte der Arbeitsmigration und fordern Anerkennung in dem Sinne, dass sie sich als zugehörig nicht nur zu Altona-Altstadt, sondern

---

67 Johannes Feest & Erhard Blankenburg, *Die Definitionsmacht der Polizei: Strategien der Strafverfolgung und soziale Selektion*, Düsseldorf: Bertelsmann, 1972.
68 Vgl. Fabien Jobard, „Zur politischen Theorie der Polizei", in: *WestEnd. Neue Zeitschrift für Sozialforschung* 10, 1 (2013): 65–77.
69 Vgl. Heiner Busch, „Institutionalisierter Rassismus. Racial Profiling – nicht nur bei Kontrollen", in: *Bürgerrechte & Polizei/CILIP* 12, 104 (2013): 3–11; Sebastian Friedrich & Johanna Mohrfeldt, „‚Das ist normal' – Mechanismen des institutionellen Rassismus in polizeilicher Praxis", in: Opferperspektive e.V. (Hg.), *Rassistische Diskriminierung und rechte Gewalt*, Münster: Verlag Westfälisches Dampfboot, 2013, 194–203.
70 Utopie TV, Filmreportage *Polizeieinsatz in Altona Altstadt*.
71 Ebd.

auch zu „Deutschland" positionieren. Die Verletzung ihres Rechts, im Alltag nicht „ohne Grund" polizeilich kontrolliert zu werden, deuten die interviewten Jugendlichen dabei vor dem Hintergrund der Auseinandersetzung um Integration. Auf die Frage nach den Gründen für die Polizeikontrollen antwortet einer der Jugendlichen: „Warum? Hier, meine Haarfarbe: Schwarz. Es wird geredet von Integration. Wir sind integriert! Seit Jahren, nicht erst seit heute oder seit gestern."[72] Ein anderer erklärt: „Die einzige Schuld die wir haben, ist, dass wir aus Migrantenfamilien kommen, die sich erfolgreich seit der dritten Generation integriert haben."[73] Einerseits artikulieren die Jugendlichen hier einen positiven Bezug auf Integration: Sie betonen ihre Zugehörigkeit zur deutschen Gesellschaft. Andererseits beschreiben sie den Integrationsdiskurs als „Gerede", denn als „Deutsche *und* Türken" bzw. als „aus Migrantenfamilien" Kommende würden sie rassistisch diskriminierenden Polizeikontrollen unterworfen, die der gesellschaftlichen Integrations*anrufung* entgegenstünden. Die zunehmenden Kontrollen und die „Provokation" vom Donnerstagabend deuten die Jugendlichen dabei als Strategie der Polizei, um „die Statistik zu frisieren": Als mutwillige Eskalation, „damit genau so etwas passiert" und es „dann [wieder] heißt, die Jugendlichen sind kriminell".[74] Hier wird der Polizei insofern das Motiv unterstellt, genau jene Ereignisse hervorbringen zu wollen, die dann das Vorgehen gegen die Jugendlichen rechtfertigen – und zwar deshalb, so die Deutung, weil sie deren faktische Integration nicht anerkennen, verhindern oder rückgängig machen wollen.

Aber nicht nur die Behandlung durch die Polizei wird als rassistisch beschrieben, sondern Rassismuserfahrungen auch in Bezug auf die mediale Repräsentation artikuliert: „Aber ich bitte sie, [...] weil es gab Schreie mit Islam und so, nicht das sie wieder schreiben: Salafisten und so etwas. Es ist so, hier leben viele Ausländer – nicht, dass später aber diese Verbindung mit dem Islam wieder kommt."[75] Diese Befürchtung erwies sich nun auch im Fall der Berichterstattung zu den Altonaer Ereignissen als berechtigt. Die *Hamburger Morgenpost* erklärte die „Krawall-Nacht" folgendermaßen: „Wie konnte das passieren? Seit Dienstag ist Ramadan – und seitdem gibt es Ärger [...]."[76] Die Auswertung der Medienberichterstattung zeigt, dass solche expliziten, aber auch impliziten Bezugnahmen auf die zugeschriebene Religion oder den zugeschriebenen Migrationshintergrund (wie es etwa auch in den Beschreibungen von Anwohner_innen

---

72 Ebd.
73 Ebd.
74 Ebd.
75 Ebd.
76 Art. „Gewalt in Altona: Massenkrawalle nach Polizeieinsatz", in: *Hamburger Morgenpost*, 12. Juli 2013.

als „Großfamilien" (*Morgenpost*) oder „Familienväter" (*taz*) aufscheint) eines der dominanten Deutungsschemata ausbilden.[77] Damit verbunden ist die Deutung der Ereignisse als ‚Jugendgewalt' und die Markierung der Jugendlichen als deviant und kriminell. Zusammengenommen werden die Anwohner_innen so diskursiv als ‚fremde Andere' markiert, die sich durch ihr Verhalten selbst aus der Gesellschaft ausschließen und entsprechend behandelt werden müssen. An dieser Auseinandersetzung um Selbst- und Fremdpositionierungen wird nun auch die praktische Ambivalenz des Integrationsdiskurses sichtbar: Er wird gleichzeitig als Anerkennungs- und Ausschlussressource einsetzbar.

Ein *riot* in Deutschland?

(Wie) lassen sich die Altonaer Ereignisse als Teil einer internationalen urbanen Konfliktlandschaft verstehen? Vor dem Hintergrund der Altonaer Ereignisse erscheinen die bundesrepublikanischen urbanen Verhältnisse jedenfalls nicht einfach als eine positive europäische Ausnahme, und das gängige *riot narrative* vermag wenig zu überzeugen. Denn zentrale Dimensionen, die in den Beschreibungen und Analysen nordwesteuropäischer und auch US-amerikanischer urbaner Aufstände auftauchen, finden sich auch hier: Da sind konfrontative polizeiliche Kontrollpraktiken, die mit einer Kombination von räumlicher Zonierung und *racial profiling* arbeiten, wobei die Präsenz von Ordnungskräften einerseits darauf abzielt, gegenüber einer ‚Problempopulation' das Gesetz zu repräsentieren,[78] während zugleich so etwas wie die temporäre Ausnahme exekutiert wird. Da sind Jugendliche, denen ein Migrationshintergrund zugeschrieben wird bzw. die als kulturell Andere gelabelt werden, die Ausgrenzungs- und Rassismuserfahrungen teilen, und die einen Kontrollkonflikt artikulieren: in Form von Widerstand gegen kontrollierende Polizist_innen, aber auch spontanen Straßenprotesten, Versammlungen und Demonstrationen. Der Konflikt wird dabei zunächst ganz unmittelbar um alltägliche urbane Präsenz geführt: Auf der Straße um die Straße, und insofern zunächst einmal um das Recht auf Aneignung des städtischen Raumes. Es ging darum, die Vorstöße der Polizei zurückzudrängen, zu verhindern, dass eine verortete Kontrollnormalität dauerhaft verschoben würde – aber dabei eben auch, so lässt sich argumentieren, ganz umfassend um Aner-

---

77 Vgl. Mücke & Rinn, „Keine riots in Deutschland?"

78 Freie Hansestadt Hamburg: Drucksache 20/8655, Bürgerschaft der Freien und Hansestadt Hamburg, 19.7.2013: *Schriftliche Kleine Anfrage der Abgeordneten Antje Möller (GRÜNE) vom 12.07.13 und Antwort des Senats. Betr.: Polizeieinsatz 11./12.07. in der Holstenstraße, Auseinandersetzungen mit Anwohnern und Anwohnerinnen.*

kennung und Zugehörigkeit. Aber, und das dürfte auch deutlich geworden sein: Es gab auch signifikante Unterschiede etwa zu den Ereignissen in Frankreich 2005 oder Großbritannien 2011: So gab es in Altona keine Toten, es kam nicht zu Plünderungen, die Auseinandersetzungen weiteten sich auch nicht auf andere Stadtteile oder gar Städte aus und die Polizei setzte ihre repressive Kontrollstrategie aus. Doch das sind vorwiegend Unterschiede in der Intensität, nicht aber in der grundlegenden Konstellation, die als Auslöser der Konflikte gelten kann.

Die Frage allerdings, ob nun von einem *riot* in Altona gesprochen werden kann bzw. sollte, führt kaum weiter. Möglicherweise ermöglicht die Untersuchung dieses Konflikts im Lichte der *riot*-Debatte aber eine Verschiebung der Perspektive. So zeigt gerade das Altonaer Beispiel, dass eine Erklärung städtischer Aufstände über eine geographisch-räumliche Logik der Segregation, Isolation und Desintegration problematisch ist. Wenn nach der Bedeutung der stadträumlichen Verortung urbaner Konflikte gefragt werden soll, erweist sich die Frage nach Artikulationsräumen bzw. verorteter Beschwerdemacht innerhalb dieser Konflikte als wesentlich aufschlussreicher. Auch die Annahme, konfrontative Auseinandersetzungen um Rassismus und *policing*, um *citizenship*-Versprechen und Anerkennung ließen sich in Deutschland erst gar nicht beobachten, ist zumindest für Hamburg (aber sicher auch für Köln, Berlin und weitere Städte) nicht haltbar. Es läge vielmehr nahe, von *acts of (urban) citizenship* zu sprechen, in denen Stadtbewohner_innen Gleichheit und Gerechtigkeit einforderten und praktisch durchzusetzen versuchten, sich dabei aber nicht (immer) an die Gepflogenheiten demokratisch-zivilgesellschaftlicher Konfliktaustragung hielten. Auch und gerade solche nicht-normierten Konfliktpraktiken lassen sich als *acts* verstehen, die mit bestehenden Verhältnissen der Unterordnung brechen. Diese *acts* sind performativ und bringen politische Subjekte, *activist citizens* hervor – so die emphatische Lesart.[79] Es muss nun dieser Emphase für ‚das Politische‘[80] nicht unbedingt gefolgt werden, wenn es darum gehen soll, *citizenship* nicht als Status sondern als Praxis zu begreifen. Es genügt anzuerkennen, dass die Ressourcen und Potentiale, die mit (stadt-)bürgerschaftlichen Rechten verknüpft sind, immer in auch konflikthaften – alltäglichen wie ‚außer-alltäglichen‘ – Praktiken angeeignet und realisiert werden (müssen). Auch in *riots* oder *émeutes* lassen sich solche Konfliktkonstellationen ausmachen, vorausgesetzt, die so repräsentierten Ereignisse werden nicht als eine Art *black box* begriffen und damit heterogene

---

79 Vgl. Isin „Citizenship in Flux…"; Köster-Eiserfunke et al, „Citizenship zwischen nationalem Status und aktivistischer Praxis", 187 f.
80 Isin („Citizenship in Flux…") etwa lehnt sich unverkennbar und explizit an Arendts Konzeption politischen Handelns an.

Akteur_innen, Situationen, Praktiken und „artikulierte Begehren"[81] homogenisiert. *Acts of (urban) citizenship* sind dann nicht einfach das Andere von *riots*. Es ist vielmehr die spezifische Perspektive auf solche kollektiven Praktiken, die eben jene „disruptive power" entfalten kann, die – folgen wir Piven – spezifisch für soziale Bewegungen ist: „the ability to refuse obedience to the rules of dominant institutions"[82].

Literatur

Anonym, *Offene Erklärung der AnwohnerInnen* [online 2013; konsultiert am 14. 6. 2015] http://www.rechtaufstadt.net/recht-auf-stadt/altona-altstadt-offene-erklaerung-der-anwohnerinnen.

Arps, Jan Ole, „Die Kinder der Nachbarn. Was die Riots in England mit Jugendprotesten in Köln-Kalk verbindet", in: *ak – Analyse & kritik – Zeitung für linke Debatte und Praxis* 565 [online am 21.10.2011; konsultiert am 3. 4. 2019] https://www.akweb.de/ak_s/ak565/35.htm.

Art. „30 Jugendliche greifen Polizisten an – 150 Anwohner applaudieren", in: *Hamburger Abendblatt*, 13. Juli 2013.

Art. „Gewalt in Altona: Massenkrawalle nach Polizeieinsatz", in: *Hamburger Morgenpost*, 12. Juli 2013.

Art. „Massenaggression: Jugendliche schildern ihre Sicht im Video", in: *Hamburger Abendblatt*, 12. Juli 2013.

Art. „Runder Tisch soll Randale in Altona beenden", in: *BILD*, 15. Juli 2013.

Bareis, Ellen, „Warum zünden ‚sie' ‚ihre eigenen' Schulen an? Zur Konstruktion der gefährlichen Vorort-Klasse", in: Karin S. Amos & Helga Cremer-Schäfer (Hg.), Saubere Schulen: Vom Ausbrechen und Ausschließen Jugendlicher, Baden-Baden: Nomos-Verlag, 2007, 89–104.

Behr, Rafael, „Wie man vom ‚Dienstleister' erst zum Helden und dann zum lästigen Übel wird. Die Hamburger Polizei im Jahreswechsel 2013/2014. Gleichzeitig eine Kritik der Hamburger Gefahrengebiete", in: *Vorgänge – Zeitschrift für Bürgerrechte und Gesellschaftspolitik* 4, 204 (2013): 74–81.

Belina, Bernd & Jan Wehrheim, „‚Gefahrengebiete' – Durch die Abstraktion vom Sozialen zur Reproduktion gesellschaftlicher Strukturen", in: *Soziale Probleme. Zeitschrift für soziale Probleme und soziale Kontrolle* 22, 2 (2011): 207–230.

Bezirksamt Hamburg-Altona, *Zukunftsplan Altona. Bürger entwickeln ein Leitbild für die Zukunft* [online im August 2011; konsultiert am 3. 4. 2019] http://zukunftsplan-altona.hamburg.de/contentblob/3043870/data/zukunftsplan-kurzfassung.pdf.

---

81 Ebd., 192.
82 Frances Fox Piven, „Protest movements and violence", in: Seraphim Seferiades & Hank Johnston (Hg.), *Violent Protest, Contentious Politics, and the Neoliberal State*, Farnham: Routledge, 2012, 25.

Bezirksamt Hamburg-Altona, *Begründung Erlass einer Sozialen Erhaltungsverordnung gemäß § 172 Abs. 1 Satz 1 Nr. 2 Baugesetzbuch im Stadtteil Altona-Altstadt (Soziale Erhaltungsverordnung Altona-Altstadt)*, 2012.

Bridge, Gary, Tim Butler & Patrick Le Galès, „Power relations and social mix in metropolitan neighbourhoods in North America and Europe: Moving beyond gentrification?, in: *International Journal of Urban and Regional Research* 38, 4 (2014): 1133–1141.

Bukow, Wolf-Dietrich & Sonja Preißing, „,Wir sind kölsche Jungs'. Die ,Kalker Revolte' – Der Kampf um Partizipation in der urbanen Gesellschaft", in: Angela Pilch Ortega, Andrea Felbinger, Regina Mikula & Rudolf Egger (Hg.), *Macht – Eigensinn – Engagement: Lernprozesse gesellschaftlicher Teilhabe*, Wiesbaden: Springer VS Verlag für Sozialwissenschaften, 2010, 151–171.

Busch, Heiner, „Institutionalisierter Rassismus. Racial Profiling – nicht nur bei Kontrollen", in: *Bürgerrechte & Polizei/CILIP* 12, 104 (2013): 3–11.

Della Porta, Donatella & Bernard Gbikpi, „The riots: a dynamic view", in: Seraphim Seferiades & Hank Johnston (Hg.), *Violent Protest, Contentious Politics, and the Neoliberal State*, Farnham: Routledge, 2012, 87–100.

Dzudzek, Iris & Michael Müller, „Der Lärm des Politischen. Die Londoner riots 2011 und ihre politischen Subjekte", in: *sub/urban. zeitschrift für kritische stadtforschung* 2 (2013): 17–40.

Feest, Johannes & Erhard Blankenburg, *Die Definitionsmacht der Polizei: Strategien der Strafverfolgung und soziale Selektion*, Düsseldorf: Bertelsmann, 1972.

Freie Hansestadt Hamburg: Drucksache 8/1990, Bürgerschaft der Freien und Hansestadt Hamburg; 8. Wahlperiode; 2.11.1976; Mitteilung des Senats an die Bürgerschaft: *Leitlinien für die Hamburgische Ausländerpolitik.*

Freie Hansestadt Hamburg: Drucksache 20/8655, Bürgerschaft der Freien und Hansestadt Hamburg, 19.7.2013: *Schriftliche Kleine Anfrage der Abgeordneten Antje Möller (GRÜNE) vom 12.07.13 und Antwort des Senats. Betr.: Polizeieinsatz 11./12.07. in der Holstenstraße, Auseinandersetzungen mit Anwohnern und Anwohnerinnen.*

Freie Hansestadt Hamburg: Drucksache 20/8735, Bürgerschaft der Freien und Hansestadt Hamburg, 30.7.2013: *Schriftliche Kleine Anfrage der Abgeordneten Antje Möller (GRÜNE) vom 23.7.13 und Antwort des Senats. Betr.: Polizeieinsatz 11./12.07. in der Holstenstraße, Auseinandersetzungen mit Anwohnern und Anwohnerinnen (II).*

Frenzel, Janna, Philippe Greif, Fabian Klein & Sarah Uhlmann, „Riots – Zur Verortung eines unscharfen Phänomens", in: *sub\urban. zeitschrift für kritische stadtforschung* 4, 1 (2016): 7–24.

Friedrich, Sebastian & Johanna Mohrfeldt, „,Das ist normal' – Mechanismen des institutionellen Rassismus in polizeilicher Praxis", in: Opferperspektive e.V. (Hg.), *Rassistische Diskriminierung und rechte Gewalt – beraten, informieren, intervenieren*, Münster: Verlag Westfälisches Dampfboot, 2013, 194–203.

GEWOS, *Altona-Altstadt, Große Bergstraße/Nobistor, vorbereitende Untersuchungen gemäß § 141 BauGB. Grundlagenerarbeitung und Analyse – zusammenfassende Gesamtbewertung Teil A. Entwurf des städtebaulichen Erneuerungskonzepts – planerische Darstellung und Erläuterungsbericht*, Hamburg 2004.

Häußermann, Hartmut, Martin Kronauer & Walter Siebel, *An den Rändern der Städte: Armut und Ausgrenzung*, Frankfurt am Main: Suhrkamp Verlag, 2004.

Hess, Sabine & Henrik Lebuhn, „Politiken der Bürgerschaft. Zur Forschungsdebatte um Migration, Stadt und citizenship", in: sub\urban. zeitschrift für kritische stadtforschung 2, 2 (2014): 11–34.

Holm, Andrej, „Berlin: Armut an den Rand gedrängt", in: Gentrification Blog [online am 4.4.2016; konsultiert am 4.3.2019] https://gentrificationblog.wordpress.com/2016/04/04/berlin/.

Holm, Andrej, „Soziale Mischung. Zur Entstehung und Funktion eines Mythos", in: Forum Wissenschaft 26, 1 (2009): 23–26.

Hradil, Stefan, „Brennende Vorstädte – auch in Deutschland ?", in: Gesellschaft – Wirtschaft – Politik 1 (2006): 9–12.

Isin, Engin, „Citizenship in flux: The figure of the activist citizen", in: Subjectivity 29 (2009): 367–388.

Janicki, Jill Jana & Florian Kasiske, „‚Morgen werdet ihr sehen!' Antimuslimischer Urbanismus und Widerstand in Hamburg-Altona", in: Analyse & Kritik. Zeitung für linke Debatte und Praxis 585 [online am 14.8.2013; konsultiert am 4.3.2019] https://www.akweb.de/ak_s/ak585/26.htm.

Jobard, Fabien, „Riots in France: Political, proto-political or anti-political turmoils?", in: Francis Pakes & Richard Pritchard (Hg.), Unrest and Protest on the Global Stage, Basingstoke: Palgrave McMillan, 2014, 132–150.

Jobard, Fabien, „Zur politischen Theorie der Polizei", in: WestEnd. Neue Zeitschrift für Sozialforschung 10, 1 (2013): 65–77.

Jobard, Fabien & Philippe Greif, „Riot – warum denn riot? Gibt es keinen deutschen Begriff dafür?", in: sub\urban. zeitschrift für kritische stadtforschung 4, 1 (2016): 131–142.

Kaiser, Lena, „Lösungen in Altona. Eltern suchen Gespräch", in: taz, 15. Juli 2014.

Kaiser, Lena & Kai von Appen, „Anwohner beklagen Polizeigewalt. Tumulte in Altona", in: taz, 12. Juli 2013.

Kaiser, Lena & Kristiana Ludwig, „Anwohner Hüsein Göktas über Altonaer Unruhe: ‚Das Problem kennen wir'", in: taz, 16. Juli 2013.

Kaiser, Lena & Kristiana Ludwig, „Eskalation in Hamburg-Altona: ‚Sind wir gefährlich?'", in: taz, 14. Juli 2013.

Keller, Carsten, „Französische Zustände überall? Segregation und die Dispersion von Konflikten in europäischen Städten", in: Bernd Belina, Norbert Gestring, Wolfgang Müller & Detlev Sträter (Hg.), Urbane Differenzen: Disparitäten innerhalb und zwischen Städten, Münster: Verlag Westfälisches Dampfboot, 2011, 231–249.

Keller, Carsten & Franz Schultheis, „Jugend zwischen Prekarität und Aufruhr: Zur sozialen Frage der Gegenwart", in: Schweizerische Zeitschrift für Soziologie 34, 2 (2008): 239–260.

Köster-Eiserfunke, Anna, Clemens Reichhold & Helge Schwiertz, „Citizenship zwischen nationalem Status und aktivistischer Praxis – Eine Einführung", in: Lisa-Marie Heimeshoff et al. (Hg.), Grenzregime II: Migration, Kontrolle, Wissen: Transnationale Perspektiven, Berlin/Hamburg: Assoziation A, 2014, 177–196.

Kronauer, Martin, „Revolte in den Banlieus. Anmerkungen aus deutscher Sicht", in: PROKLA – Zeitschrift für kritische Sozialwissenschaft 37, 2 (2007): 597–602.

Künkel, Jenny, „Cop Culture Reloaded? Wandel und Persistenz schutzpolizeilicher Macht", in: Kriminologisches Journal 46, 4 (2014): 264–283.

Lanz, Stephan, „Der Staat verordnet die Zivilgesellschaft", in: *Widersprüche. Zeitschrift für sozialistische Politik im Bildungs-, Gesundheits- und Sozialbereich* 78 (2000): 39–51.

Lees, Loretta, Tim Butler & Gary Bridge, „Introduction: gentrification, social mix/ing and mixed communities", in: Gary Bridge, Tim Butler & Loretta Lees (Hg.), *Mixed Communities: Gentrification by stealth?*, Bristol: Bristol University Press, 2012, 1–14.

Liebig, Steffen, „Soziale Unruhen als nicht-normierte Konflikte. Das Beispiel der englischen Riots von 2011", in: *PROKLA – Zeitschrift für kritische Sozialwissenschaft* 44, 2 (2014): 271–287.

Loch, Dietmar, „Immigrant youth and urban riots: A comparison of France and Germany", in: *Journal of Ethnic and Migration Studies* 35, 5 (2009): 791–814.

Loch, Dietmar, „Gesellschaftliche Entsolidarisierung gegenüber den banlieues – Städtische Segregation und Stadtpolitik in Frankreich", in: Dietmar Hüser (Hg.), *Frankreichs Empire schlägt zurück: Gesellschaftswandel, Kolonialdebatten und Migrationskulturen im frühen 21. Jahrhundert*, Kassel: Kassel University Press, 2010, 95–121.

Lukas, Tim, „Why are there no riots in Germany? Interactions and mutual perceptions between police forces and minority adolescents", in: David Waddington, Fabien Jobard & Mike King (Hg.), *Rioting in the UK and France: A Comparative Analysis*, Cullompton: Willan, 2009, 216–228.

Lukas, Tim & Jérémie Gauthier, „Warum kontrolliert die Polizei (nicht)? – Unterschiede im Handlungsrepertoire deutscher und französischer Polizisten", in: *Soziale Probleme* 22, 2 (2011): 174–206.

Manley, David, Maarten van Ham & Joe Doherty, „Social Mixing as a Cure for negative neighbourhood effects: Evidence based policy or urban myth?", in: Gary Bridge, Tim Butler & Loretta Lees (Hg.), *Mixed Communities: Gentrification by Stealth?*, Bristol: Bristol University Press, 2012, 151–167.

Mücke, Julika & Moritz Rinn, „Keine riots in Deutschland? Die Ereignisse in Hamburg-Altona im Sommer 2013", in: *sub\urban. zeitschrift für kritische stadtforschung* 4, 1 (2016): 111–130.

Oberwittler, Dietrich, Anina Schwarzenbach & Dominik Gerstner, „Polizei und Jugendliche in multiethnischen Gesellschaften. Ergebnisse der Schulbefragung 2011 ‚Lebenslagen und Risiken von Jugendlichen' in Köln und Mannheim", in: *forschung aktuell – research in brief* 47, Freiburg i. Br.: Max-Planck-Institut für ausländisches und internationales Strafrecht, 2014.

Piven, Frances Fox, „Protest movements and violence", in: Seraphim Seferiades & Hank Johnston (Hg.), *Violent Protest, Contentious Politics, and the Neoliberal State*, Farnham: Routledge, 2012, 19–28.

Polizei Hamburg, Polizeipressestelle, *Widerstand und Landfriedensbruch in Hamburg-Altona* [online 2013; konsultiert am 16.2.2015] http://www.presseportal.de/pm/6337/2512835/pol-hh-130712-3-widerstand-und-landfriedensbruch-in-hamburg-altona.

Rinn, Moritz, *Konflikte um die Stadt für alle: Das Machtfeld der Stadtentwicklungspolitik in Hamburg*, Münster: Westfälisches Dampfboot, 2016.

Sartory, Benjamin, „Duisburg wehrt sich gegen ‚No-Go-Areas'", in: *Deutschlandfunk* [online am 14.1.2016; konsultiert am 3.4.2019] http://www.deutschlandfunk.de/soziale-brennpunkte-duisburg-wehrt-sich-gegen-no-go-areas.862.de.html?dram:article_id=342449.

Shaw, Kate S. & Iris W. Hagemans, „Gentrification without displacement and the consequent loss of place: The effects of class transition on low-income residents of secure housing in gentrifying areas", in: *International Journal of Urban and Regional Research* 39, 2 (2015): 323–341.

Statistikamt Nord, „Bevölkerung mit Migrationshintergrund in den Hamburger Stadtteilen Ende 2013", in: *Statistik informiert Spezial* IX (2014) [online am 22.9.2014; konsultiert am 4.3.2019] https://www.statistik-nord.de/fileadmin/Dokumente/Statistik_informiert_ SPEZIAL/SI_ SPEZIAL_IX_2014_komplett.pdf.

Stadterneuerungs- und Stadtentwicklungsgesellschaft mbH, *Integrierte Stadtteilentwicklung in Altona-Altstadt, Teil A* [online September 2013; konsultiert am 4.3.2019] http://www. altona-altstadt.de/_downloads/2014/IEK/2013-09_IEKAltona-Altstadt_TeilA_einseitig.pdf.

Thörn, Catharina, „Der Aufstand in Stockholm und der Mythos der schwedischen Sozialdemokratie", in: *Sozial.Geschichte Online* 11 (2013): 48–58.

Tsianos, Vassilis, „Urbane Paniken. Zur Entstehung des antimuslimischen Urbanismus", in: Duygu Gürsel, Zülfukar Çetin & Allmende e.V. (Hg.), *Wer Macht Demo_kratie? Kritische Beiträge zu Migration und Machtverhältnissen*, Münster: edition assemblabe, 2013, 22–42.

Utopie TV, Filmreportage *Polizeieinsatz in Altona Altstadt: Pfeffer, Knüppel gegen Jugendliche?* [online am 11.7.2013; konsultiert am 4.3.2019] https://www.youtube.com/watch?v= 5cLlmmM7-mA.

Vogelpohl, Anne, *Mit der Sozialen Erhaltungssatzung Verdrängung verhindern? Zur gesetzlichen Regulation von Aufwertungsprozessen am Beispiel Hamburg* [online 2013; konsultiert am 15.6. 2015] https://www.geo.uni-hamburg.de/geographie/dokumente/ personen/publikationen/ vogelpohl/vogelpohl_soziale-erhaltungssatzung.pdf.

Volkmann, Anne, *Quartierseffekte in der Stadtforschung und in der sozialen Stadtpolitik. Die Rolle des Raumes bei der Reproduktion sozialer Ungleichheit* (= Graue Reihe des Instituts für Stadt und Regionalplanung der Technischen Universität Berlin 36), Berlin: Universitätsverlag der Technischen Universität Berlin, 2012.

Zand-Vakili, André & Dania Maria Hohn, „Erneute Krawallnacht mit brennenden Autos", in: *Hamburger Abendblatt*, 13. Juli 2013.

Laurent Fourchard

Vigilantismus, kollektive Gewalt und urbaner Wandel in sozial benachteiligten Bezirken von Kapstadt (Südafrika) und Ibadan (Nigeria)

Die hohen Mordraten und die wiederholten Ausbrüche kollektiver Gewalt, die seit mehreren Jahrzehnten Nigeria und Südafrika erschüttern, machen die besonders gewaltgeprägte Geschichte dieser beiden Länder nur allzu deutlich – etwa der nigerianische Biafra-Krieg Ende der 1960er Jahre, der Konflikt im Nigerdelta von den 1990er Jahren bis 2006, der *Boko-Haram*-Aufstand seit 2003, die Revolten in den südafrikanischen Townships der 1980er Jahre oder die rassistische Gewalt seit dem Ende der Apartheid.[1] Der vorliegende Aufsatz soll keine Bilanz dieser massenhaften Unruhen und bewaffneten Konflikte ziehen, sondern alltäglichere – und häufig weniger bekannte – Formen der Gewalt in den Blick nehmen wie sie von zivilen Sicherheitsorganisationen in benachteiligten Bezirken von Großstädten ausgeübt werden. Diese Organisationen werden häufig mit dem Begriff „Vigilanten" oder „Vigilantismus" bezeichnet; eine genauere Bestimmung dieses unklaren Begriffs bleibt die Forschung allerdings noch schuldig – vermutlich um den Fallstricken der Kategorisierung zu entgehen.[2]

Vigilantismus ist nicht als Ausdruck staatlichen Versagens oder Niedergangs zu verstehen, als Folge sich auflösender Institutionen, sondern vielmehr als Symptom einer sich neu entfaltenden Staatlichkeit.[3] Hierbei handelt es sich nicht einfach um eine alternative neoliberale Regierungsform: Die in mehreren afrikanischen Ländern untersuchten Organisationen blicken im Gegenteil auf eine Geschichte zurück, die lange vor der Einführung der neoliberalen Politik in den

---

1 Südafrika hat weltweit eine der höchsten Mordraten, wenn diese auch zwischen 1994 und 2012 von 66 auf 30 Morde pro 100.000 Einwohner zurückgegangen ist, d. h. von 26.000 (1994) auf 15.000 (2012) Morde pro Jahr.

2 David Pratten & Atreyee Sen, *Global Vigilantes: Perspectives on Justice and Violence*, London: Hurst, 2007.

3 Achille Mbembe bezeichnet diese neue Staatlichkeit als „indirekte Privatregierung" („Du gouvernement privé indirect", in: *Politique Africaine* 73 (1999): 103–122). Christian Lund spricht von „zwielichten Institutionen" („Twilight institutions: public authority and local politics in Africa", in: *Development and Change* 37, 4 (2006): 685–705).

https://doi.org/10.1515/9783110658354-007

1980er und 1990er Jahren ihren Lauf nahm.[4] Auch beschränken sich diese Gruppierungen nicht darauf, durch eigenes Handeln das Versagen des Staates zu kompensieren. Vielmehr haben sie durch ihre Verwurzelung in spezifischen historischen Kontexten eine zentrale Rolle in der Konstruktion von vorgestellten Gemeinschaften erlangt. So haben zahlreiche Studien gezeigt, dass die alltäglichen Abläufe in den Organisationen zur Definition und Abgrenzung moralischer Gemeinschaften beitragen.[5] Die Vigilanten machen spezifische Zielgruppen aus und treiben dann die Konstruktion ontologischer Kategorien von Menschen voran (Migranten, alleinstehende Frauen, Homosexuelle, Jugendliche, andere Ethnien, Auswärtige etc.), die diese Gemeinschaften vorgeblich zu spalten drohen. Der Einsatz von Gewalt ist hierbei ein wesentlicher Bestandteil der so geschaffenen Autorität und der Abgrenzung der Gemeinschaft nach außen. Sie kann eine performative Wirkung entfalten und Einfluss auf die Integration oder den Ausschluss von Personen aus der so konstruierten Gemeinschaft ausüben.

Dieses Forschungsfeld der Afrikastudien ist besonders komplex und vielseitig und hat auf globaler Ebene durchaus Pionierarbeit geleistet. Doch der urbane Kontext, in dem diese Gruppierungen operieren, wurde bisher meist als sekundär angesehen. Die Verknüpfung von Vigilantismus und urbanem Wandel kann aber neue Richtungen innerhalb des Feldes aufzeigen, wie hier ausgehend von zwei spezifischen historischen Erfahrungen dargelegt werden soll.

Verortet in der historischen Soziologie des Politischen analysiere ich die Verstrickungen von Vigilantismus, die Erfindung moralischer Gemeinschaften und die Konstruktion politischer Autorität anhand eines Vergleichs zwischen dem in den 1950er Jahren gegründeten Kapstadter Vorort *Cape Flats* und den historischen Vierteln der nigerianischen Großstadt Ibadan. In beiden urbanen Gebieten sind seit der Kolonialzeit und Apartheid regelmäßig operierende Vigilanten etabliert, doch die jeweiligen Strategien der staatlichen Behörden gegenüber diesen Organisationen unterscheiden sich radikal voneinander: Der südafrikanische Staat versucht, planend einzugreifen, der nigerianische hingegen setzt auf politisches *Laissez-faire*. Hier sollen also die Erkenntnisse der Vigilantismusforschung mit den teilweise staatlich beförderten urbanen Wandlungsprozessen in

---

4 Siehe insb. David Pratten, „Singing thieves: history and practice in Nigerian popular justice", in: Pratten & Sen, *Global Vigilantes*, 174–206; Jeremy Seekings, „Social ordering and control in the African townships of South Africa: an historical overview of extra-state initiatives from the 1940s to the 1990s", in: Wilfried Scharf & Daniel Nina (Hg.), *The Other Law: Non-State Ordering in South Africa*, Cape Town: Juta Law, 2001, 71–97; Laurent Fourchard, „A new name for an old practice, vigilante in South Western Nigeria", in: *Africa* 78, 1 (2008): 16–40.
5 Lars Buur & Steffen Jensen, „Introduction: vigilantism and the policing of everyday life in South Africa", in: *African Studies* 63, 2 (2004): 139–152.

diesen beiden Räumen verknüpft werden, um so die Singularität der jeweiligen Praktiken herauszustellen und den Einsatz von Gewalt in diesen beiden Metropolen näher zu beleuchten.

Beschäftigt man sich mit der Dynamik kollektiver Gewalt in urbanen Räumen, so bietet die Soziologie der sozialen Bewegungen und des politischen Protests interessante Ansätze, die auch neue Blickwinkel auf militante Dynamiken im Umgang mit dem Sicherheitsproblem der *Cape Flats* seit dem Ende der Apartheid eröffnen können. Wie auch im restlichen Land versucht hier die südafrikanische Polizei, den Vigilantismus durch Maßnahmen des *community policing* zu ersetzen, die die traditionell benachteiligten Bevölkerungsgruppen der Polizei näherbringen sollen. Doch vor dem Hintergrund des dramatischen Anstiegs von Arbeitslosigkeit und Drogenkonsum ist die Methode, sich zum Erhalt der Sicherheit auf die *communities* zu stützen, vor allem zu einer politischen Ressource der großen Parteien des Landes geworden. Dieser Aspekt hat noch kaum Eingang in die *policing*-Forschung gefunden, dabei wird heute in den *Cape Flats* massiv für Sicherheitsaktionen geworben, die in einem Kontext von politischer Instabilität und allgemeinem Unsicherheitsklima das ambivalente Verhältnis zwischen den politischen Parteien und den Initiativen der Bevölkerung verdeutlichen. Urbane Gewalt und Politik gehen hier Hand in Hand.

Vigilantismus, moralische Gemeinschaft und politische Autorität

Vigilanten operieren historisch fast immer innerhalb eines begrenzten Viertels, in dem sie das Zusammenleben der Einwohnerinnen und Einwohner lenken. Auf dieser sehr lokalen Ebene lassen sich Veränderungen und Kontinuität in der alltäglichen Wahrung von Sicherheit und Ordnung gut nachvollziehen: wie die Ordnungskräfte konkret vorgehen, wie Gewalt eingesetzt wird, auf welche Gruppen die freiwilligen zivilen Ordnungshüter sich konzentrieren und wie präsent oder abwesend die staatlichen Beamten sind.

Diese historisch verfassten Praktiken sollen hier anhand von zwei urbanen Räumen untersucht werden, den Vierteln im Stadtkern Ibadans und den Townships von Kapstadt. Diese beiden Räume unterscheiden sich fundamental voneinander: Die *Cape Flats* sind in den 1950er Jahren auf einen Beschluss der südafrikanischen Regierung zur gesammelten Unterbringung und sozialen Kontrolle der schwarzen und farbigen (*coloured*) Bevölkerung hin entstanden, während der nigerianische Staat im 20. Jahrhundert keinerlei Eingriffe zur Umgestaltung oder Instandsetzung der historischen Viertel Ibadans vorgenommen hat.

Diese ungleiche staatliche Intervention in den urbanen Raum wirkt sich auch auf die Vorgehensweisen der Vigilanten-Gruppen aus.

Vigilantismus, Gewalt und urbane Sammelunterbringung in den Cape Flats

Bis zu den 1950er Jahren war das heutige Gebiet der *Cape Flats* ein weitläufiges, von Bauern bewohntes sandiges Areal mit mehreren Militärzonen am östlichen Rand von Kapstadt. Im Zuge der Apartheid beschlossen die Regierung und die Kapstadter Stadtverwaltung, dort ein Wohnviertel zu errichten, das die farbigen und schwarzen Bevölkerungsgruppen aufnehmen sollte, die zuvor aus dem gemischten Viertel *District Six* und aus besetzten Häusern am Stadtrand „removed"[6] worden waren.[7] Ab Mitte der 1950er Jahre wurden *District Six* und die besetzten Häuser abgerissen und die dort lebenden Schwarzen ohne geregelten Aufenthaltsstatus in ländliche Reservate zwangsverschickt. Die schwarze Bevölkerung mit legalen Aufenthaltstiteln sowie die farbige und weiße Bevölkerung wurden auf verschiedene Townships verteilt und umgesiedelt – zumeist entsprechend ihrer jeweiligen Hautfarbe in verschiedene Wohnungen (daher auch die Bezeichnung *Cape Flats* oder nur *Flats*). Ende 1956 wurden 9.000 unverheiratete Männer, die zuvor auf die vielen besetzten Häuser der Halbinsel verteilt lebten, in Kategorien unterteilt und in 849 Arbeiterbaracken (*barracks*) zu jeweils sechzehn Männern untergebracht.[8] Nach Abschluss dieses Großunternehmens lebten insgesamt 19.000 Männer im Viertel, davon 18.000 Alleinstehende.[9]

Diese Operationen waren Teil des rassistischen Modernisierungsprojekts der Apartheidsregierung der 1950er Jahre, die die Bevölkerung stärker behördlich kontrollierte. So mussten etwa schwarze Südafrikanerinnen und -afrikaner einen *pass* (Ausweisdokument, das ursprünglich für Arbeitsmigranten vorgesehen war) mit sich tragen, das *Native Affairs Department* erhielt verstärkten Einfluss auf Stadtverwaltungen in der Umsetzung urbaner Großprojekte (insbesondere be-

---

6 Behördliche Maßnahme, die darin besteht, in unregelmäßigen Intervallen aus bestimmten Stadtvierteln all jene zu vertreiben, die der Staat als unerwünscht oder illegal ansieht.
7 Sean Field, „Windermere: Squatters, slumyards and removals, 1920–1960s", in: ders. (Hg.), *Lost Communities, Living Memories. Remembering Forced Removals in Cape Town*, Cape Town: David Philip Publishers, 2001, 27–43.
8 Cape Town Archives, 2/OBS 3/1 680, Progress report on action taken by the council for the provision of Native housing for the period May to October 1956.
9 Cape Town Archives, AWC, 3/1, City of Cape town, town clerk department, native authorities branch, Memorandum in the urban area of the city of Cape Town, undatiert, ca. 1960.

züglich der Vertreibung von Bevölkerungsgruppen und der Zuweisung von Wohnungen), der Staat griff mittels Neugründung zahlreicher Gerichtshöfe, Wohlfahrtsvereine und Bildungseinrichtungen verstärkt in das Familienleben von armen Stadtbewohnern, Farbigen und Schwarzen ein, und der illegale Vertrieb von Alkohol sollte durch ein staatlich kontrolliertes Vertriebsnetzwerk ersetzt werden.[10] Diese Maßnahmen waren weder kohärent noch effizient, doch hat diese verstärkte Bürokratisierung die Lebensweise der Stadtbevölkerung tief und nachhaltig beeinflusst.

Die familiären Brüche durch die Vertreibung aus den bisherigen Wohnvierteln, die Niederschlagung der illegalen Ökonomie, von der zahlreiche arme Familien gelebt hatten, die Enge der neuen Wohnungen, die außerordentlich rigiden Polizeikontrollen und das Erstarken der Gangs in den vornehmlich von Farbigen bewohnten Vierteln schufen ein allgemeines Klima der Unsicherheit. Schon bald wurden die tristen Vororte der *Cape Flats* zu einem Raum endemischer Gewalt. So schätzte etwa eine Studie, die 2.000 in den Jahren 1968 bis 1970 begangene Gewalttaten untersuchte, die Wahrscheinlichkeit, mindestens einmal im Leben verprügelt zu werden, für die schwarzen und farbigen männlichen Bewohner der *Cape Flats* als sehr hoch ein.[11] In den vornehmlich von Farbigen bewohnten Townships vervielfachten sich die in den 1950er Jahren noch sehr wenigen Gangs auf mehrere Hundert Gruppierungen mit jeweils 100 bis 2.000 Mitgliedern.[12] Nach und nach entstanden Organisationen, die sowohl gegen Bandendiebstahl vorgehen als auch ein gewisses Gemeinschaftsgefühl wiederherstellen wollten, das durch die Umsiedelung in die dürftigen Wohnungen der *Cape Flats* zerstört worden war.

Diese Gruppen organisierten sich hauptsächlich mithilfe von städtisch geförderten Vereinigungen. Nach dem Massaker von Sharpeville im März 1960 waren die Anti-Apartheid-Anführer in den Untergrund gegangen und hatten ein politisches Vakuum hinterlassen, das nun die Leiter der lokalen Vereinigungen ausfüllten.[13] Wegen der verstärkten Überwachung mussten diese ihre politischen

---

10 Ivan Evans, *Bureaucracy and Race, Native Administration in South Africa*, Berkley, Los Angeles & London: Berkeley University Press, 1997; Keith Breckenridge, „Verwoerd's bureau of proof: total information in the making of apartheid", in: *History Workshop Journal* 59, 1 (2005): 83–108; Laurent Fourchard, Manufacturer les differences: Exclusion et violence dans les métropoles du Nigeria et de l'Afrique du Sud, Habilitationsschrift, Paris, Sciences Po, 2014.
11 Art. „Violence Survey Social Chaos's on the Cape Flats", in: *Cape Times*, 1. Mai 1970.
12 Don Pinock, *The Brotherhoods: Street Gangs and State Control in Cape Town*, Cape Town: David Philip Publishers, 1984.
13 Die Niederschlagung der Demonstration in Sharpeville im März 1960 hatte noch im selben Jahr das Verbot der beiden wichtigsten Anti-Apartheid-Bewegungen – des African National Congress (ANC) und des Pan African Congress (PAC) – zur Folge.

Forderungen zurückstellen und sich auf weniger politisierte Themen wie den Kampf gegen das Verbrechen konzentrieren. So etwa die *vigilance-* oder *Ilizo-Lomzi*-Bewegung (auf IsiXhosa „das Auge des Hauses"): Diese Strukturen hatten sich seit dem ausgehenden 19. Jahrhundert in den Städten der Provinzen Westkap und Ostkap für den Zugang der schwarzen Steuerzahler zu Bildung, Gesundheitsversorgung und Wohnraum eingesetzt und widmeten sich ab den 1960er Jahren nun fast ausschließlich dem Kampf gegen Jugendkriminalität. Aufschlussreich ist in diesem Kontext auch der veränderte Diskurs der wichtigsten Einwohnervereinigung des Townships *Nyanga West*, die 1959 zur Aufnahme der umgesiedelten Familien gegründet worden war. Ihr Gründungsauftrag war, den Beschwerden der Einwohner über die extrem häufigen Polizeirazzien und allgemeiner „über die von Unfreiheit und Unterdrückung geprägten Lebensbedingungen der Familien in diesem Township"[14] eine Stimme zu geben. Doch schon 1961 verlagerte die Vereinigung ihre Aktivitäten auf die mangelnde Sicherheit und die undisziplinierte Jugend im Township und eiferte damit einer Konkurrenzorganisation nach, die stärker von den lokalen Behörden gefördert wurde.[15]

Die Vereinigungen, die eine solche soziale Kontrolle auszuüben suchten, stellten sich als moralische Vorbilder dar und befeuerten das bürgerschaftliche Ehrgefühl. Die *Vigilante association* von *Nyanga West* forderte so etwa von allen Eltern, ihre Kinder nach 20 Uhr zuhause zu behalten. Im gegenteiligen Fall würden die Familien, falls keine zufriedenstellende Erklärung geliefert werden könne, aus dem Township ausgewiesen werden.[16] Zu diesem Zweck richtete sie eine Bürgerwehr ein, die damit betraut war, „Jugendliche, Faulenzer und Straftäter" in den Straßen des Townships aufzugreifen. Das Township wurde in zwölf Abschnitte eingeteilt, in denen jeweils eine Gruppe von Freiwilligen patrouillierte.[17] Die Konkurrenzorganisation, die *Vigilant league of decency of Guguletu* oder *Ilizo Lomzi wase Guguletu*, rief ihrerseits 1964 eine Verfassung aus, die zum Ziel hatte, „die Jugend von schlechtem Verhalten abzubringen, Prävention zu fördern und die verschiedenen Formen devianten Verhaltens bei Kindern und Jugendlichen zu bekämpfen"[18]. Jedes Mitglied der Vereinigung war angehalten, „als Vorbild zu fungieren, ehrlich und fleißig zu sein, den Schwachen und Kranken zu helfen und

---

14 Cape Town Archives, WC 2/6, Nyanga West Vigilance association to native Administration Office, Langa, 5. September 1961.
15 Art. „Nyanga move against loiterers", in: *Cape Times*, 7. November 1961.
16 Art. „Let us form civil guard, say Nyanga residents", in: *Cape Times*, 25. September 1961.
17 Art. „Nyanga move against Loiterers".
18 Cape Town Archives, AWC 2/8, Constitution of the vigilant league of decency of Guguletu, 21. September 1964.

sich stets gut zu benehmen". Eltern wurden aufgefordert, ihre Kinder im Zaum zu halten und ihnen den nächtlichen Ausgang auf die Straßen zu verbieten.[19]

Diese moralische Umerziehung des Townships ging hauptsächlich durch eine besonders strenge Strafkultur gegenüber Kindern und Jugendlichen vonstatten. Abie Sumbulu, der in den 1960er Jahren als Kind im *Guguletu*-Viertel lebte, erinnert sich daran, mehrfach Stockhiebe von einer *Ilizo-Lomzi*-Gruppe erhalten zu haben, weil er im Dunkeln nach Hause kam. Der Gewalt schienen damals keine Grenzen gesetzt – der Junge hatte den Eindruck, dass er nur deshalb mit dem Leben davongekommen sei, weil er es geschafft hatte, seinen Angreifern zu entfliehen – und war dennoch gesellschaftlich toleriert. Niemand wäre auf die Idee gekommen, die *Ilizo Lomzi* anzuzeigen.[20] Tembile Ndabeni, der 1963 in *Guguletu* zur Welt kam, erinnert sich ebenfalls daran, wie die Kinder und Jugendlichen von allen Seiten gezwungen wurden, sich einem Regelapparat anzupassen, der gegen ihre Freiheit und für die Wahrung von Moral und gesellschaftlichem Miteinander im Township errichtet worden war:

> Diejenigen, die nachts im Viertel patrouillierten, waren erwachsene Männer. Sie taten dies täglich nach ihrer Arbeit, wenn es ihr Zeitplan zuließ. Ich weiß nicht, wo sie die Energie hernahmen. In unseren Kinderköpfen hießen sie *Amavolontiya*, das war unsere Übersetzung von „Freiwilliger" – ein Wort, das für uns keine andere Bedeutung hatte, als nachts zu patrouillieren. Die *Amavolontiya* waren vor allem damit beschäftigt, Kinder und Jugendliche aufzufordern, nach Hause zu gehen. Kinder durften nachts nicht auf der Straße unterwegs sein. Wenn wir (als Kinder) keine triftige Erklärung liefern konnten, dann würden wir *sjamboked*[21]. Diese Überwachung wurde für einzelne Straßen bzw. Blocks organisiert. In meiner Straße gab es einen, der wirklich von den Jugendlichen respektiert wurde. Wenn Müll auf der Straße lag, musstest Du Dich am nächsten Morgen entschuldigen, um nicht verprügelt zu werden. Andere in meiner Straße hatten Handschellen und sie benutzten sie, um die *tstosis*, die Glücksspiel betrieben oder vor einem Geschäft mit Würfeln spielten, der Polizei zu übergeben.[22]

Jugendliche und *tstosis* – ein in den meisten Townships verbreiteter verallgemeinernder Begriff für Gangster, Kleinkriminelle und Müßiggänger – gehörten für die Patrouillen zu ein und derselben Kategorie des Straftäters. Die in den Augen der *Guguletu*-Liga „devianten Verhaltensweisen" beinhalteten eine Vielzahl alltäglicher Praktiken (sich im Dunkeln auf der Straße herumtreiben, Würfel spielen, die Straße verschmutzen usw.), die als „Delikt" eingestuft wurden. Diese

---

19 Cape Town Archives, AWC 2/8, Director Bantu administration to the secreatry Ilizo Lomzi, Guguletu section, 19. August 1965.
20 Interview mit Abie Sumbulu, Bordeaux, März 2015.
21 D.h. mit einem *Sjambok*, einer ledernen Peitsche, ausgepeitscht.
22 Interview mit Tabile Ndabeni, Kapstadt, März 2009.

Organisationen verschmolzen den Kampf gegen Körperverletzung und Vandalismus mit moralischen Normen, die sich gegen die Jugend richteten. Diese Fusion von gesetzlicher und moralischer Erziehungsarbeit definierte und begründete die moralischen Gemeinschaften.[23]

Auch die Organisation der *Peacemakers*, die Anfang der 1970er Jahre im Nachbarviertel Manenberg entstand, entsprach diesem Modell. Von ihrer ursprünglichen Popularität zeugen ihre Mitgliederzahl und die Geschwindigkeit, mit der sich die Bevölkerung ihr anschloss: Innerhalb weniger Monate zählte die Vereinigung bereits zwischen 1.200 und 2.000 Mitglieder in einem Bezirk, der damals nur 34.000 Einwohner hatte.[24] Die *Peacemakers* eigneten sich den kasernenhaften Raum an, den die Ingenieure der Apartheid geschaffen hatten, insbesondere die um einen zentralen Hof errichteten dreistöckigen Gebäude (*the Courts*): Dort versammelten sich die mit Stöcken bewaffneten Mitglieder am Wochenende abends um ein Lagerfeuer, um die Gangs von ihren Machenschaften abzuhalten und einen Raum familiärer Geselligkeit zu schaffen:

> Wenn wir in den Höfen im Einsatz waren, tranken wir im Winter Suppe, Tee und Kaffee und wir stellten Lichter auf. Wir diskutierten und entspannten uns im Licht des Lagerfeuers, wo wir Domino und andere Spiele spielten. Alle lernten sich kennen und so ist eine echte Gemeinschaft entstanden.[25]

Wie die *Ilizo Lomzi* der Nachbar-Townships waren auch die *Peacemakers* sehr gewalttätig. Die ehemaligen Mitglieder geben zu, dass körperliche Züchtigung notwendig gewesen sei, um die jungen Menschen an den Respekt vor den Älteren zu erinnern.[26] Auch schreckten sie nicht davor zurück, sich mit bis zu 1.000 Personen – so einige Zeitzeugenaussagen – verschiedenen Gangs (den *Mongrels*, den *Born free kids* und den *Mafias*) entgegenzustellen.[27] Das Innenministerium hatte ihr Vorgehen autorisiert, und die lokalen Behörden wurden regelmäßig über

---

23 Ray Abrahams, „Some thoughts on the comparative study of vigilantism", in: Pratten & Sen, *Global Vigilantes*, 426.

24 National Institute for Crime Prevention and the rehabilitation of Offenders, *Living in Manenberg and Bonteheuwel, Workshop on the Living Conditions in some Coloured Townships on the Cape Flats, and Their Implications for the Incidence of Deviant Behavior*, Cape Town, 1975.

25 Interview mit Aefan Davids, ehemaliger Peacemaker, Manenberg, Kapstadt, Februar 2009.

26 „We spoke to peoples but if they didn't understand, we needed to correct them. Whatever has been told to the guy, it cannot do it again. Otherwise we gave him a bloody good hiding. Members of the community should pay respect of the elders; respect the parents and respect the authority." (Interview mit Aefan Davids, ehemaliger Peacemaker, Manenberg, Kapstadt, Februar 2009.)

27 Interview mit Robin Roberts, ehemaliger Peacemaker, Manenberg, Kapstadt, Mai 2009.

ihre Operationen informiert.[28] 1976 empfahl eine Kommission, die Mitglieder der Gruppe zu autorisieren, jugendliche Delinquenten mit „körperlichen Strafen" zu züchtigen, wobei der Ausdruck nicht weiter definiert wurde.[29] Erst 1979 wurde die Gruppe verboten, nicht jedoch wegen ihrer Gewalttätigkeit, sondern weil sich mehrere Mitglieder der Anti-Apartheid-Protestbewegung angeschlossen hatten, die die Aufstände von Soweto von 1976 losgetreten hatten.

Mit der Schaffung von trostlosen Modellvororten wollte die Regierung in erster Linie ihre soziale und rassenpolitische Kontrollmacht stärken. Die alltägliche Unsicherheit in den Townships bekümmerte die Behörden kaum, wie es die halbherzige Ahndung durch Polizei und Justiz von Verstößen gegen das gemeine Recht und von interpersoneller Gewalt bezeugt – beide Bereiche wurden systematisch von Polizei und Behörden unterschätzt.[30] Ab den 1950er Jahren verstärkten die südafrikanischen Behörden einerseits ihre bürokratische Kontrolle in den Townships, andererseits überließen sie beträchtliche polizeiliche Befugnisse den zahlreichen lokalen Bürgerorganisationen. So kamen mit der verstärkten Bürokratie zugleich mehr und mehr soziale Akteure, die von ihrer Befugnis zu strafen – solange nur die Autorität des Staates nicht darunter litt – Gebrauch machten. Die Bürokratisierung der Townships hat also kaum zur Eingrenzung der autonomen Gewaltausübung der Vigilanten beigetragen.

Vigilantismus, Gewalt und Nichteinmischung in Ibadan

Im Gegensatz zu den *Cape Flats*, ein Produkt der Segregationspolitik der Apartheid, blieb der historische Stadtkern Ibadans größtenteils von den britischen Ingenieuren und Stadtplanern verschont. Die Stadt wurde 1829 ca. 120 Kilometer nördlich von Lagos von Kriegsherren gegründet, die mit den benachbarten Stadtstaaten um die Kontrolle der Handelsrouten zwischen den wichtigsten Häfen des Sklavenhandels der Küste – Lagos und Ouidah (in der heutigen Republik Benin) – und dem wirtschaftlich blühenden Kalifat von Sokoto (im Norden des heutigen Nigerias) kämpften. Ibadan war Ende des 19. Jahrhunderts eine der größten Städte ganz Afrikas (es soll 100.000 Einwohner, hauptsächlich Soldaten, Geflüchtete, Sklaven und Händler, gehabt haben). Nach der britischen Eroberung

---

28 Cape Town Archives, ACT, 3CT 1/4/18/1, Suburban management, Athlone and District Management committee minutes, 1974–1976.
29 Viljoen Commission, *Commission of Enquiry into the Penal System of the Republic of South Africa*, Pretoria/Republic of South Africa, 1976, 37.
30 Ein verbreitetes Phänomen in der kolonialen Welt: Emmanuel Blanchard, „Ordre colonial", in: *Genèses* 86, 1 (2012): 5.

setzte sich wie in der gesamten Kolonie auch in Ibadan die Doktrin der *Indirect Rule*[31] durch: Die *Native Authorities* bewahrten ihre Hoheit über Polizei, Steuern und Rechtsprechung in den präkolonialen Stadtkernen. Die Kolonialbehörden beschränkten ihre Einflussnahme auf Ibadan bewusst – ihr größtes Projekt war der Bau einer Straße als Zugang zu den historischen Vierteln –, um die sozialen Hierarchien der den Native Authorities unterstellten Gebiete nicht zu gefährden.

Das hier untersuchte *Bere*-Viertel bestand aus weitläufigen Wohneinheiten (*compounds* oder *ile*), die von Anführern hochrangiger Abstammung (*mogaji*) kontrolliert wurden, welche entweder Kriegsherren (*balorun*) oder Stadtverwalter (*baale*) waren. Im 19. Jahrhundert hingen Reichtum und Vermögen dieser Chefs von ihren Kriegsverdiensten, von der Zahl ihrer Untergebenen und Anverwandtschaft (Frauen, Kinder, Sklaven, Bauern und bis zu 2.000 Soldaten) sowie vom Prestige ihrer Abstammung ab, die in Lobliedern besungen wurde.[32] Der Ehrbegriff basierte auf der öffentlichen Anerkennung und sozialen Wertschätzung (*ola*) der wichtigen Familien der Stadt. Mit der *Pax britannica* setzte sich der Stand der *baale* als Vermittler der Kolonialmacht auf Ebene der einzelnen Stadtviertel durch. Später wurden die *ile* des 19. Jahrhunderts in zahlreiche Wohnungen aufgeteilt, die nicht mehr ausschließlich an Schutzbefohlene des *baale* vermietet wurden. Dennoch hatten die *baale* nach wie vor maßgeblichen Einfluss auf die Bewohner und waren ab den ausgehenden 1930er Jahren die treibenden Kräfte in der Organisation der Vigilantengruppen (genannt *sode sode*).

Anders als in Kapstadt wurden diese Gruppen nicht gegründet, um die vermeintliche Gefahr einer undisziplinierten Jugend abzuwehren, sondern um Ereignissen wie bewaffnetem Raub oder Einbruch entgegenzutreten. Die *baale* baten die Familienoberhäupter, Freiwillige zu benennen, die nachts in den Vierteln patrouillierten und dabei zum Klang einer Glocke „*Ko n ilé gbele*" riefen („Bleibt zuhause, die Wache ist unterwegs").[33] Das System beruhte auf der freiwilligen Akzeptanz dieser Sperrstunde durch die Bewohner sowie auf der Fähigkeit der Oberhäupter, die jüngsten Familienmitglieder zu mobilisieren. Die Freiwilligen waren mit Stöcken, Pfeifen und vor allem auch mit verschiedenen Amuletten ausgestattet, die ihnen die *baale* übergaben und die entweder Schutz boten (indem sie z. B. unsichtbar machen oder Munition abwehren konnten) oder umfassende polizeiliche Gewalt verliehen (indem sie z. B. flüchtige Diebe „lähmen" oder

---

31 Die *Indirect Rule*, konzipiert vom Generalgouverneur des Protektorats Nordnigeria Baron Lugard, bestand darin, autochthonen Anführern (den sog. *native authorities*) umfassende administrative, polizeiliche und steuerliche Befugnisse zuzuerkennen.
32 Karin Barber, *I Could Speak Until Tomorrow: Oriki, Women and the Past in a Yoruba Town*, London: Edinburgh University Press for the International African Institute, 1991, 203.
33 Interview mit Wahabi Lawal, Ibadan, 14. Januar 2003.

Verdächtige töten konnten, indem sie ihnen ein Amulett in die Hand legten).[34] All dies spielte sich in gänzlicher Abwesenheit sowohl der autochthonen Polizei als auch der *Nigeria Police Force* ab.[35]

Die polizeilichen Praktiken der *sode sode* unterschieden sich deutlich von denen der *Cape Flats:* Die von den *baale* einberufenen Patrouillen bestanden aus sehr jungen Männern, die jeden Abend die Ein- und Ausgänge sowie die Bewegungen innerhalb des Viertels kontrollierten. Sobald sich das Sicherheitsgefühl wieder eingestellt hatte, wurden die Patrouillen aufgelöst und bei Bedarf wieder einberufen. Die Unsicherheit empfand man hierbei niemals als inhärentes Problem des Viertels: Durch die spezifische Morphologie des historischen Stadtkerns (der hauptsächlich aus engen, nur von den Bewohnern genutzten Gassen besteht, mit wenigen öffentlichen Räumen und Straßen und einem starken Nachbarschaftsgefühl) und die soziale Kontrolle, die die *baale* über die Einwohner ausübten, boten diese Bezirke ein sicheres Umfeld. Nach Mabogunjes Einschätzung waren diese historischen Stadtviertel daher zu Beginn der 1960er Jahre – obschon sie wegen der allgemeinen Armut der Haushalte, der fehlenden sanitären Grundversorgung und des ruinösen Zustands der Häuser als Slums galten – durchaus keine Zonen, in denen Delikte, Kriminalität und Devianz an der Tagesordnung waren.[36] Anders als in den *Cape Flats*, wo sich die moralische Gemeinschaft auf die Kontrolle der Jugend gründete, entstand sie in Ibadan aus der Autorität der *baale* heraus, die die Bewohner vor den Gefahren schützten, die in deren Wahrnehmung von außen drohten (*armed robbers*, *armed burglars* oder *jaguda boys*).

Ihr Ehrbegriff gebot es den wichtigsten Familienoberhäuptern, die Kinder und Jugendlichen des Viertels mit körperlicher Gewalt und Verbannung zu bestrafen, um die Kontrolle über die Gemeinschaft zu bewahren.

> Als wir jung waren, war das so: Wenn ein Kind ein Dieb war und die Leute aus dem Viertel davon erfuhren, informierten sie die Familie des Kindes und die Familie musste das Kind wieder auf den rechten Weg bringen. Wenn es aber weitermachte, jagte die Familie es aus dem Viertel und aus der Stadt, um ihren Ruf und die Familienehre zu wahren.[37]

---

34 Interviews mit Raliatu Adekanbi, 21. Januar 2003, Rasheed Aderinto, 22. Januar 2003, und Amusa Adedupo, 29. Januar 2003, alle in Ibadan.
35 Interviews mit Asiru Oluokun, Ibadan, 6. Februar 2003, und Amusa Adedupo, Ibadan, 2. Januar 2003.
36 Akin Mabogunje, *Urbanisation in Nigeria,* London: University of London Press, 1968, 235.
37 Interview mit Alhadi G. O. Alatise, Ibadan, 23. Januar 2003.

Für andere, also jene, die nicht aus dem Viertel stammten, fielen die Strafen unterschiedlich und oft noch drastischer aus: Sie mussten beispielsweise in den benachbarten Wäldern zugunsten der *baale* landwirtschaftliche Arbeit leisten[38] oder wurden zurück in ihr Herkunftsdorf verwiesen, doch konnten sie auch auf der Stelle mit Amuletten oder Feuerwaffen hingerichtet oder in Nachbargemeinden ausgewiesen werden, in denen bewaffnete Räuber hingerichtet wurden.[39] Wurde ein Gesetzesbrecher in flagranti erwischt, konnten auch Bagatelldelikte im Schnellverfahren geahndet werden: So berichtete die Presse häufig von Opfern, die totgeschlagen worden waren, weil sie zur falschen Zeit im Viertel „spazieren gegangen" seien.

Um die 1970er Jahre wurden diese Patrouillen durch bezahlte Wächter (*ode* oder *vigilante*) ersetzt. Das Aufkommen von aggressiveren kriminellen Praktiken und die Zirkulation von Maschinenpistolen nach dem Ende des Bürgerkriegs (1967–1970) hatten die Macht der Amulette (*charms*) der *baale* geschwächt. In diesem Teil Nigerias wurden die magischen Kräfte der Alten zwar nicht gegen die gesellschaftlichen Veränderungen eingesetzt,[40] doch waren sich die Alten darüber einig, dass die *charms* der *baale* sich nur schwer oder überhaupt nicht gegen die modernen Waffen durchsetzen konnten: „Die lokal hergestellten Gewehre konnten den *sode sode* nichts anhaben, da die *charms* Kontrolle über sie hatten, aber mit den ausländischen Gewehren ist dies nicht mehr möglich, sie töten!"[41] Zahlreiche Alte beklagten auch, dass sich zudem immer weniger Freiwillige meldeten und immer mehr Krankheit vorschützten: „Wegen dieses Mangels an Gemeinschaftssinn funktioniert das System der *sode sode* nicht mehr. Früher respektierten die Leute die Meinung des *baale*; heute ist dies nicht mehr der Fall."[42] Dies zeugt zum einen vom Machtverlust der Oberhäupter der Viertel und Familien in ihrer Funktion, das Verhalten der Kinder und Jugendlichen zu führen, insbesondere was die zeitaufwändige, anstrengende und gefährliche Aufgabe der *sode sode* betrifft. Zum anderen wird hier der langfristige Prozess der Aufspaltung der tradierten Gemeinschaftsformen deutlich, der das urbane Afrika des 20. Jahrhunderts – und insbesondere auch Ibadan – geprägt hat,[43] angetrieben

---

38 Interview mit Rasheed Aderinto, Ibadan, 22. Januar 2003.
39 Interview mit Amusa Adedupo, Ibadan, 29. Januar 2003.
40 Peter Geschiere, *Sorcellerie et politique en Afrique. La viande des autres*, Paris: Karthala 1995.
41 Interview mit Amusa Adedapo, Ibadan, 29 janvier 2003.
42 Interview mit Oyeyemi Ajari, Alhadi G. O. Alatise, Ibadan, 23. Januar 2003, und Raliatu Adekanbi, Ibadan, 21. Januar 2003.
43 Georges Balandier, *Sociologie des Brazzavilles noires*, Paris: Presses de Sciences Po, 1995; AbdouMaliq Simone, *For the City Yet to Come. Changing African Life in Four Cities*, Durham/North Carolina: Duke University Press, 2004.

von der Entwicklung des Kakaohandels, der Konversion zum Christentum und zum Islam sowie der Aufteilung der *compounds* in einzelne Häuser, in denen nun kleinere Haushalte als zuvor lebten.[44]

Die verschiedenen urbanen Räume in Nigeria und Südafrika, in denen diese Organisationen tätig waren, brachten also unterschiedliche Formen polizeilicher Kontrolle hervor. In Ibadan hat das Nichteingreifen in die urbane Entwicklung der historischen Viertel zunächst die Autorität der Oberhäupter der Viertel und Familien über die lokale Jugend konsolidiert; später haben von der Stadtgeschichte unabhängige Umbrüche (Aufspaltung traditioneller Gemeinschaftsformen, Monetarisierung der sozialen Beziehungen, Einführung von Maschinenwaffen) diese Autorität unterminiert. Der Raum der *Cape Flats* hat wohl eine entscheidendere Rolle gespielt. Die Angst vor den Gangs wuchs im Laufe der 1950er Jahre signifikant an, wobei sich die Entstehung immer neuer Gangs auf die systematische staatliche Intervention in den *Flats* zurückführen lässt, insbesondere in den mehrheitlich von Farbigen bewohnten Townships. Tatsächlich förderte die autoritäre Wohlfahrtspolitik der in den *Flats* sehr präsenten Einrichtungen für überwachte Bildung für Minderjährige sowie die ausnehmend hohe Inhaftierungsquote in der farbigen Bevölkerung – mit der durch die Gewalt der mitinhaftierten Gangchefs eine gewaltgeprägte Sozialisierung einherging – nur die Verstetigung und Stabilisierung der Gefängnisgangs.[45] Angesichts der stetig wachsenden Zahl von Gangs in diesem Gebiet forderten die Bewohner eine kontinuierliche Präsenz von Sicherheitsorganisationen, während die Vigilanten in Ibadan aufgelöst wurden, sobald die Gefahr eines Angriffs von außen gebannt war. Auch das Ende der Apartheid 1990 – 1994 hat dem Gangstertum, den sozialen Problemen und dem Vigilantismus in den *Cape Flats* kein Ende gesetzt. Doch das problematische Erbe der Apartheid, die lokalen und nationalen politischen Umbrüche, die 1994 die Wahl einer demokratischen Regierung mit sich brachte, sowie die Einbindung Südafrikas in den internationalen Drogenhandel haben den Vigilantismus tiefgreifend verändert.[46]

---

44 Mabogunje, *Urbanisation in Nigeria*.
45 Laurent Fourchard, „„Enfants en danger' et ‚enfants dangereux': Expertises et différenciation raciale en Afrique du Sud", in: *Politix* 99, 3 (2012): 175 – 198; Stephen Jensen, *Gangs, Politics and Dignity in Cape Town*, Oxford: James Currey, 2008; Gary Kynoch, „Urban violence in colonial Africa: a case for South African exceptionalism", in: *Journal of Southern African Studies* 34, 3 (2008): 629 – 645.
46 Irvin Kinnes, *From Urban Street Gangs to Criminal Empires: the Changing Face of Gangs in the Western Cape*, Pretoria: Institute for Security Studies, 2000.

Vigilantismus, Gewalt und Politisierung in den *Cape Flats* nach 1994

Nach dem Ende der Apartheid stand der Vigilantismus im Visier der südafrikanischen Polizei. Ab 1995 versuchte sie diesen durch Maßnahmen des *community policing* zu ersetzen, die die Anwohnergemeinschaft der Polizei näherbringen sollten.[47] Hierbei sollten sich insbesondere die „historisch benachteiligten Gemeinden" am *Community Police Forum* (CPF) beteiligen. Doch herrschte in den *Cape Flats* nicht nur das Gangstertum, seit den 1990er Jahren waren auch Drogenkonsum und -handel stark angestiegen, was wiederum mehr und mehr Vigilantenbewegungen auf den Plan rief. Die Forschung ist sich uneinig darüber, weshalb diese Post-Apartheid-Organisationen wesentlich auf der Ausübung roher Gewalt basieren: Ist die Gewalt des *vigilantism* ein Erbe der Apartheid[48] oder eine Folge der Demokratisierung[49]? In jedem Fall sind die Bemühungen der neuen ANC-Regierung, den Vigilantismus einzudämmen, nicht allein als Reaktion auf die ungezähmte Gewalt dieser Gruppen zu deuten, sondern auch als Mittel, die lokale politische Opposition zu unterminieren.[50]

Der Politisierungsprozess des Vigilantismus in den sozial benachteiligten Bezirken Südafrikas nach Aufhebung der Apartheid wurde ganz entscheidend vom urbanen Umfeld geprägt.[51] Sowohl die Regierungspartei ANC als auch die große Oppositionspartei *Democratic Alliance* (DA) – die in der gesamten Provinz Westkap und insbesondere in den *Cape Flats* sehr stark ist – haben sich die Gewährleistung von Sicherheit mithilfe der *communities* auf die Fahne geschrieben. Weil die Wahlkreise der *Cape Flats* zwischen ANC und DA gespalten sind, setzen

---

47 Vgl. zu dieser polizeilichen Praxis den Beitrag von Hunold und de Maillard in diesem Band.

48 Jeremy Seekings & Rebecca Lee, „Vigilantism and popular justice after Apartheid", in: Dermot Feenan (Hg.), *Informal Criminal Justice*, Aldershot: Routledge, 2002, 113–114; Gary Kynoch, „Crime, conflict and politics in transition-era South Africa", in: *African Affairs* 104, 416 (2005): 493–514.

49 Thomas G. Kirsch, „Violence in the name of democracy: Community policing, vigilante action and Nation-building in South Africa", in: ders. & Tilo Grätz (Hg.), *Domesticating Vigilantism in Africa*, Oxford: James Currey, 2010, 139–162; Anthony Minnaar, „The new vigilantism in post April 1994 South Africa: searching for explanations", in: Dermot Feenan (Hg.), *Informal Criminal Justice*, Aldershot: Routledge, 2002, 117–134.

50 Diese parteipolitische Dimension der Sicherheitsfragen wurde in dem häufig entpolitisierten Forschungsfeld des policing bisher nur ungenügend analysiert (cf. Fourchard, „Security and party politics in Cape Town").

51 Laurent Fourchard, „The politics of mobilisation for security in South African townships", in: *African Affairs* 110, 441 (2011): 607–627.

die Anhänger der beiden großen Parteien das *community policing* als Werbemaßnahme für die unterschiedlichen politischen Agenden ein, und so wurden die *Flats* zu einem zentralen Ort für die Durchführung dieser Maßnahmen. Doch die Motivation der Bevölkerung zur Mobilisierung lässt sich nicht allein auf diese parteipolitischen Hintergründe reduzieren; zahlreiche gewöhnliche Mitglieder patrouillieren das Viertel aus Gründen, die nichts mit diesem spezifischen Konflikt zu tun haben.

Drogen, Gewalt und Vigilantismus in den Cape Flats der 1990er Jahre

Auch heute noch prägen Gewalt und Kriminalität den Alltag der etwa einen Millionen Einwohner der *Cape Flats*. Eine vom *Department of Community Safety* (DOCS) der Provinz in Auftrag gegebene Studie hat 2009 gezeigt, dass die Bewohner der *Cape Flats* den Eindruck haben, dass Gewaltverbrechen und Drogenkonsum seit dem Ende der Apartheid drastisch angestiegen seien.[52] In den ausgehenden 1990er Jahren verzeichnete Südafrika den höchsten Heroin- und Kokainkonsum des gesamten Kontinents. So ist zur Omnipräsenz der Gangs und deren unaufhörlichen Vergeltungsschlägen noch der Handel mit diversen Drogen dazugekommen: In den 1980er und 1990er Jahren vertrieben die Gefängnis- und Straßengangs zunächst Methaqualon (lokal als *mandrax* bezeichnet), dann ab den 2000er Jahren Amphetamin (lokal *tik*). Seit der Entstehung der wichtigsten südafrikanischen *vigilante*-Bewegung, des *Pagad* (*People Against Gangsterism and Drugs*) in der zweiten Hälfte der 1990er Jahre, betrachten die Sicherheitsvereinigungen von verschiedenen Vierteln von Mitchells Plain und den in den 1960er Jahren entstandenen Arbeitervierteln wie Manenberg Drogen als ihr Hauptproblem.

In der Zeit von 1976 bis 1994, die stark von gewaltsamen politischen Auseinandersetzungen zwischen Regierung und Anti-Apartheid-Bewegung geprägt war, entstanden gleichzeitig zwei alternative Modelle von Ordnungs- und Sicherheitspolitik: zum einen das System der Straßen- und Quartierskomitees und der Bürgergerichtshöfe (*People's Courts*), das sich landesweit und insbesondere in den mehrheitlich von Schwarzen bewohnten Vierteln durchsetzte; zum anderen das der *Neighbourhood Watch* (NW), das auf nationaler Ebene weniger Bedeutung hatte, in den mehrheitlich von Farbigen bewohnten Vierteln von Kap-

---

52 Department of Community Safety, Western Cape Province, Safety Audits, KPMG, Kapstadt, März 2009.

stadt aber stärkere Wirkkraft entfaltete. Auch in diesen Vierteln wurden Straßen-
und Quartierskomitees aufgestellt, während sich zeitgleich eine andere Praxis
ausbildete, die sowohl von den *Peacemakers* als auch der NW inspiriert war. Einer
der wichtigsten Unterschiede zwischen den Straßenkomitees und der NW bestand
in den 1980er Jahren in ihrem Verhältnis zur Polizei. Während erstere zum Kampf
gegen das Apartheidsregime ins Leben gerufen worden waren, organisierte sich
die NW teils unabhängig von der Polizei, teils wurde sie von der Polizei selbst
aufgestellt, doch selten war sie in Opposition zu derselben konzipiert. Im Gegenteil, die Polizei lobte die NW für ihre Unabhängigkeit von Politik, Rassefragen
und Vigilantismus. Ende der 1980er Jahre hatte sich das Modell der NW in diesem
weitläufigen Wohngebiet (mit je nach Jahr 1.500 bis 2.500 Einwohnern) durchgesetzt.

Der *Pagad*, der von 1995 bis 2002 hauptsächlich in der Provinz Westkap
operierte, folgte der Tradition der NW. Seine ersten öffentlichen Aktionen lassen
den Anspruch erkennen, die Regierung mit der öffentlichen Meinung unter Druck
zu setzen. Im August 1996 wurde Rashaad Staggie, Chef der *Hard Livings Gangs*,
im Anschluss an eine *Pagad*-Demonstration an seinem Wohnort ermordet. Dieser
Mord veränderte die Bewegung auf einen Schlag und bildete den Grundstein für
eine nie dagewesene Mobilisierung von Seiten der Bevölkerung (Versammlungen
von mehreren Tausend Personen in Stadien, Moscheen und auf den Straßen). Die
Organisation ging nun noch radikaler vor: Vor den Wohnhäusern von Dealern und
Gangbossen organisierte der *Pagad* Demonstrationen, bei denen den Zielperso-
nen im Anschluss ein Ultimatum gestellt wurde, das die Einstellung all ihrer
kriminellen Machenschaften innerhalb von 24 Stunden forderte. Nach Ablauf des
Ultimatums wurden die Gangster und Dealer dem „Zorn des Volkes" überlassen.
So hat sich der *Pagad* allein in den Jahren 1998 und 1999 zur Liquidierung von
dreißig Gangstern bekannt.[53] Auch wurden zahlreiche Häuser von Drogenhänd-
lern in Brand gesetzt.

Es wird weithin vermutet, dass die Organisation 1996 zur radikalislamischen
Gruppe *Qibla* gestoßen ist, die Anfang der 1980er Jahre zum Kampf gegen die
Apartheid gegründet worden war und sich mit dem Pan African Congress (PAC),
dem historischen Gegenspieler der ANC, verbündet hatte. Dieser interne Wandel
würde die Tatsache erklären, dass die Organisation sich nun gegen andere Ziel-
personen richtete (Angriffe auf Polizeiwachen, auf Anwesen von Geschäftsmän-
nern, die die „Solidaritätssteuer" nicht bezahlten, und auf verfeindete muslimi-
sche Anführer). Doch konnte die Verbindung zwischen *Pagad* und *Qibla* niemals
ganz nachgewiesen werden, und die Justiz konnte keine Verurteilung von *Pagad*

---

53 Kinnes, *From Urban Street Gangs to Criminal Empires*.

-Mitgliedern für die Anschlagsserie auf Kapstadter Restaurants, Bars und Einkaufszentren erreichen. Der Gedanke, dass die Bewegung aus wesentlich politischen Gründen niedergeschlagen wurde, ist also durchaus plausibel.

Die Geschichte dieser gewaltsamen kollektiven Mobilisierung gegen Drogendealer in Kapstadt ist in erster Linie eine Geschichte der politischen Repression. Das *Pagad*-Verbot kann nicht als Machtdemonstration eines Staates interpretiert werden, der sein Monopol über die legitime Gewalt zu wahren suchte. Im Gegenteil hatten sich sowohl die neue ANC-Regierung als auch die Polizisten, die in diesen Vierteln im Einsatz waren, wohlwollend gegenüber dieser Bewegung gezeigt, die in Gebieten für Recht und Ordnung sorgte, welche die Polizei sich selbst überlassen hatte, und die häufige Ausübung von Gewalt toleriert oder bewusst ignoriert. Die Bewegung wurde erst dann verboten und verfolgt, als zum Vorschein kam, dass sie von den politischen Feinden der Regierungspartei infiltriert worden war. Der *Pagad* wurde daraufhin systematisch als gefährliche Islamistenvereinigung und kriminelle Organisation stigmatisiert und diskreditiert. Diese Gruppierungen, denen man eine verborgene politische Agenda zuschrieb, sollten in der öffentlichen Wahrnehmung von den legitimen Bürgerbewegungen abgesetzt werden, die sich mit der alltäglichen Gewalt in den Townships auseinandersetzten. Der *Pagad* wurde zerschlagen, doch die gesellschaftlichen Herausforderungen blieben bestehen, und so kamen seither immer wieder neue Formen der politischen Mobilisierung für mehr Sicherheit in diesen Gebieten auf.

Die unvollständige Politisierung des Vigilantismus

Die Gewährleistung der Sicherheit der Bürgerinnen und Bürger hat sich seit dem Ende der Apartheid zu einem umso zentraleren politischen Thema entwickelt, als die betroffenen Viertel von den politischen Parteien des Landes hart umkämpft werden. Die Provinz Westkap ist politisch tief gespalten. Sowohl Provinz- als auch Stadtverwaltung haben seit 1994 mehrere politische Machtwechsel erlebt: Die großen politischen Mächte – ANC, *National Party* (1994–2000) und *Democratic Alliance* (DA, seit 2000) – liefern sich bei jeder Wahl ein Kopf-an-Kopf-Rennen im Kampf um die wichtigsten Städte und die Provinz. Da die DA in den mehrheitlich von Schwarzen bewohnten Vierteln kaum Stimmen einholt und der ANC in den mehrheitlich weißen Gemeinden nur sehr schwach ist, konzentrieren sich beide Parteien hauptsächlich auf die große Mehrheit der Provinz: die Farbigen (*coloured*), die noch heute massiv in den *Cape Flats* versammelt leben.[54] In diesem

---

54 Zur Zeit der Volkszählung im Jahr 2001 bestand die Gesamtbevölkerung Kapstadts zu 46 % aus

Wettlauf zwischen DA und ANC werden die Sicherheits-Initiativen stark politisiert. Hierbei sind die Operationen der Polizei und die Unterstützungsmaßnahmen für Bürgermobilisierung vor dem Hintergrund der traumatischen *Pagad*-Episode Ende der 1990er Jahre stets von der Angst vor einem Wiederaufleben des Vigilantismus und von dem permanenten Konflikt zwischen ANC und DA überschattet. Zwei wichtige Programme verdeutlichen diesen Zwiespalt.

Im Jahr 2001 hat die ANC-Provinzverwaltung als Antwort auf die Beliebtheit des *Pagad* in der Provinz den *„People Orientated Problem Solving Policing Plan"* ins Leben gerufen, der auch als *Bambanani* („zusammenhalten" auf IsiXhosa) bekannt wurde. Das Programm besteht im Wesentlichen darin, gegen eine tägliche Aufwandsentschädigung von 50 Rand (5 Euro) mehrere Hundert „Freiwillige" in Zügen, auf Bahnhöfen, Stränden, in Schulen und Einkaufszonen zu postieren.[55] Verglichen mit den Mindestlöhnen im südafrikanischen Sicherheitssektor kann diese Beschäftigung durchaus als unterbezahlt qualifiziert werden.[56] Dennoch stößt die Initiative in der Praxis auf breiten Zuspruch, wird doch zum ersten Mal das freiwillige Engagement im Sicherheitsdienst überhaupt vergütet. Der ANC zielt eindeutig darauf ab, seine geringe Popularität in den mehrheitlich von Farbigen bewohnten Vierteln zu steigern, indem er *de facto* eine Alternative zur langen Tradition der nicht vergüteten Dienste der *Neighbourhood Watch* bietet.

Ein weiteres Beispiel für die politische Besetzung der sicherheitsbezogenen Bürgermobilisierung ist die Wiedereinführung der Straßenkomitees, Symbol des Kampfes des ANC gegen die Apartheid in den 1980er Jahren, durch den neuen Polizeivorsteher von *Mitchells Plain*, das charismatische ANC-Mitglied Jeremy Vearey, im Jahr 2007. Im Unterschied zum Vorbild der 1980er Jahre werden diese neuen Komitees von der Polizei betreut und zielen darauf, die Bevölkerung gegen den lokalen Drogenhandel auf der Straße zu mobilisieren und das drohende Wiederaufleben von gewaltsamen Vorgehensweisen des *Pagad* in bestimmten Vierteln von *Mitchells Plain* zu unterbinden: Im April 2007 hatten Mitglieder des lokalen Verbands *Padlac* (*People Against Drugs, Liquor and Crime*), der von Helen Zille – damals Bürgermeisterin von Kapstadt, Vorsitzende der DA und nationale Oppositionsführerin – gefördert wurde, mehrere Häuser von Drogendealern in Brand gesteckt. In der Folge ließ der ANC als Teil einer regelrechten Marketingstrategie zum Kampf gegen die Kriminalität landesweit die Straßenkomitees wieder auferstehen. Die Opposition hingegen sah hierin vor allem eine Mobili-

---

Farbigen, zu 31,2% aus Schwarzafrikanern, zu 21,2% aus Weißen und zu 1,5% aus indischen Einwanderern.

55 Western Cape Provincial Government, *Bambanani Against Crime*, Cape Town, 2007.

56 1.000 Rand monatlich entspricht der Hälfte des Mindestlohns im Sektor der privaten Sicherheitsorganisationen in Südafrika.

sierungsaktion des ANC, um die NW zu marginalisieren.[57] *Neighbourhood Watch*, *Bambanani* und Straßenkomitees werden also unzweifelhaft von den Parteien instrumentalisiert, um deren Einfluss auf lokaler Ebene zu festigen oder auszuweiten. Dies gesteht im Übrigen auch der Beauftragte für die *community-policing*-Programme der Provinzverwaltung von Westkap, der selbst seit zwanzig Jahren aktives ANC-Mitglied ist, ohne Umschweife ein.[58]

Diese parteipolitische Einbindung der lokalen Sicherheitsorganisationen wird von den Parteiführern vorangetrieben, die in ihrer vertikalen Perspektive eine nur lückenhafte Kenntnis von den Bewegungen haben. Auf lokaler Ebene haben die Straßenkomitees wie auch die NW eine völlig andere Bedeutung. Die lokalen Verantwortlichen, obschon selbst Parteimitglieder, sprechen den Initiativen bewusst jedwede parteipolitische Zugehörigkeit ab („Die Straßenkomitees sind kein ANC-Programm", „Die NW gehört nicht zur DA"), um Maßnahmen zu legitimieren, die jedes Wochenende tausende Bürger zur Überwachung der Straßen mobilisieren. Auch für die Basis dieser Freiwilligen ergibt die Gegenüberstellung von NW und Straßenkomitees kaum Sinn. Mehrere Dutzend interviewte Mitglieder der NW oder der Straßenkomitees sehen sich keinerlei Partei zugehörig; wie sie wieder und wieder auf ihren Patrouillen unterstrichen haben, liege ihre Motivation einzig darin, ein Viertel ohne Drogenhändler zu haben. In vielen Bezirken ist die Zusammenarbeit zwischen der älteren, institutionalisierteren und besser ausgestatteten *Neighbourhood Watch* und den jüngeren, weniger gut ausgestatteten und häufig spontan aufgestellten Straßenkomitees die Norm. Auch sind NW-Mitglieder oft zugleich Teil der *Bambanani*. Diese Initiativen können also weder als rein autonome Mobilisierung der Bevölkerung noch als einfache Polizeiaktion oder simple Instrumentalisierung durch die Politik betrachtet werden. Vielmehr zeichnen sie sich gerade dadurch aus, dass sie gemeinsam von Polizei, *community* und Parteien geschaffen und am Leben gehalten werden; die Bürokratisierung spielt dafür eine zentrale Rolle.

Conclusio

Sowohl der südafrikanische als auch der nigerianische Staat haben die kollektive Gewaltausübung nicht-staatlicher Organisationen autorisiert, solange sie ihren

---

57 Art. „Mbeki and Zuma call for street committees", in: *Cape Argus*, 5. April 2008; Integrated Regional Information Networks (IRIN), South Africa: Government Resurrecting Street Committees, 24. September 2008; Art. „Enquiry to probe Zille allegations", in: *Plainsman*, 3. Oktober 2007; Art. „I am proud of where I come from. Director Vearey", in: *Plainsman*, 3. Oktober 2007.
58 Interview mit dem Leiter der *community police*, Provinzregierung, Kapstadt, August 2009.

eigenen lokalen, nationalen oder imperialen Interessen nicht in die Quere kamen. In Südafrika hat das auch im Vergleich zu Nigeria sehr hohe Aufkommen von Körperverletzungen und Vandalismus in den Townships, deren Auswirkungen noch durch die Unterbesetzung der Kriminalpolizei erschwert werden, dazu geführt, dass die Behörden diesen Sicherheitsorganisationen umfassende Machtbefugnisse überließen. Lange Zeit arrangierten sich die Kolonialmacht und der südafrikanische Staat mit den Gewaltpraktiken dieser Freiwilligengruppen, solange sich diese der Autorität der Quartiersoberhäupter oder der lokalen Gruppenleitung unterstellten. Mit dieser Machtübertragung haben die staatlichen Behörden den Organisationen zugleich die Deutungshoheit über die Definition und Abgrenzung der jeweiligen moralischen Gemeinschaften überlassen. Diese Regierungsstrategie ging mit einer moralischen Sicherheitsökonomie einher, in der eine relative Minderheit, welche im Namen der relativen Mehrheit handelte, den Schutz der Bevölkerung zu gewährleisten hatte.[59] In der Absicht, den Zusammenhalt der Bewohner der Viertel zu stärken, wandten sich die Sicherheitsorganisationen gewaltsam gegen jene, die den Frieden vermeintlich gefährdeten: In Kapstadt waren dies die Kinder und Jugendlichen der Townships, in Ibadan die Fremden, die nicht den Regeln des Viertels unterstanden. Als Antwort auf die konstante Forderung nach mehr Sicherheit übertrug die südafrikanische Polizei ihre Strafbefugnis auf Vereinigungen, die sich für die Disziplinierung der Townships aussprachen. Aus deren Verschmelzung von Ordnungsrecht (Kampf gegen Diebstahl und Gangstertum) und Moral (gewaltsame Züchtigung der Kinder und Jugendlichen) resultierte eine allgemeine Kriminalisierung der jungen Menschen. Diese Banalisierung von Gewalt als Mittel zur gesellschaftlichen Regulierung scheint die alltägliche Gewalt gegen Kinder und Jugendliche in staatlichen Einrichtungen wie Heimen und Straferziehungsanstalten für minderjährige Delinquenten widerzuspiegeln; diese Einrichtungen hatten seit Ende des Zweiten Weltkriegs mit der verstärkten Intervention des Staats ins Familienleben seiner Bürger mehr und mehr an Bedeutung gewonnen. So haben der südafrikanische Staat, die Kapstadter Stadtverwaltung und die Sicherheitsorganisationen gemeinsam Kinder und Jugendliche als eines der Hauptprobleme dieser urbanen Zonen stigmatisiert.

Die politische Vereinnahmung von Fragen der Sicherheit in den *Cape Flats* hat seit dem Ende der Apartheid noch kaum Beachtung in der Forschung gefunden. Dabei besteht kein Zweifel daran, dass die Mobilisierung der Bevölkerung für mehr Sicherheit von den Parteiführern und -aktivisten vor Ort genutzt wird, um in diesen hart umkämpften Wahlgebieten nachhaltig ihre jeweils parteinahen

---

59 Kirsch, „Violence in the name of democracy".

Einrichtungen und Strukturen zu verwurzeln. Doch hat diese Instrumentalisierung des Alltags durch die politischen Parteien die Sicherheitsbewegungen längst nicht ganz vereinnahmt. Wie auch im Fall der Proteste für eine bessere Grundversorgung in den Townships, die seit den 1990er Jahren immer stärker wurden, verstehen auch die Anführer der Sicherheitsorganisationen ihr Engagement als politische Handlung im Sinne einer Auflehnung gegen die Administration von Stadt, Provinz und Land. In Anlehnung an Isabelle Sommier ließe sich dieses Handeln richtiger als „radikalen Pragmatismus" beschreiben, als die Suche nach praktischen, unmittelbaren Lösungen, deren Tragweite aber immer auch Konflikt- und Transgressionspotenzial hat.[60] Mit ihrer kollektiven Gewalt erscheinen die Bürgerinitiativen für Sicherheit und Ordnung somit zum einen als Antwort einer mit staatlicher Befugnis weitreichend autonom und selbstorganisiert handelnden Bevölkerung auf die alltägliche Gewalt, der sie sich selbst ausgesetzt sieht; zum anderen bieten sie ein Mittel zur kollektiven Konstruktion moralischer Gemeinschaften, die die verschiedenen Stadtviertel gestalten; und schließlich bergen sie auch die Gefahr (oder die Chance) einer breiten politischen Mobilisierung im Dienste miteinander rivalisierender Parteien.

Literatur

Abrahams, Ray, „Some thoughts on the comparative study of vigilantism", in: David Pratten & Atreyee Sen (Hg.), *Global Vigilantes: Perspectives on Justice and Violence*, London: Hurst & Company, 2007, 419–442.

Art. „Enquiry to probe Zille allegations", in: *Plainsman*, 3. Oktober 2007.

Art. „I am proud of where I come from. Director Vearey", in: *Plainsman*, 3. Oktober 2007.

Art. „Let us form civil guard, say Nyanga residents", in: *Cape Times*, 25. September 1961.

Art. „Mbeki and Zuma call for street committees", in: *Cape Argus*, 5. April 2008.

Art. „Nyanga move against loiterers", in: *Cape Times*, 7. November 1961.

Art. „Violence survey social chaos's on the Cape Flats", in: *Cape Times*, 1. Mai 1970.

Balandier, Georges, *Sociologie des Brazzavilles noires*, Paris : Presses de Sciences Po, 1995

Barber, Karin, *I Could Speak Until Tomorrow: Oriki, Women and the Past in a Yoruba Town*, London: Edinburgh University Press for the International African Institute, 1991.

Blanchard, Emmanuel, „Ordre colonial", in: *Genèses* 86, 1 (2012): 2–7.

Breckenridge Keith, „Verwoerd's bureau of proof: total information in the making of apartheid", in: *History Workshop Journal* 59,1 (2005): 83–108.

Buur, Lars, Steffen Jensen, „Introduction: vigilantism and the policing of everyday life in South Africa", in: *African Studies* 63, 2 (2004): 139–152.

---

60 Isabelle Sommier, *Les Nouveaux mouvements contestataires à l'heure de la mondialisation*, Paris: Flammarion, 2003, 244.

Cape Town Archives, 2/OBS 3/1 680, Progress report on action taken by the council for the provision of Native housing for the period May to October 1956.

Cape Town Archives, ACT, 3CT 1/4/18/1, Suburban management, Athlone and District Management committee minutes, 1974–1976.

Cape Town Archives, AWC 2/8, Constitution of the vigilant league of decency of Guguletu, 21. September 1964.

Cape Town Archives, AWC 2/8, Director Bantu administration to the secreatry Ilizo Lomzi, Guguletu section, 19. August 1965.

Cape Town Archives, AWC, 3/1, City of Cape town, town clerk department, native authorities branch, Memorandum in the urban area of the city of Cape Town, undatiert, ca. 1960.

Cape Town Archives, WC 2/6, Nyanga West Vigilance association to native Administration Office, Langa, 5. September 1961

Department of Community Safety, Western Cape Province, Safety Audits, KPMG, Kapstadt, März 2009.

Evans, Ivan, *Bureaucracy and Race: Native Administration in South Africa*, Berkeley, Los Angeles & London: Berkeley University Press, 1997.

Field, Sean, „Windermere: Squatters, slumyards and removals, 1920–1960s", in: ders. (Hg.), *Lost Communities, Living Memories. Remembering Forced Removals in Cape Town,* Cape Town: David Philip Publishers, 2001, 27–43.

Fourchard, Laurent, „A new name for an old practice, vigilante in South Western Nigeria", in: *Africa* 78, 1 (2008): 16–40.

Fourchard, Laurent, „„Enfants en danger' et ,enfants dangereux'. Expertises et différenciation raciale en Afrique du Sud", in: *Politix* 99, 3 (2012): 175–198.

Fourchard, Laurent, Manufacturer les différences. Exclusion et violence dans les métropoles du Nigeria et de l'Afrique du Sud, Habilitationsschrift, Sciences Po Paris, 2014.

Fourchard, Laurent, „Security and party politics in Cape Town", in: *Geoforum* 43, 1 (2012): 199–206.

Fourchard, Laurent, „The politics of mobilisation for security in South African townships", in: *African Affairs* 110, 441 (2011): 607–627.

Geschiere, Peter, *Sorcellerie et politique en Afrique. La viande des autres*, Paris: Karthala 1995.

Integrated Regional Information Networks (IRIN), South Africa: Government Resurrecting Street Committees, 24. September 2008.

Jensen, Stephen, *Gangs, Politics and Dignity in Cape Town*, Oxford: James Currey, 2008.

Kinnes, Irvin, *From Urban Street Gangs to Criminal Empires: the Changing Face of Gangs in the Western Cape*, Pretoria: Institute for Security Studies, 2000.

Kirsch, Thomas G., „Violence in the name of democracy. Community policing, vigilante action and Nation-building in South Africa", in: Thomas Kirsch & Tilo Grätz (Hg.), *Domesticating Vigilantism in Africa*, Oxford: James Currey, 2010, 139–162.

KPMG, Western Cape Province, Department of Community Safety, Safety Audits, Cape Town, March 2009.

Kynoch, Gary, „Crime, conflict and politics in transition-era South Africa", in: *African Affairs* 104, 416 (2005): 493–514.

Kynoch, Gary, „Urban violence in colonial Africa: a case for South African exceptionalism", in: *Journal of Southern African Studies* 34, 3 (2008): 629–645.

Lund, Christian, „Twilight institutions: public authority and local politics in Africa", in: *Development and Change* 37, 4 (2006): 685–705.

Mabogunje, Akin, *Urbanisation in Nigeria*, London: University of London Press, 1968.

Mbembe, Achille, „Du gouvernement privé indirect", in: *Politique Africaine* 73 (1999): 103–122.

Minnaar, Anthony, „The new vigilantism in post April 1994 South Africa: searching for explanations", in: Dermot Feenan (Hg.), *Informal Criminal Justice*, Aldershot: Routledge, 2002, 117–134.

National Institute for Crime Prevention and the rehabilitation of Offenders, *Living in Manenberg and Bonteheuwel, Workshop on the Living Conditions in Some Coloured Townships on the Cape Flats, and their Implications for the Incidence of Deviant Behavior*, Cape Town, 1975.

Pinock, Don, *The Brotherhoods: Street Gangs and State Control in Cape Town*, Cape Town: David Philip Publishers, 1984.

Pratten, David, „Singing thieves: history and practice in Nigerian popular justice", in: David Pratten & Atreyee Sen, *Global Vigilantes: Perspectives on Justice and Violence*, London: Hurst & Company, 2007, 174–206

Pratten, David & Atreyee Sen, *Global Vigilantes: Perspectives on Justice and Violence*, London: Hurst & Company, 2007.

Seekings, Jeremy, „Social ordering and control in the African townships of South Africa: an historical overview of extra-state initiatives from the 1940s to the 1990s", in: Wilfried Scharf & Daniel Nina (Hg.), *The Other Law: Non-State Ordering in South Africa*, Cape Town: Juta Law, 2001, 71–97.

Seekings, Jeremy & Rebecca Lee, „Vigilantism and popular justice after Apartheid", in: Dermot Feenan (Hg.), *Informal Criminal Justice*, Aldershot: Routledge, 2002, 99–116.

Simone, AbdouMaliq, *For the City Yet to Come. Changing African Life in Four Cities*, Durham/North Carolina: Duke University Press, 2004

Sommier, Isabelle, *Les Nouveaux mouvements contestataires à l'heure de la mondialisation*, Paris: Flammarion, 2003.

Viljoen Commission, *Commission of Enquiry into the Penal System of the Republic of South Africa*, Pretoria/Republic of South Africa, 1976.

Western Cape Provincial Government, *Bambanani Against Crime*, Cape Town, 2007.

III Territorialität

Anne Nassauer

Raum und kollektive Gewalt: „territoriale Eingriffe" bei Demonstrationszügen in Deutschland und den USA (1960 – 2010)

Demonstrierende nutzen üblicherweise städtischen Raum, um ihre Forderungen zu stellen. Auf Straßen und Plätzen soll eine breitere Öffentlichkeit für gesellschaftliche Missstände oder Forderungen erreicht werden. Gleichzeitig unterliegt die Nutzung öffentlichen Raumes in westlichen Gesellschaften polizeilichen Auflagen. Teile desselben werden im Rahmen einer Demonstration zwar für eine gewisse Zeit Demonstrierenden zugestanden, die Polizei ist jedoch für die Regelung dieser eingeschränkten Nutzung verantwortlich.

Moderate, generell friedliche Demonstrationsgruppen, um die es in diesem Beitrag gehen wird, melden daher in der Regel ihre Demonstrationsmärsche an und sprechen somit die Nutzung von Raum im Sinne einer vereinbarten Route vor Demonstrationsbeginn mit der Polizei ab. So werden zwischen beiden Seiten bestimmte Einschränkungen vereinbart: Demonstrierende können gewisse öffentliche Straßen oder Plätze nutzen und somit Routinen wie den Straßenverkehr zeitweise unterbrechen. Gleichzeitig dürfen sie andere Räume nicht nutzen, da dies aus Sicht der Stadt oder der Polizei zu starke Einschränkungen für die Öffentlichkeit mit sich bringen würde.

Demonstrationen laufen in der Mehrzahl friedlich ab, nur gelegentlich kommt es zu Zusammenstößen, in deren Verlauf sich DemonstrantInnen und PolizistInnen prügeln, Steine geworfen oder Tränengas eingesetzt werden. Während die Forschung häufig davon ausgeht, dass einzelne gewaltbereite TeilnehmerInnen, bestimmte Polizeistrategien oder Intentionen einzelner Akteure zu solchen Gewalthandlungen führen, diskutiert der folgende Beitrag, wie situative Aspekte des Raumes und die Aushandlung von Raum *während* des Protestverlaufs die Gewaltentstehung in Demonstrationsmärschen begünstigen können.

Dieser Beitrag gibt zunächst einen kurzen Forschungsüberblick über Studien zu Raum, Protest und Gewalt und entwickelt dann ein transparentes Konzept des „situativen Raums" im Protestverlauf. Er analysiert, welche Rolle situativen, d. h. *während* einer Demonstration stattfindenden Raumaushandlungen zwischen vergleichbaren Gruppen von DemonstrantInnen und PolizistInnen für die Gewaltentstehung in Fällen aus den letzten Jahrzehnten zukam.

https://doi.org/10.1515/9783110658354-008

Warum Raum? Ein Forschungsüberblick

Die Relevanz von Raum für Proteste und kollektive Gewalt wird in verschiedenen Forschungsfeldern diskutiert und analysiert – seit den 1970er Jahren wird von einem sogenannten „spatial turn" gesprochen,[1] der den Raum stärker in den Fokus der Forschung rückte. Raum beschreibt jedoch allgemein einen relativ weiten Sammelbegriff unter den viele, zum Teil sehr unterschiedliche Forschungsfragen fallen.[2]

Sucht man nach Studien zu Raum, Protest und Gewalt, findet man diese zunächst in der Protestforschung.[3] In diesem Feld beschäftigen sich einige Studien beispielsweise mit räumlichen Rahmenbedingungen – etwa mit der Rechtsprechung zur Nutzung von Raum in Protesten oder mit den Möglichkeiten der Polizei, verschiedene Arten von Raum zu kontrollieren.[4]

Einige neuere Studien konzentrieren sich währenddessen konkreter darauf, wie räumliche Dynamiken die Interaktionen zwischen DemonstrantInnen und PolizistInnen beeinflussen.[5] Diese Studien untersuchen unter anderem, wie sich Aushandlungen über Raum im Laufe der Zeit und mit wandelnden Polizeistrategien verändert haben, und stellen fest, dass zu Zeiten einer vorherrschenden Deeskalationsstrategie der Polizei in westlichen Gesellschaften, diese Verhandlungen immer häufiger vor Beginn von Demonstrationen stattfanden. Sie zeigen außerdem, dass Raum von der Polizei anders gehandhabt wird, je nachdem wie bestimmte Protestgruppen eingeschätzt werden.[6] Diese Studien konzentrie-

---

1 Zusammenfassend, siehe unter anderem: Deborah G. Martin & Byron Miller, „Space and contentious politics", in: *Mobilization* 8, 2 (2003) 143–157, hier 143.

2 William H. Jr. Sewell, „Space in contentious politics", in: Ronald R. Aminzade et al. (Hg.), *Silence and Voice in the Study of Contentious Politics*, Cambridge: Cambridge University Press, 2001), 52.

3 Mike Zajko & Daniel Béland, „Space and protest policing at international summits", in: *Environment and Planning D: Society and Space* 26, 4 (2008): 719; Henri Lefebvre, *The Production of Space*, Oxford: Blackwell Publishers, 1992.

4 Siehe unter anderem: Nicholas R. Fyfe, „The police, space and society: The geography of policing", in: *Progress in Human Geography* 15, 3 (1991): 249–267; Luis Fernandez, „Policing protest spaces: Social control in the anti-globalization movement", in: *The Canadian Journal of Police & Security Services* 3, 4 (2005): 241–249; Charles Tilly, „Spaces of contention", in: *Mobilization* 5, 2 (2000): 135–159.

5 John A. Noakes, Brian V. Klocke & Patrick F. Gillham, „Whose streets? Police and protester struggles over space in Washington, DC, 29–30 September 2001", in: *Policing and Society* 15, 3 (2005): 247.

6 Noakes, Klocke & Gillham, „Whose streets?"

ren sich folglich primär auf Polizeiperspektiven, -strategien und -verhalten mit Bezug auf den Raum.[7]

Andere Studien in diesem Forschungsfeld interessieren sich speziell für die Perspektive der Demonstrierenden und untersuchen unter anderem, in welchen Räumen diese ihren Forderungen besonders gut Ausdruck verleihen können,[8] oder sie analysieren, wie die geographische Umgebung Protestaktivitäten beeinflusst.[9]

Diese Studien tragen maßgeblich zum Verständnis von Raum und Protest sowie von bestimmten Polizeistrategien bei. Jedoch bleibt meist ausgeklammert, welche Rolle Raumaushandlungen zwischen vergleichbaren Gruppen von DemonstrantInnen und PolizistInnen *innerhalb* einer Demonstration zukommt. Wenn man Akteure – und somit ihr Raumverständnis in einer gewissen Polizei- und Protestkultur und ihre Erwartungen an Raum – konstant hält, kommt Raum dann noch Bedeutung zu? Und welche Rolle spielen Raumaushandlungen im Protestverlauf in diesen Fällen für die Entstehung kollektiver Gewalt? Auf diesen offenen Fragen aufbauend, schlägt dieser Beitrag vor, sich konkreter darauf zu konzentrieren, was in räumlicher Hinsicht *beiderseitig* und *während* der Demonstration geschieht.

Neuere Forschung der Gewalt-, Kriminalitäts- und Polizeiforschung deutet darauf hin, dass ein Ansatz, der konkret die Situation vor dem Gewaltausbruch untersucht, für diese Analyse von Vorteil sein kann. So zeigen Studien, dass strukturelle Faktoren wie z. B. soziale Missstände nicht erklären können, *wann* und *wo* Gewalt ausbricht:[10] Ein großer Prozentsatz der Akteure, die Gewalt anwenden, mag zwar von strukturellen Ursachen wie sozialer Ungleichheit betroffen

---

7 Siehe auch Donatella Della Porta, Abby Peterson & Herbert Reiter, *The Policing of Transnational Protest*, Aldershot: Ashgate, 2006; Olivier Fillieule & Fabien Jobard, „The policing of protest in France: Toward a model of protest policing", in: Donatella Della Porta & Herbert Reiter (Hg.), *Policing Protest: The Control of Mass Demonstrations in Western Democracies*, Minneapolis: University of Minnesota Press, 1998, 70 – 90; Sarah A. Soule & Christian Davenport, „Velvet glove, iron fist, or even hand? Protest policing in the United States, 1960 – 1990", in: *Mobilization* 14, 1 (2009): 1– 22; Clark McPhail, David Schweingruber & John D. McCarthy, „Policing protest in the United States: 1960 – 1995", in: Della Porta & Reiter, *Policing Protest*, 49 – 69.

8 Mattias Wahlström, „The making of protest and protest policing: Negotiation, knowledge, space, and narrative", in: *Göteborg Studies in Sociology* 47 (2011), 40; Martin & Miller, „Space and contentious politics"; Robert David Sack, *Human Territoriality: Its Theory and History*, New York: Cambridge University Press, 1986; Sewell, „Space in contentious politics".

9 Sewell, „Space in contentious politics"; Dingxin Zhao, „Ecologies of social movements: Student mobilization during the 1989 prodemocracy movement in Beijing", in: *American Journal of Sociology* 103, 6 (1998): 1493 – 1529.

10 Randall Collins, *Violence: A Micro-Sociological Theory*, Princeton: Princeton University Press, 2008, 2ff.

sein, eine schlimme Kindheit oder bestimmte hasserfüllte Motivationen haben – dies trifft jedoch ebenso auf die zahlenmäßige Mehrzahl an Menschen zu, die keine Gewalt anwenden.[11] Die neuere Gewaltforschung[12] geht daher davon aus, dass ausschlaggebende Faktoren der Gewaltgenese in deren unmittelbarem zeitlichen Umfeld zu finden sein müssen, und untersucht daher spezifisch Situationen, die auftreten bevor und während Gewalt entsteht.

Es erscheint daher notwendig, die Relevanz von Situationen auch in der Entstehung von Protestgewalt zu untersuchen: Da die überwältigende Mehrheit der Demonstrationen moderater linker Protestgruppen friedlich bleibt,[13] scheint etwas Bestimmtes in konkreten Situationen zu passieren, das dazu führt, dass Gewalt ausbricht.[14]

Gleichzeitig deuten empirische Forschungsergebnisse in der Gewalt- und Kriminalitätsforschung nicht nur auf die Relevanz situativer Dynamiken hin, sondern auch auf die Relevanz von Raum: Die situative Kontrolle von Raum scheint für verschiedene Akteure – von bewaffneten Räubern bis hin zu Polizisten auf Streife – ein wesentlicher Fokus zu sein.[15]

Ich schlage daher vor, die verschiedenen Forschungserkenntnisse aus der neueren Gewalt- und Protestforschung zu verknüpfen, um offene Fragen zu Raum und kollektiver Gewalt in Protesten zu untersuchen. Zwei Kernfragen dieses Beitrags lauten: Wie kann Raum situativ transparent und in Daten messbar konzeptualisiert werden? Welche Rolle kommt situativen Raumaushandlungen

---

11 Jack Katz, *Seductions of Crime: Moral and Sensual Attractions in Doing Evil*, New York: Basic Books, 1988, 4; Collins, *Violence*.

12 Collins, *Violence*; Stephen D. Reicher et al., „Knowledge-based public order policing: Principles and practice", in: *Policing* 1, 4 (2007): 403–415.

13 Nur rund fünf Prozent aller Proteste enden in Gewalt, siehe Doug McAdam, Sidney G. Tarrow & Charles Tilly, *Dynamics Of Contention*, Cambridge: Cambridge University Press, 2001, 9; Gary T. Marx, „Afterword: Some reflections on the democratic policing of demonstrations", in: Della Porta & Reiter, *Policing Protest*, 260; Charles Tilly & Sidney G. Tarrow, *Contentious Politics*, Oxford: Oxford University Press 2006; P. A. J. Waddington, „Controlling protest in contemporary historical and comparative perspective", in: Della Porta & Reiter, *Policing Protest*, 117–140.

14 Anne Nassauer, *Situational Breakdowns: Understanding Protest Violence and other Suprising Outcomes*, New York: Oxford University Press, 2019; dies., „From peaceful marches to violent clashes: a micro-situational analysis", in: *Social Movement Studies* 15, 5 (2016): 1–16; dies., „Theoretische Überlegungen zur Entstehung von Gewalt in Protesten", in: *Berliner Journal für Soziologie* 25, 4 (2016): 491–518; dies., „Situational dynamics and the emergence of violence during protests", in: *Psychology of Violence* 8, 3 (2018): 293–304.

15 Richard Wright & Scott H. Decker, *Armed Robbers in Action: Stickups and Street Culture*, Lebanon: Northeastern University Press, 1997; Jonathan Rubinstein, *City Police*, New York: Farrar, Strauss & Giroux, 1973.

zwischen vergleichbaren Gruppen von DemonstrantInnen und PolizistInnen *innerhalb* einer Demonstration zu?

Konkreter fragt dieser Beitrag, welche Rolle der „situative Raum" – das Konzept wird im Folgenden erläutert – in vergleichbaren Protestereignissen, d. h. in Demonstrationsmärschen moderater Protestgruppen mit ähnlichen Protestrepertoires und in vergleichbaren Polizeikulturen westlicher Demokratien, spielt: Welche Rolle kommt dem Raum während des Protestverlaufs in moderaten Demonstrationen zu, wenn dieser zuvor klar ausgehandelt wurde? Haben situative Dynamiken auch über verschiedene Jahrzehnte einen Einfluss auf Gewalt, obwohl sich beispielsweise Polizeistrategien in westlichen Demokratien über die Zeit verändert haben?[16]

In diesem Beitrag soll daher zunächst ein klares, transparentes Konzept situativen Raumes in Demonstrationsmärschen entwickelt werden, um im Detail zu untersuchen, welchen Einfluss Raum auf die Entstehung kollektiver Gewalt in Protesten haben kann. Ein Ziel dieses Beitrags ist es, diese räumliche Komponente so zu konzeptualisieren, dass sie unmittelbar in Daten von Protestabläufen messbar ist. Zweitens soll dieser Beitrag die oben diskutierten Forschungsstränge verknüpfen und konkret analysieren, welche Rolle situativem Raum in Protestdynamiken zukommt. Die Studie wird sich hierbei konkret auf Interaktionen und Emotionen im Protestverlauf konzentrieren. Drittens wird der Beitrag sich ansehen, wie Raum im Protestverlauf wirkt und ob die Aushandlung von Raum im Protestverlauf Gewalt (alleine, oder gemeinsam mit anderen Faktoren) begünstigen kann. Es wird ferner diskutiert, warum situative Raumaushandlung Gewalt auslösen kann und wann dies nicht der Fall ist.

„Whose streets? Our streets!" – Raum im Protestverlauf

Wie dieser Beitrag zeigen wird, kommt der situativen Aushandlung von Raum während Demonstrationsmärschen an sich friedlicher, moderater linker Protestgruppen eine wesentliche Rolle für die Gewaltentstehung zu.[17] Im Folgenden wird daher zunächst die Studie vorgestellt, auf der die hier diskutierten Überlegungen

---

16 Vgl. unter anderem Della Porta & Reiter, *Policing Protest*; Della Porta, Peterson & Reiter, *The Policing of Transnational Protest*; Soule & Davenport, „Velvet glove, iron fist, or even hand?"; Patrick Rafail, Sarah A. Soule & John D. McCarthy, „Describing and accounting for the trends in US protest policing, 1960 – 1995", in: *Journal of Conflict Resolution* 56, 4 (2012): 736 – 765.
17 Nassauer, *Situational Breakdowns*.

beruhen, um daraufhin das in der Studie ausgearbeitete situative Konzept von „territorialen Eingriffen" im Protestverlauf zu besprechen.

Die Studie

In meiner Studie habe ich untersucht, ob die Entstehung von Gewalt in Demonstrationsmärschen moderater linker, an sich friedlicher Gruppen rein situativ erklärt werden kann – das heißt durch die Untersuchung dessen, was zwischen Demonstrationsbeginn und Gewaltausbruch passiert und welche Rolle im Vergleich dazu Kontextfaktoren der Gewalt spielen.[18] Ein Fokus lag hierbei auf Interaktionen, Interpretationen und Emotionen von Akteuren (DemonstrantInnen sowie PolizistInnen) im Protestverlauf.[19]

Gewalt war in meiner Studie definiert als eine Handlung, die einer anderen Person (oder Personen) körperlichen Schaden zufügt. Im Fokus lagen hier nicht randständige Gewalthandlungen einzelner Personen, sondern die Frage, ob die Gesamtsituation gewaltsam endete. Ich untersuchte Gewalt seitens der Polizei sowie Gewalt seitens der Demonstrierenden, ausgehend von neueren Forschungsergebnissen, die annehmen, dass die verschiedenen Akteure eine Hemmschwelle zur Gewalt besitzen und diese nur in sehr spezifischen Situationen überwinden können.[20] In seinem einflussreichen Werk *Dynamik der Gewalt. Eine mikrosoziologische Theorie* hat der Soziologe Randall Collins[21] anhand der Analyse verschiedenster Formen von Gewalt gezeigt, dass bestimmte situative emotionale Dynamiken für die Gewaltentstehung wesentlich sind: Erst steigen Anspannung und Angst von Akteuren drastisch an. Diese Angst führt in der Regel dazu, dass Gewalt vermieden wird und empirisch selten ist. In bestimmten Fällen umgehen die Akteure vor der Gewaltentstehung jedoch diese Angst vor der Konfrontation durch spezifische situative Dynamiken. Dies geschieht beispielsweise, wenn sie emotionale Dominanz in einer konkreten Situation gewinnen, d. h. wenn ein situativer Vorteil entsteht, etwa wenn der der Gegner hinfällt, sich isoliert oder sich in Unterzahl wiederfindet.[22]

---

18 Ebd.; Nassauer, „Situational dynamics".
19 Nassauer, *Situational Breakdowns*; Nassauer, „Theoretische Überlegungen zur Entstehung von Gewalt in Protesten".
20 Collins, *Violence*; ders., „The micro sociology of violence", in: *The British Journal of Sociology* 60 (2009): 566–576.
21 Collins, *Violence*.
22 Collins, „The micro sociology of violence".

Ein Schwerpunkt meiner Forschung lag darauf zu untersuchen, ob diese emotionalen Dynamiken auch in Protesten vor dem Gewaltausbruch auftreten.[23] Darüber hinaus wurde analysiert, was vor solchen emotionalen Wendepunkten geschieht: Können bestimmte Interaktionen im Protestverlauf systematisch zu solchen emotionalen Dynamiken und damit zu Gewalt führen? Und welche Rolle spielen Kontextfaktoren im Vergleich zu situativen Faktoren zur Gewalt?[24] Ein dritter Schwerpunkt lag auf der Frage, ob bestimmte Interaktions*kombinationen* für einen emotionalen Wandel und Gewaltentstehung wesentlich sein können.[25] Die neuere Forschung deutet zwar zunehmend auf die Rolle situativer Interaktionen – wie Raum, Bedrohung oder Kommunikation in Protesten – hin,[26] diese wurden jedoch bisher primär isoliert erforscht. Es bleibt daher unklar, ob sie spezifisch zusammenwirken müssen, um emotionale Dynamiken zu verändern.

Zur Analyse dieser Aspekte habe ich 30 friedliche und gewaltsame Demonstrationen vergleichend analysiert und insgesamt über 1.000 visuelle Daten und Dokumentdaten trianguliert. Ziel war es, jeden einzelnen Fall im kleinsten situativen Detail zu analysieren und gleichzeitig über genug Fälle für einen systematischen Vergleich von Gemeinsamkeiten und Unterschieden zwischen Fällen zu verfügen. Die verglichenen Großdemonstrationen fanden in Deutschland und den USA statt, um die Rolle von Raum in Fällen mit ähnlichen Protestrepertoires und Polizeikulturen zu analysieren.[27] Demonstrationen von 1960 – 2010 wurden untersucht, um die Rolle situativen Raums über die Jahrzehnte hinweg zu vergleichen.

Meine Analyse umfasste zwei Schritte:[28] Zunächst analysierte ich vier gewaltsame Protestabläufe, um theoretisch dichte, in sich hinreichend differenzierte Konzepte aus den Daten zu entwickeln.[29] Hierzu verwendete ich *Video Data Analysis* (VDA).[30] VDA ist ein analytischer Ansatz, der darauf abzielt, situatives

---

23 Nassauer, „From Peaceful marches".
24 Nassauer, „Theoretische Überlegungen"; dies., *Situational Breakdowns*.
25 Nassauer, „Situational dynamics".
26 Siehe unter anderem Fernandez, „Policing protest spaces"; Reicher et al., „Knowledge-based public order policing"; John A. Noakes & Patrick F. Gillham, „Aspects of the ‚New Penology' in the police response to major political protests in the United States, 1999 – 2000", in: Della Porta, Peterson & Reiter (Hg.), *The Policing of Transnational Protest*, 97 – 117.
27 Nassauer, *Situational Breakdowns*.
28 Ebd.
29 Anselm C. Strauss & Juliet M. Corbin, *Basics of Qualitative Research: Techniques and Procedures for Developing Grounded Theory*, Thousand Oaks: Sage Publications, 1998.
30 Legewie, Nicolas & Anne Nassauer, „Youtube, Google, Facebook: 21st century online video research and research ethics", in: Forum *Qualitative Sozialforschung* 19,3 [online 2018; konsultiert am 12.6.2019] http://www.qualitative-research.net/index.php/fqs/article/view/3130; Anne Nas-

Handeln und situative Dynamiken primär anhand visueller Daten zu untersuchen. Das Ziel von VDA ist es, eine Situation Schritt für Schritt nachzuvollziehen, zeitliche Abfolgen und Sequenzen herauszuarbeiten und – häufig durch fallübergreifende Vergleiche – nach kausalen Zusammenhängen zwischen situativen Handlungen und Situationsdynamiken einerseits und sozialen Ereignissen andererseits zu suchen. Je nach spezifischer Forschungsfrage konzentrieren sich VDA-Studien auf verschiedene analytische Dimensionen, um die Syntax situativer Dynamiken zu entschlüsseln: auf Bewegungen von Akteuren, deren Nutzung von Raum, Gesten, Gesichtsausdrücke und Körpersprache, Austausch von Blicken.[31]

Unter Verwendung von *Video Data Analysis* nutzte ich verschiedene Datentypen und Quellen, um jede Minute im Ablauf der Demonstrationen im ersten Sample zu rekonstruieren: Wer war wann wo, hat was getan und dabei welche Emotionen gezeigt? In diesem Analyseschritt wurden alle Daten ausgewertet, die dazu beitragen konnten ein möglichst umfangreiches Bild des Protestverlaufs zu gewinnen und eine räumlich-zeitliche Matrix jedes Protestverlaufs anzulegen (üblicherweise ein Zeitraum von 1,5 Stunden bis zum Gewaltausbruch, oder – in den friedlichen Fällen – zwei Stunden bis zur Beendigung der Demonstration).

In meiner Studie waren sowohl Körpersprache, Interaktionen, Gesichtsausdrücke, als auch Interpretationen von Akteuren und der Kontext der Situation Teil der Analyse. Ich untersuchte zunächst, basierend auf der Forschung von Ekman und Kollegen,[32] Emotionen in Gesichtern und Körpersprache von Akteuren in visuellen Daten und verglich diese Indikatoren mit Angaben zur emotionalen Verfassung von Akteuren in Dokumentdaten.[33] Durch die Triangulation von vi-

---

sauer & Nicolas Legewie, „Video Data Analysis: A methodological frame for a novel research trend", in: *Sociological Methods & Research* [online; konsultiert am 12.6.2019] http://dx.doi.org/10.1177/0049124118769093; dies., „Analyzing 21st century video data on situational dynamics – issues and challenges in video data analysis", in: *Social Sciences* 8, 3 (2019) [online; konsultiert am 19.3.2019] www.mdpi.com/2076-0760/8/3/100.

31 Nassauer, Legewie, „Video data analysis".

32 Paul Ekman, Wallace F. Friesen & Phoebe Ellsworth, *Emotion in the Human Face*, New York: Pergamon, 1972; Paul Ekman, *Emotions Revealed: Recognizing Faces and Feelings to Improve Communication and Emotional Life*, New York: Times Books, 2003.

33 Ekman, Friesen & Ellsworth *(Emotion in the Human Face)* haben Indikatoren identifiziert, durch die bestimmte Grundemotionen in menschlichen Gesichtern und Körpersprache kodiert werden können. Diese gelten als verlässlich, da Mimik und Gestik nicht immer bewusst kontrolliert werden können. Da diese universellen Emotionsausdrücke immer im Kontext interpretiert und in kulturellen Rahmenbedingungen analysiert werden müssen, die der Forscherin vertraut sind (Ekman, *Emotions Revealed*, 4 ff., 217; Hillary Anger Elfenbein & Nalini Ambady, „Universals and cultural differences in recognizing emotions", in: *Current Directions in Psychological Science* 12, 5 (2003): 159–164; laut Christian von Scheve, „The social calibration of emotion expression:

suellen Daten und Dokumentdaten untersuchte ich dann, ob bestimmte Interaktionen diesen identifizierten emotionalen Wandel in den gewaltsam endenden
Fällen systematisch herbeiführen. Anhand dieser Analyse von zunächst vier
Fällen (siehe auch Anhang 1) bildete ich Konzepte von identifizierten Interaktionen, die die emotionale Dynamik verändern und einen Einfluss auf Gewaltentstehung zu haben schienen. Dabei wurde auch ein situatives Raum-Konzept
gebildet, da es für die Gewaltentstehung relevant schien.

Die identifizierten Interaktionen wurden dann anhand von 30 Fällen (siehe
Anhang 1) mit *Qualitative Comparative Analysis* (QCA) analysiert.[34] QCA ist ein
Analysewerkzeug, das zunehmend in den Sozialwissenschaften genutzt wird,[35]
um systematische, formalisierte Fallvergleiche durchzuführen. QCA basiert auf
detaillierten Fallanalysen, in denen Konfigurationen von Bedingungen offenge-
gelegt werden, um Muster in den Daten zu identifizieren.[36] QCA hilft insbesondere
dabei zu untersuchen, ob bestimmte Kombinationen von Bedingungen zu einem
bestimmten Ergebnis führen können. Der Ansatz der *anchored calibration* für die
Analyse reichhaltiger qualitativer Daten in QCA[37] half dabei, QCA Bedingungen
transparent und nachvollziehbar zu konzeptualisieren und zu kodieren. In einem
dritten, qualitativen, Analyseschritt nutzte ich die QCA-Ergebnisse, um die Fälle

An affective basis of micro-social order", in: *Sociological Theory* 30, 1 (2012): 1–14), kann eine
Triangulation mit Dokumentdaten und die Analyse von Protesten in westlichen Demokratien
ratsam sein, um Emotions-Ausdrücke zuverlässig zu erforschen.

34 Charles C. Ragin, *The Comparative Method: Moving Beyond Qualitative and Quantitative
Strategies*, Berkeley: University of California Press, 1987; ders., *Fuzzy-Set Social Science*, Chicago:
Chicago University Press, 2000; ders., *Redesigning Social Inquiry: Fuzzy Sets and Beyond*, Chicago:
Chicago University Press, 2008. Es wurden separate QCA durchgeführt: Eine QCA mit dem ersten
Sample (30 Fälle) und eine QCA ohne das erste Sample (nur mit zufällig gezogenen 26 Fällen).
Beide Analysen kamen zu identischen Ergebnissen.

35 Benoît Rihoux et al., „From niche to mainstream method? A comprehensive mapping of QCA
applications in journal articles from 1984 to 2011", in: *Political Research Quarterly* 66, 1 (2013):
175–184.

36 Für einen guten Überblick, siehe Nicolas Legewie, „An introduction to applied data analysis
with Qualitative Comparative Analysis", in: *Forum Qualitative Social Research* 14, 3 [online Sept.
2013; konsultiert am 5.3.2019] http://www.qualitative-research.net/index.php/fqs/article/view/
1961/3594; Carsten Q. Schneider & Claudius Wagemann, *Qualitative Comparative Analysis (QCA)
und Fuzzy Sets: Ein Lehrbuch für Anwender und jene, die es werden wollen*, Opladen: Verlag Barbara Budrich, 2007.

37 Nicolas Legewie, „Anchored calibration: From qualitative data to fuzzy sets", in: *Forum
Qualitative Social Research* 18, 3 (2017) [online; konsultiert am 5.3.2019] http://www.qualitative-re
search.net/index.php/fqs/article/view/1961/3594.

neu zu beleuchten und eine umfassendere Erklärung von Gewaltentstehung zu entwickeln.[38]

Durch diese drei Analyseschritte identifizierte ich fünf Interaktionstypen, die in drei Kombinationen in moderaten Protestmärschen in Deutschland und den USA von 1960 bis 2010 zur Gewalt seitens der PolzistInnen oder seitens der DemonstrantInnen führen können. Alle drei Analyseschritte deuten darauf hin, dass Raum eine große Relevanz in diesen Kombinationen und der Gewaltentstehung zukommt. Die Bedingung „territoriale Eingriffe" wurde im ersten Analyseschritt aus den vier Fällen gebildet und trat in systematischen Fallvergleichen der 30 Fälle in jeder der drei Interaktionskombinationen zu Gewalt auf. In einem dritten Analyseschritt wurden sie als notwendig für die Gewaltentstehung im Sample bestätigt.

Das Konzept

Was genau meint eine situative Definition von Raum im Zusammenhang mit dem Begriff „territoriale Eingriffe"? Territoriale Eingriffe liegen vor, wenn Akteure einer Gruppe (Polizei oder Demonstrierende) während der Demonstration in den zugewiesenen oder ausgehandelten Raum der jeweils anderen Gruppe eindringen. Ein territorialer Eingriff findet beispielsweise statt, wenn Demonstrierende die Demonstrationsroute verlassen und einen nahegelegenen öffentlichen Platz besetzen, wenn die Polizei die Demonstrationsroute blockiert oder in das Versammlungsareal der Abschlusskundgebung einer Demonstration eindringt.

Hier geht es konzeptuell nicht darum, dass die zwei ‚gegnerischen' Seiten physischen Kontakt herstellen, sich auf engem Raum gegenseitig schieben, drängeln oder rempeln. Das Konzept verlangt lediglich, dass eine Gruppe in den zugewiesenen Raum der anderen Gruppe eindringt, ohne dass physische Nähe zwischen Akteuren dafür notwendig oder dadurch gegeben ist. Es ist ferner wichtig zu betonen, dass es sich hier um territoriale Eingriffe im Rahmen von Demonstrationsmärschen handelt, die also an sich in einem ausgehandelten Raum – der abgesprochenen Demonstrationsroute – stattfinden, der dann durch territoriale Eingriffe innerhalb der Demonstration neu verhandelt wird.[39]

Da das Konzept „Raum" in der Forschung häufig sehr breit konzeptualisiert ist,[40] ist ein Ziel dieses Beitrags, die räumliche Komponente so eng zu fassen, dass

---

38 Legewie, „An introduction to Applied Data Analysis with Qualitative Comparative Analysis".
39 Andere Protestformen hingegen, wie *sit-ins*, oder die Besetzungen von Gebäuden, können *per se* eine Form räumlicher Eingriffe darstellen.
40 Sewell, „Space in contentious politics", 52.

sie unmittelbar in Daten von Protestabläufen messbar ist. Dies ist durch die Bildung sogenannter *two level concepts* möglich.[41] Diese sind so angelegt, dass die Konzepte von einer abstrakten Ebene auf eine sekundäre Ebene und schließlich auf eine Indikatoren-Ebene heruntergebrochen werden wie Abbildung 1 illustriert. Während die sekundäre Ebene das Konzept spezifisch definiert, zeigt die Indikatoren-Ebene, wie das Konzept konkret in Daten gemessen werden kann. „Und"- bzw. „oder"-Verknüpfungen helfen, den Aufbau des Konzepts zu spezifizieren (siehe Abbildung 1): „Und" bedeutet, dass beide Aspekte auf der Sekundär- oder Indikatoren-Ebene vorliegen müssen, damit das nächst höhere Level (von links nach rechts) als gegeben kodiert wird. „Oder"-Verknüpfungen meinen, dass nur einer der Aspekte vorliegen muss, um das nächsthöhere Level als gegeben zu kodieren.[42] Diese Zwei-Ebenen-Konzepte spielen eine wichtige Rolle im Ansatz der *anchored calibration* für QCA,[43] da sie dabei helfen, abstrakte Konzepte auf konkrete Interaktionen herunterzubrechen, diese direkt in den Daten zu messen und sie systematisch und transparent zu abstrakten Konzepten zusammenzufassen.

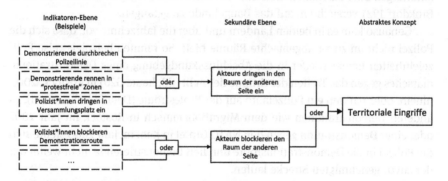

Abbildung 1: Konzeptstruktur Territorialer Übergriffe

Kommt es also, wie Abbildung 1 zeigt, in einer Demonstration vor, dass Videos und Dokumentdaten zeigen, dass die Polizei beispielsweise ein Fahrzeug auf der Demonstrationsroute geparkt hat, wird der Fall auf der sekundären Ebene als „Akteure dringen in den Raum der anderen Seite ein" kodiert. Das abstrakte

---

41 Gary Goertz & James Mahoney, „Two-level Theories and Fuzzy-Set Analysis", in: *Sociological Methods & Research* 33, 4 (2005): 497–538.; Gary Goertz, *Social Science Concepts: A User's Guide*, Princeton: Princeton University Press, 2006.

42 Ebd.

43 Legewie, „Anchored calibration: From qualitative data to fuzzy sets".

Konzept „Territoriale Eingriffe" liegt somit in diesem Fall vor. Diese Spezifizierung transparenter Konzeptstrukturen ermöglicht es, Forschungsabläufe transparent zu gestalten und kommt so der Reproduzierbarkeit und Reliabilität sozialwissenschaftlicher Forschung zu Gute.[44]

Wie sieht das Konzept territorialer Eingriffe konkret empirisch aus? Wir finden territoriale Eingriffe beispielsweise in einer Demonstration gegen das *Free Trade of the Americas* (FTAA) Treffen in Miami, 2003, als Demonstrierende Ankerhaken an den Zaun um das Gipfelgelände werfen, um ihn zu überwinden. Sie existieren auch in Demonstrationen gegen Studiengebühren in Deutschland sowohl in Frankfurt, 2008, als Demonstrierende Richtung Autobahn, oder in Hannover 2009 als sie zum Parlamentsgebäude rennen (siehe Liste der analysierten Fälle im Anhang 1). Territoriale Eingriffe kommen jedoch nicht erst seit den 2000ern gelegentlich in Protesten in Deutschland und den USA vor, sondern sind ebenfalls in früheren Zeiträumen in beiden Ländern zu finden: Sie spielten beispielsweise eine Rolle, als Demonstrierende 1988 in New York nach einer Kundgebung gegen die geplante Sperrstunde im *Tompkins Square Park* in den Park eindrangen oder als Demonstrierende bei einem Marsch gegen den Bau des AKW Brokdorf 1981 versuchten, auf das Baugelände zu gelangen.

Genauso kam es in beiden Ländern und über die Jahrzehnte vor, dass sich die Polizei nicht an zuvor abgemachte Räume hielt. So rannten beispielsweise Polizeieinheiten immer wieder in die Abschlusskundgebung eines Demonstrationsmarsches gegen das Treffen der Gruppe der Acht (G8, heute G20) in Rostock, 2007, hinein, oder parkten ein Polizeiauto auf der Protestroute (Details siehe unten). In anderen Demonstrationen wie dem Migrationsmarsch in Rostock im Jahr 2007 oder einer Demonstration gegen den NATO Gipfel in Kehl im Jahr 2008 stellte sich die Polizei in die Demonstrationsroute und ließ Demonstrierende nicht weiter auf der zuvor genehmigten Strecke laufen.

Territoriale Eingriffe bedeuten also, dass Demonstrationsrouten blockiert oder Versuche unternommen werden, sie zu verlassen. Es wird versucht, Gebäude zu besetzen oder Zäune zu überwinden, oder es wird in den Raum der anderen Gruppe hineingerannt. Wie die Beispiele zeigen, geht es hier also um Raum, der zuvor aufgeteilt und dessen Nutzung von den OrganisatorInnen und der Einsatzleitung abgesprochen worden ist. Innerhalb der Demonstration beginnt dann jedoch eine Gruppe, oder ein Teil einer Gruppe, bewusst oder unbewusst, diese

---

44 Alexander L. George & Andrew Bennett, *Case Studies and Theory Development in the Social Sciences*, Cambridge, MA: MIT Press, 2005, 70; Gary King, Robert O. Keohane & Sidney Verba, *Designing Social Inquiry*, Princeton: Princeton University Press, 1994, 2.

Absprache zu missachten, versucht die gefundene Raumaufteilung in Frage zu stellen oder neu auszuhandeln.

Territoriale Eingriffe und Gewaltausbruch

Anspannung und Angst im Protestverlauf

Warum kommt territorialen Eingriffen eine besondere Relevanz in der Gewaltentstehung zu? Verschiedene empirische Beispiele können ihre Auswirkungen veranschaulichen – so auch die Großdemonstration gegen den G8 Gipfel im Ostseebad Heiligendamm, der dort vom 6.–8. Juni 2007 im Grand Hotel Kempinski stattfand. Von Januar 2007 an wurde ein 12 km langer und 2,5 m hoher Zaun um den Tagungsort gebaut – mit Stacheldraht, Bewegungsmeldern und Überwachungskameras. Die Kosten für den Zaun beliefen sich auf 12.5 Millionen Euro, für den gesamten Gipfel auf ca. 92 Millionen Euro.[45] Durch den primär aus öffentlichen Geldern finanzierten Zaun konnten Demonstrierende nur in einiger Entfernung zum Tagungsort protestieren. Sie taten dies vor allem in der nahegelegenen Stadt Rostock.

Am 2. Juni 2007 fand als Auftakt zu den G8 Protesten eine Großdemonstration in der Rostocker Innenstadt statt. Demonstrierende marschierten vom Bahnhof aus zu einem Versammlungsplatz am Stadthafen, wo eine Bühne für Reden und Konzerte aufgebaut war. Die Demonstration war angemeldet, die Route genehmigt. Die Polizei hatte eine Deeskalations-Strategie für den Einsatz festgelegt. Die Anmelder der Demonstration hatten ihre friedlichen Intentionen verkündet.

Innerhalb des Demonstrationsablaufes kam es dann jedoch zu verschiedenen eskalierend wirkenden Interaktionen – so auch zu räumlichen Eingriffen: Ein geparktes Polizeiauto stand beispielsweise auf der Demonstrationsroute, dort wo sich die Demonstration von der Straße auf den Versammlungsplatz am Stadthafen verteilen sollte.[46] Demonstrierende griffen das Fahrzeug mit Steinen an. Kurze Zeit

---

45 Anonym, „Vor dem G-8-Gipfel: Der Zaun ist zu in Heiligendamm", in: *Frankfurter Allgemeine Zeitung*, 30. Mai 2007 http://www.faz.net/aktuell/politik/inland/vor-dem-g-8-gipfel-der-zaun-ist-zu-in-heiligendamm-1437006.html; N-TV, *G8-Gipfel in Heiligendamm: Gipfel, Protest, Polizei, Zaun* [online am 20. April 2007; konsultiert am 5. 3. 2019] http://www.n-tv.de/politik/dossier/Gipfel-Protest-Polizei-Zaun-article338781.html.

46 Gewerkschaft der Polizei, *G-8 Gipfel in Heiligendamm: Gewerkschaftliche Aufbereitung des Polizeieinsatzes. Gewerkschaft der Polizei.* [online 1. 9. 2007; konsultiert 4. 3. 2019] http://docplayer. org/108334160-Gewerkschaft-der-polizei-in-heiligendamm-gewerkschaftliche-aufbereitung-des-

später rannten Polizeieinheiten immer wieder auf den sich mit Demonstrierenden füllenden Versammlungsplatz. Einheiten von ca. zwölf PolizistInnen standen kurzzeitig Rücken an Rücken in der Gruppe der Demonstrierenden, zogen sich zurück und liefen erneut in die Demonstration hinein. Obwohl in vielen Aufnahmen zu sehen ist, dass Demonstrierende die Hände heben oder eine Schneise frei machen, damit die Beamten sich nicht eingekesselt und bedroht fühlen,[47] kommt es dennoch zunehmend zu Auseinandersetzungen auf dem und um das Protestgelände. Sowohl die Polizei, als auch Demonstrierende wenden Gewalt an und die Situation eskaliert bis in den späten Abend. Über 1.000 Menschen werden in Folge der Zusammenstöße verletzt.

Welchen Einfluss hatten territoriale Eingriffe konkret auf die Eskalation? Visuelle Daten belegen, dass Demonstrierende in Rostock – wie auch in anderen Demonstrationen – aufgrund von territorialen Eingriffen und anderen eskalierend-wirkenden Interaktionen einen Anstieg von Anspannung und Angst zeigen. Im Fallbeispiel Rostock fragen sich Demonstrierende vor allem, warum die Polizei das Polizeiauto auf *ihrer* Demonstrationsroute geparkt hat. Wollten sie damit provozieren? Demonstrierende sind irritiert, dass Polizeieinheiten daraufhin ohne ersichtlichen Grund in das Versammlungsareal laufen, jedoch keinerlei Festnahmen oder andere Handlungen damit einhergehen. Da die Einheiten sich von der Straße aus nähern, der Platz am Stadthafen auf den anderen drei Seiten jedoch von Hafenwasser und der Bühne begrenzt ist, können Demonstrierende sich nicht problemlos zurückziehen. Viele fragen sich, was sie getan haben, dass dieses Eindringen in ihren Raum rechtfertigt?[48]

Wie oben erwähnt, können territoriale Eingriffe umgekehrt auch von Demonstrierenden ausgeführt werden und die Polizei beunruhigen. In anderen Demonstrationen fragen sich beispielsweise PolizistInnen besorgt: Warum haben Demonstrierende die ausgehandelte Demonstrationsroute verlassen? Wollen sie Sachbeschädigung in einem andern Teil der Stadt verüben? Beamte sind dafür verantwortlich, dass der Verkehr und Ablauf im Rest der Stadt nicht beeinträchtigt wird. Oder planen Demonstrierende gar einen Angriff auf die Polizei? Wenn sie sich schon nicht an die ausgehandelte Demonstrationsroute halten, Regeln, die abgemacht waren, missachten, wer sagt dann, dass sie es dabei belassen?, so

---

polizeieinsatzes-allgemeines-einsatzgeschehen.html; Elke Steven & Wolf-Dieter Narr, *Gewaltbereite Politik und der G8 Gipfel*, Einhausen: hbo-Druck, 2007.

47 Fels, „G8-Gipfel 2007" [online auf *Fels – Für eine linke Strömung*, 19.7.2007; konsultiert 4.3. 2019] http://fels.nadir.org/de/galerie/g8-gipfel-2007; Jamsven, *G8 – Polizei Taktik?* [online am 6.6. 2007; konsultiert am 5.3.2019]. http://www.youtube.com/watch?v=bqIvShEZ4Po&feature=youtu be_gdata_player.

48 Steven & Narr, *Gewaltbereite Politik*.

häufig die Wahrnehmung der Polizei nach territorialen Eingriffen.[49] Fallvergleiche deuten darauf hin, dass territoriale Eingriffe somit auf beiden Seiten zu einem drastischen Anstieg von Anspannung und Angst in generell friedlichen Demonstrationen beitragen können.[50]

Die Demonstration in Rostock eignet sich als Beispiel, da hier gleich zwei Formen territorialer Eingriffe vorkamen, die beide drastische Folgen für den weiteren Protestverlauf hatten. So folgert zum einen ein Polizeipsychologe später, dass der territoriale Eingriff durch das Polizeifahrzeug auf der Demonstrationsroute maßgeblich für die Eskalation in Rostock verantwortlich war:

> Bis zu diesem Zeitpunkt war die Demonstration überwiegend friedlich verlaufen. Eine Stimmung irgendwo zwischen Karneval und Love Parade. [...] Dann stand da ein Polizeifahrzeug am Kundgebungsplatz. Das empfanden einige Teilnehmer offensichtlich als Herausforderung. Das Fahrzeug wurde attackiert, eine Gruppe von Polizeibeamten versuchte einzugreifen, und danach überstürzten sich die Ereignisse.[51]

Gleichzeitig schien eine weitere Form des territorialen Eingriffs drastische Auswirkungen auf die Eskalation zu haben: Protestbeobachter einer Menschenrechtsorganisation und andere Quellen geben an, dass die Tatsache, dass PolizistInnen auf den Versammlungsplatz rannten, „offensichtlicher Hauptgrund für die Eskalation am Hafen" war.[52]

Visuelle Daten sowie Dokumente von Medien, Demonstrierenden, der Polizei und anderen Beobachtern zeigen, wie territoriale Eingriffe Anspannung und Angst seitens der davon betroffenen Gruppe über die analysierten Demonstrationen hinweg steigern:[53] Zu Beginn der Rostocker Demonstration zeigen beispielsweise visuelle Daten, dass DemonstrantInnen und PolizistInnen, wie auch

---

49 Siehe unter anderem Seattle Police Department, *The Seattle Police Department After Action Report: World Trade Organization Ministerial Conference, Seattle, Washington November 29 – December 3*, 1999 [online 2000] www.seattle.gov/police/publications/WTO/WTO_AAR.PDF; Citizens' Panel on WTO Operations, *Report to the Seattle City Council WTO Accountability Committee by the Citizens' Panel on WTO Operations* [online 7.9.2000; konsultiert 4.3.2019] http://www.seattle.gov/archive/wtocommittee/panel3_report.htm; City of Seattle, *Interactive Incident Map with Police Incident Timeline Description of Nov 30 1999 Seattle Protests*, [online 2008; konsultiert 4.3.2019] http://www.seattle.gov/archive/wtocommittee/maps/1130_800_829.htm.

50 Nassauer, *Situational Breakdowns*.

51 AG Friedensforschung, *Eine Demonstration gehört den Demonstranten* [online 4. Juni 2007; konsultiert 4.3.2019] http://www.ag-friedensforschung.de/themen/Globalisierung/g8-2007/gewalt3.html.

52 Steven & Narr, *Gewaltbereite Politik*, 56.

53 Nassauer, „Theoretische Überlegungen zur Entstehung von Gewalt in Protesten"; Nassauer, „Situational dynamics and the emergence of violence during protests".

Polizeipsychologe Siebert zusammenfasste, entspannt, fröhlich oder gelangweilt aussehen: Einige tanzen oder machen Musik, andere tragen bunte Banner oder Pappmaschee-Figuren. Wieder andere unterhalten sich mit der Polizei, Protestclowns machen für lächelnde Polizisten Seifenblasen.[54] Durch territoriale Eingriffe, neben weiteren eskalierenden Interaktionen, ändert sich diese emotionale Stimmung: DemonstrantInnen zeigen nun klassische Indikatoren von Anspannung und Angst:[55] Ihre Augenbrauen sind angehoben und zusammengezogen, das obere Augenlid ist angespannt, viele haben einen offenen Mund und eine angespannte Körperhaltung, die Schultern sind dabei hochgezogen. Beamte zeigen ebenfalls Anspannung und Angst: Auch ihre Schultern sind hochgezogen, sie sehen sich nervös um, obwohl sie Rücken an Rücken zueinander stehen.[56]

Meine Studie deutet darauf hin, dass territoriale Eingriffe gemeinsam mit anderen Interaktionen im Protestverlauf eskalierend wirken, da sie systematisch zu einer Steigerung von Anspannung und Angst führen.[57] Gewalt wird jedoch in der Regel erst dann ausgelöst, wenn Akteure unter solchen Vorbedingungen emotionale Dominanz gewinnen. Dies geschieht beispielsweise wenn PolizistInnen oder DemonstrantInnen isoliert, in Unterzahl oder gestürzt sind.[58] Doch warum und wie können situative Aushandlungen von Raum wesentlich zu einer Steigerung von Anspannung und Angst beitragen? Wann können territoriale Eingriffe Gewalt begünstigen und wann nicht?

---

54 Für visuelle Daten siehe unter anderem Heinzberger, Anna, „rostock_g8" [online auf *Kommunisten-online* am 5.6.2007; konsultiert 2016] http://kommunisten-online.de/Archive/innen/ro stock_g8.htm; Jubilee Australia [online 2. Juni 2007; konsultiert am 5.3.2019] http://www.jubilee australia.org/photo-galleries.html; Transnational Institute, *March G8 2 June, Rostock 2007* [online Juni 2007; konsultiert am 6.3.2019] https://www.flickr.com/photos/tni/552243023/; Davinca, *the answer my friend is blowing in the wind* [online am 7.7.2007; konsultiert 4.3.2019] https://www.flickr.com/photos/davinca/534686760/.

55 Ekman, *Emotions Revealed*, 148 ff.; Stefan Klusemann, „Atrocities and confrontational tension", in: *Frontiers in Behavioral Neuroscience* 3, 42 (2009), 9.

56 Für visuelle Daten, siehe unter anderem Jamsven, *G8 – Polizei Taktik?*; Léglise-Bataille, Hughes, *June 2* [online am 2.6.2007; konsultiert am 5.3.2019] https://www.flickr.com/photos/hug hes_leglise/527069597/in/photostream/.

57 Collins, *Violence*; Collins, „The micro sociology of violence"; Nassauer, „Situational dynamics"; dies, *Situational Breakdowns*.

58 Nassauer, „From peaceful marches to violent clashes: a micro-situational analysis".

Territoriale Eingriffe als Regelverletzung und Vertrauensbruch

Diese starke Bedeutung territorialer Eingriffe im Protestverlauf ergibt sich, da es sich hier um die Verletzung und Missachtung eines zuvor ausgehandelten – wenn auch in seiner Relevanz nicht immer bewussten – Raumes handelt. Raum ist häufig eine Art Komfortzone oder Rückzugspunkt für Akteure. So ist für PolizistInnen auf Streife die Kontrolle des situativen Raums, in dem sie sich aufhalten, ein wesentlicher Aspekt ihrer Arbeit.[59] Dieses Bedürfnis zeigt sich in ähnlicher Weise bei Opfern von Einbrüchen, die häufig nicht nur vom Verlust ihrer materiellen Gegenstände betroffen sind, sondern auch davon, dass sich jemand in ihrem privaten Raum aufgehalten hat. Ferner zeigt Forschung zu bewaffneten Raubüberfällen auf der Straße, dass Täter häufig in den Gegenden Überfälle verüben, in denen sie auch leben. Obwohl dies die Wahrscheinlichkeit erhöht, dass sie erkannt und gefasst werden, scheint es ihnen dennoch zu wichtig, dass sie diese Gegend sehr gut kennen und sich daher dort sicherer fühlen.[60]

In Demonstrationen scheint die Bedeutung von Raum als Rückzugsbereich ähnlich zu sein. Wie einleitend erwähnt, ist es immanenter Bestandteil eines Demonstrationsmarsches, sich bestimmten öffentlichen Raum für eine festgelegte Zeit anzueignen, um zu protestieren. Der in den USA häufig von Demonstrierenden verwendete Slogan „Whose streets? Our streets!" bringt dies symbolisch zum Ausdruck. Gleichzeitig ist es, wie einleitend erwähnt, Aufgabe der Polizei, öffentlichen Raum zu kontrollieren bzw. die Kontrolle über öffentlichen Raum nicht zu verlieren.

Für beide Seiten ist ihr jeweiliger Raum also eine eigene, sichere Zone. Bestimmte Straßen oder Plätze sind für Demonstrierende tabu und es ist eine der Aufgaben der Polizei, dass diese Räume auch im Ausnahmefall vom Demonstrationszug nicht betreten werden. Aus Sicht der Polizei muss sichergestellt werden, dass die Gegend außerhalb der Demonstrationsroute nicht durch die Demonstration beeinträchtigt wird. Das heißt, Demonstrierende haben einen bestimmten Raum zur Verfügung, um ihren Forderungen vor den Medien und einer breiten Öffentlichkeit Ausdruck zu verleihen, jedoch können sie sich nicht frei als Gruppe durch die Stadt bewegen. Der öffentliche Raum der Stadt ist in diesem Kontext Territorium der Polizei. Dringt dann eine Gruppe in den zugewiesenen Raum der anderen Gruppe ein, steigen Anspannung und Angst drastisch an. Dies geschieht, da implizite Abmachungen nicht eingehalten werden. Es

---

59 Rubinstein, *City Police.*
60 Wright & Decker, *Armed Robbers in Action,* 95 ff.

kann davon ausgegangen werden, dass so eine Seite wahrnimmt von der anderen getäuscht worden zu sein und ihr daher nicht mehr vertrauen zu können.[61]

Territoriale Eingriffe in Kombinationen

Fallvergleiche zeigen, dass territoriale Eingriffe alleine jedoch nicht zu Protestgewalt führen, sondern dazu immer mit anderen Faktoren im Protestverlauf gemeinsam auftreten müssen. Meine Studie hat drei Kombinationen von eskalierenden Interaktionen im Protestverlauf identifiziert, die systematisch zu Gewalt führen: In jeder dieser Kombinationen, die hinreichend zur Gewaltentstehung sind, tritt auch die Interaktion durch territoriale Eingriffe auf. Das heißt, dass territoriale Eingriffe in den 30 analysierten moderaten linken Protestmärschen in Deutschland und den USA von 1960 bis 2010 eine notwendige, jedoch keine hinreichende Bedingung für den Gewaltausbruch waren.

In einer der drei identifizierten Kombinationen, die zu Gewalt führen,[62] treten territoriale Eingriffe gemeinsam mit ‚Organisatorischen Schwierigkeiten der Polizei‘ auf (das heißt z. B. dass die Einsatzleitung Überblick und Kontrolle über den Einsatz verliert). Diese Kombination führt dazu, dass PolizistInnen einen Kontrollverlust über den Einsatz wahrnehmen, da sie auf territoriale Eingriffe aufgrund organisatorischer Schwierigkeiten nicht angemessen reagieren können. So steigt Anspannung und Angst durch diese Kombination drastisch an. PolizistInnen versuchen, den interpretierten Kontrollverlust rückgängig zu machen und Gewalt entsteht, wenn sie emotionale Dominanz in einer konkreten Situation gewinnen.[63]

In der zweiten Kombination treten territoriale Eingriffe gemeinsam mit ‚Zeichen der Eskalation‘ (Handlungen, die als Indiz immanenter Eskalation gewertet werden, wie z. B. Steine sammeln und Vermummen, oder Bombendrohungen) und ‚Sachbeschädigung der Demonstrierenden‘ (z. B. das Einschlagen einer Scheibe) auf. Je nachdem welche Seite die territorialen Eingriffe und Zeichen der Eskalation verübt, interpretiert die andere Seite einen immanenten Angriff, was ebenfalls dazu führt, dass ein Bedrohungsszenario und ein Zusammenbruch gewohnter Interaktions-

---

61 Unter anderem Citizens' Panel on WTO Operations, *Report to the Seattle City Council*; Seattle Police Department, *The Seattle Police Department After Action Report*.
62 Für Details siehe Nassauer, *Situational Breakdowns*; siehe auch dies., „Theoretische Überlegungen zur Entstehung von Gewalt in Protesten" und dies., „Situational dynamics and the emergence of violence during protests".
63 Für Details siehe Nassauer, „From peaceful marches to violent clashes: a micro-situational analysis".

Routinen wahrgenommen wird und Anspannung und Angst steigen.[64] Auch hier bricht Gewalt dann nach dem Auftreten emotionaler Dominanz aus.

Schließlich kommen in einer dritten Kombination territoriale Eingriffe mit ‚Zeichen der Eskalation' und ‚Kommunikationsschwierigkeiten zwischen Demonstrierenden und der Polizei' (z. B. aufgrund inhaltlicher oder technischer Probleme) zusammen. Hier führt der Informationsmangel über Ziele und geplante Handlungen der anderen Seite vor dem Hintergrund von territorialen Eingriffen und Zeichen der Eskalation zu einem Anstieg von Anspannung und Angst und zur Gewalt.[65]

Was bedeutet es dann, dass territoriale Eingriffe nicht hinreichend für die Gewaltentstehung sind? Es bedeutet, dass sie zwar in Kombination zu Gewalt führen, jedoch nicht alleine Gewalt auslösen können. So waren territoriale Eingriffe in Rostock zwar wesentliche Grundlage für einen emotionalen Wandel, nur in Kombination mit anderen eskalierenden Faktoren, konnten sie jedoch Gewalt hervorbringen.

Gleichzeitig finden sich im Datensatz mehrere Fälle, in denen territoriale Eingriffe auftraten, es aber dennoch nicht zu Gewalt kam. Ein Beispiel ist die Demonstration gegen den Vietnamkrieg in Washington, DC, 1971. Hier kam es zu territorialen Eingriffen seitens der Demonstrierenden des viel größer als geplant ausfallenden Protestmarsches: Sie kletterten auf Fahnenmäste, in Bäume, strömten in die umliegende Straßen und badeten in öffentlichen Brunnen. Einzelne setzten die Fahne des Pentagons auf Halbmast.[66] Die Polizei hatte jedoch einen Großeinsatz gegen eine darauffolgende Protestaktion geplant: Die sogenannte Gruppe des *May Day Tribe* hatte vor, direkte Aktion und zivilen Ungehorsam zu nutzen, um Kongresssitzungen zu verhindern. So ließ die Polizei die Demonstrierenden des Protestmarsches sich frei bewegen und wartete ab, um später gegen den *May Day Tribe* zum Einsatz zu kommen.[67] Beamte hatten daher trotz territorialer Eingriffe des Protestzuges in ihren Raum weiterhin den Ein-

---

64 Nassauer, „Situational dynamics"; dies., *Situational Breakdowns*.
65 Für mehr Informationen zu diesen Kombinationen siehe Nassauer, *Situational Breakdowns*.
66 CBS Evening News with Roger Mudd, *200,000 at Washington Peace march* [online 21.3.2009; konsultiert 4.3.2019] http://www.youtube.com/watch?v=9KuvjRTQo2U&feature=youtube_gdata_player; William Ling, *Spring Offensive 1971 – Mayday March on Washington* [online am 19.2.2012; konsultiert am 5.3.2019] http://www.youtube.com/watch?v=0dTEzIBcHfo&feature=youtube_gdata_player; Ingrid Gilcher-Holtey, *Die 68er Bewegung: Deutschland, Westeuropa, USA*, München: Verlag C.H. Beck, 2001.
67 The Learning Network, „May 3, 1971 – Mayday tribe holds antiwar demonstration", in: *The New York Times – The Learning Network Blog*, 3. Mai 2012 [online; konsultiert 4.3.2019] http://learning.blogs.nytimes.com/2012/05/03/may-3-1971-mayday-tribe-holds-anti-war-demonstration-in-washington/.

druck, die Kontrolle über den Einsatz zu haben. Die Interpretation der Situation als ein spezifisches Bedrohungsszenario blieb aus.

Kommen, wie oben diskutiert, jedoch andere eskalierend wirkende Interaktionen im Protestverlauf hinzu, kann es zu einer spezifischen Interpretation kommen, die Anspannung und Angst massiv steigert. Wäre die Polizei, so zeigen Fallvergleiche, zusätzlich mit starken organisatorischen Schwierigkeiten konfrontiert gewesen, hätten die tausenden Demonstrierenden in Bäumen und am Pentagon ihnen Sorge bereitet.[68] Hätten sie, wie in anderen Demonstrationen meiner Studie, Bombendrohungen erreicht oder hätten sie beobachtet, wie Demonstrierende Steine sammeln und danach den Kontakt zu den Demonstrationsanmeldern verloren, hätten sie sich konkret bedroht gefühlt.[69]

Während territoriale Eingriffe demnach einen wichtigen Beitrag zur Interpretation eines Bedrohungsszenarios und so zu Anspannung und Angst leisten, führen sie alleine zu keiner spezifischen Interpretation von Akteuren, die Gewalt begünstigt. Gleichzeitig deutet meine Analyse darauf hin, dass ein situatives Raumkonzept zum Verständnis von Protestabläufen, emotionalen Dynamiken und der Entstehung kollektiver Gewalt in den analysierten Fällen beitragen kann. Der Einfluss territorialer Eingriffe auf Protestgewalt ist gleichermaßen für die Polizei und Demonstrierende in den analysierten Protestmärschen zu finden, sowie in Deutschland und den USA über verschiedene Jahrzehnte.

Ausblick

Dieser Beitrag hat sich mit der Rolle des Raumes für die Entstehung kollektiver Gewalt in Protesten beschäftigt. Hierzu wurde zunächst ein transparentes Konzept situativen Raumes aus Daten vergleichbarer Protestereignisse gebildet. „Territoriale Eingriffe" wurden als notwendige Bedingung für die Gewaltentstehung in Fallvergleichen identifiziert, da sie ein wichtiger Teil jeder Kombination zur Gewaltentstehung sind. Indem sie die Interpretation nahelegen, dass Interaktions-Routinen zusammengebrochen seien und eine akute Bedrohung vorläge, steigern sie Anspannung und Angst drastisch.[70] Es wurde jedoch gezeigt, dass

---

68 Vgl. die Demonstration gegen den Vietnamkrieg zum Pentagon im Jahr 1967; Anne Nassauer, „Forward panic and police riots", in: Daniel Ziegler, Marco Gerster & Steffen Krämer (Hg.), *Framing Excessive Violence – Discourse and Dynamics*, Basingstoke: Palgrave McMillan, 2015, 37–58.
69 Vgl. die Proteste in New Jersey, Rostock, Seattle, Anhang 1; für weitere Details siehe Nassauer, *Situational Breakdowns*; dies., „Situational dynamics and the emergence of violence during protests".
70 Nassauer, „Situational dynamics"; dies, *Situational Breakdowns*.

territoriale Eingriffe allein nicht hinreichend zur Gewaltentstehung sind, sondern immer gemeinsam mit anderen eskalierend wirkenden Interaktionen auftreten müssen, um in bestimmten Kombinationen zu Gewalt in Protesten zu führen.

In diesem Beitrag wurde ferner diskutiert, warum situativem Raum eine wesentliche Rolle in der Gewaltentstehung in Demonstrationsmärschen zukommt. Raum stellt allgemein eine Art Komfortzone oder Rückzugsbereich für Akteure dar. In moderaten Großdemonstrationen in Deutschland und den USA, die hier untersucht wurden, wird Raum vor Protestbeginn üblicherweise verhandelt und zugewiesen. Hält sich eine Gruppe dann nicht an diese Abmachung, kann dies bei der anderen Gruppe zu einem Gefühl der Bedrohung führen. Interessanterweise scheint diese Dynamik gleichermaßen für DemonstrantInnen und PolizistInnen zu gelten, sowohl in Deutschland als auch in den USA über verschiedene Jahrzehnte (1960 – 2010) hinweg.

Aus diesen Ergebnissen lassen sich vier offene Fragen für zukünftige Forschung ableiten: Es scheint zunächst sinnvoll, Raum situativ zu fassen und anhand konkreter Gewaltformen zu untersuchen. Auf den Befunden meiner Analyse aufbauend können zukünftige Studien sich unter anderem detaillierter mit der Ökologie von Protesten und Protestgewalt beschäftigen. Es gilt zu klären, ob bestimmte Raumaufteilungen, Straßenführungen, Engpässe oder das Passieren von wichtigen Gebäuden oder Baustellen einen wesentlichen Einfluss auf den situativen Protestverlauf und die Gewaltentstehung haben können.[71]

Zweitens könnten Studien konkret untersuchen, ob die Schwere eines territorialen Eingriffs, die verschiedenen Protestformen immanent ist, einen Einfluss auf die Gewaltentstehung hat. Führt zum Beispiel der immanent höhere Grad an territorialen Eingriffen in der Protestform *Sit-in* dazu, dass hier Gewalt häufiger vorkommt als beispielsweise in Demonstrationsmärschen, die einen niedrigeren Grad immanenter territorialer Eingriffe aufweisen?

Drittens können Studien analysieren, ob die steigende Bedeutung des Raumes bei Demonstrationen des *Global Justice Movement* den von der Forschung attestierten Gewaltanstieg in diesen Protesten erklären kann.[72] Da im Rahmen dieser Gipfel eher räumliche Abgrenzungen vorgenommen werden (u. a. durch weiträumige Absperrungen, oder der Festlegung sogenannter *no-protest zones*),

---

71 Vgl. Zhao, „Ecologies of social movements".
72 Vgl. Della Porta, Peterson & Reiter (Hg.), *The Policing of Transnational Protest*; Patrick F. Gillham, „Securitizing America: Strategic incapacitation and the policing of protest since the 11 September 2001 terrorist attacks", in: *Sociology Compass* 5, 7 (2011): 636 – 652; Clark McPhail & John D. McCarthy, „Protest mobilization, protest repression, and their interaction," in: Christian Davenport, Hank Johnston & Carol Mueller (Hg.), *Repression and Mobilization*, Minneapolis: Minneapolis University Press, 2005, 3 – 33.

könnten Raumaushandlungen hier an zusätzlicher Bedeutung gewinnen: PolizistInnen wollen diese Zonen schützen, während Demonstrierende genau in diesen Zonen demonstrieren wollen, um gehört zu werden. Studien könnten systematisch untersuchen, ob dieser beiderseitig verstärkte Fokus auf Raum erklären kann, warum es etwas häufiger zu Protestgewalt in diesen Demonstrationen kommt als noch in den 1980ern und Anfang der 1990er Jahre. Weitere Studien könnten ferner beleuchten, ob Protestgewalt über alle Jahrzehnte hinweg nur selten entsteht,[73] da territoriale Eingriffe gleichwohl alleine keine Gewalt auslösen können, sondern, wie meine Studie andeutet, nur spezifische Kombinationen situativer Interaktionen zur Gewalt führen.

Eine vierte offene Frage ist, ob Raum und besonders situative territoriale Konflikte auch für die Entstehung anderer Gewalttypen eine zentrale Rolle spielen. Die steigende Zahl visueller Daten zu sozialen Ereignissen – unter anderem durch die exponentielle Zunahme von Videos und Fotos durch Handykameras und Überwachungskameras[74] – bietet großes Potential für die Analyse situativen Raums und weiterer situativer Dynamiken in einer Vielzahl von Gewalt- und Nicht-Gewalt-Kontexten. Unter Nutzung dieser Daten verspricht zukünftige Forschung daher, den Fokus situativer Analysen von Raum weiter auszudehnen und die Relevanz situativer Raumaushandlung für eine Vielzahl sozialer Ereignisse genauer zu beleuchten.

Literatur

AG Friedensforschung, *Eine Demonstration gehört den Demonstranten* [online 4. Juni 2007; konsultiert 4.3.2019] http://www.ag-friedensforschung.de/themen/Globalisierung/g8-2007/gewalt3.html.

Art. „Vor dem G-8-Gipfel: Der Zaun ist zu in Heiligendamm", in: *Frankfurter Allgemeine Zeitung*, 30. Mai 2007 http://www.faz.net/aktuell/politik/inland/vor-dem-g-8-gipfel-der-zaun-ist-zu-in-heiligendamm-1437006.html.

Blatter, Joachim. *Ontological and Epistemological Foundations of Causal-Process Tracing: Configurational Thinking and Timing*, Paper presented at the ECPR Joint Sessions, 4. April 2012 [online 2012; konsultiert 4.3.2019] https://www.unilu.ch/fileadmin/shared/Publikationen/blatter_taking-terminology-and-timing-seriously-ecpr-antwerp.pdf.

CBS Evening News with Roger Mudd, *200,000 at Washington Peace march* [online 21.3.2009; konsultiert 4.3.2019] http://www.youtube.com/watch?v=9KuvjRTQo2U&feature=youtube_gdata_player.

---

73 Vgl. McAdam, Tarrow & Tilly (Hg.), *Dynamics Of Contention*, 9.
74 Nassauer & Legewie, „Video data analysis".

Citizens' Panel on WTO Operations, *Report to the Seattle City Council WTO Accountability Committee by the Citizens' Panel on WTO Operations* [online 7.9.2000; konsultiert 4.3.2019] http://www.seattle.gov/archive/wtocommittee/panel3_report.htm.

City of Seattle, *Interactive Incident Map with Police Incident Timeline Description of Nov 30 1999 Seattle Protests*, [online 2008; konsultiert 4.3.2019] http://www.seattle.gov/archive/wtocommittee/maps/1130_800_829.htm.

Collins, Randall, „The micro sociology of violence", in: *The British Journal of Sociology* 60 (2009): 566–576.

Collins, Randall, *Violence: A Micro-Sociological Theory*, Princeton: Princeton University Press, 2008.

Davinca, *the answer my friend is blowing in the wind* [online am 7.7.2007; konsultiert 4.3.2019] https://www.flickr.com/photos/davinca/534686760/.

Della Porta, Donatella, Abby Peterson & Herbert Reiter (Hg.), *The Policing of Transnational Protest*, Aldershot: Ashgate, 2006.

Della Porta, Donatella & Herbert Reiter (Hg.), *Policing Protest: The Control of Mass Demonstrations in Western Democracies*, Minneapolis: University of Minnesota Press, 1998.

Ekman, Paul, *Emotions Revealed: Recognizing Faces and Feelings to Improve Communication and Emotional Life*, New York: Times Books, 2003.

Ekman, Paul, Wallace F. Friesen & Phoebe Ellsworth, *Emotion in the Human Face*, New York: Pergamon, 1972.

Elfenbein, Hillary Anger & Nalini Ambady, „Universals and cultural differences in recognizing emotions", in: *Current Directions in Psychological Science* 12, 5 (2003): 159–164.

Fels, „G8-Gipfel 2007" [online auf *Fels– Für eine linke Strömung*, 19.7.2007; konsultiert 4.3.2019] http://fels.nadir.org/de/galerie/g8-gipfel-2007.

Fernandez, Luis, „Policing protest spaces: Social control in the anti-globalization movement", in: *The Canadian Journal of Police & Security Services* 3, 4 (2005): 241–249.

Fillieule, Olivier & Fabien Jobard, „The policing of protest in France: Toward a model of protest policing", in: Donatella Della Porta & Herbert Reiter (Hg.), *Policing Protest: The Control of Mass Demonstrations in Western Democracies*, Minneapolis: Minneapolis University Press, 1998, 70–90.

Fyfe, Nicholas R, „The police, space and society: The geography of policing", in: *Progress in Human Geography* 15, 3 (1991): 249–267.

George, Alexander L. & Andrew Bennett, *Case Studies and Theory Development in the Social Sciences*, Cambridge, Mass.: MIT Press, 2005.

Gerring, John & Craig Thomas, „Internal validity: Process tracing", in: John Gerring (Hg.), *Case Study Research: Principles and Practices*, Cambridge: Cambridge University Press, 2006, 151–171.

Gewerkschaft der Polizei, *G-8 Gipfel in Heiligendamm: Gewerkschaftliche Aufbereitung des Polizeieinsatzes. Gewerkschaft der Polizei.* [online 1.9.2007; konsultiert 4.3.2019] http://docplayer.org/108334160-Gewerkschaft-der-polizei-in-heiligendamm-gewerkschaftliche-aufbereitung-des-polizeieinsatzes-allgemeines-einsatzgeschehen.html.

Gilcher-Holtey, Ingrid, *Die 68er Bewegung: Deutschland, Westeuropa, USA*, München: Verlag C.H. Beck, 2001.

Gillham, Patrick F., „Securitizing America: Strategic incapacitation and the policing of protest since the 11 September 2001 terrorist attacks", in: *Sociology Compass* 5, 7 (2011) 636–652.

Goertz, Gary, *Social Science Concepts: A User's Guide*, Princeton: Princeton University Press, 2006.

Goertz, Gary & James Mahoney, „Two-level theories and fuzzy-set analysis", in: *Sociological Methods & Research* 33, 4 (2005): 497–538.

Heinzberger, Anna, „rostock_g8" [online auf *Kommunisten-online* am 5.6.2007; konsultiert 2016] http://kommunisten-online.de/Archive/innen/rostock_g8.htm.

Höhl, Simone, „Südwest: Polizei und Kehl rüsten sich für den Nato-Gipfel", in: *Badische Zeitung*, 21. März 2009 [online; konsultiert am 5.3.2019] http://www.badische-zeitung. de/suedwest-1/polizei-und-kehl-ruesten-sich-fuer-den-nato-gipfel-12912737.html.

Jamsven, *G8 – Polizei Taktik?* [online am 6.6.2007; konsultiert am 5.3.2019] http://www. youtube.com/watch?v=bqIvShEZ4Po&feature=youtube_gdata_player.

Jubilee Australia [online 2. Juni 2007; konsultiert am 5.3.2019] http://www.jubileeaustralia. org/photo-galleries.html.

Katz, Jack, *Seductions of Crime: Moral and Sensual Attractions in Doing Evil*, New York: Basic Books, 1988.

King, Gary, Robert O. Keohane, Sidney Verba. *Designing Social Inquiry*, Princeton: Princeton University Press, 1994.

Klusemann, Stefan, „Atrocities and confrontational tension", in: *Frontiers in Behavioral Neuroscience* 3, 42 (2009): 1–10.

The Learning Network, „May 3, 1971 Mayday Tribe holds antiwar demonstration", in: The New York Times – The Learning Network Blog, 3. Mai 2012 [online; konsultiert 4.3.2019]. http://learning.blogs.nytimes.com/2012/05/03/may-3-1971-mayday-tribe-holds-anti-war-demonstration-in-washington/.

Lefebvre, Henri, *The Production of Space*, Oxford: Blackwell Publishers, 1992.

Legewie, Nicolas, „An introduction to applied data analysis with Qualitative Comparative Analysis", in: *Forum Qualitative Social Research* 14, 3 (2013) [online Sept. 2013; konsultiert am 5.3.2019] http://www.qualitative-research.net/index.php/fqs/article/view/ 1961/3594.

Legewie, Nicolas, „Anchored calibration: from qualitative data to fuzzy sets", in: *Forum Qualitative Social Research* 18, 3 (2017) [online; konsultiert am 5.3.2019] http://www. qualitative-research.net/index.php/fqs/article/view/1961/3594.

Legewie, Nicolas & Anne Nassauer, „Youtube, Google, Facebook: 21st century online video research and research ethics", in: Forum *Qualitative Sozialforschung* 19,3 [online 2018; konsultiert am 12.6.2019] http://www.qualitative-research.net/index.php/fqs/article/ view/3130.

Léglise-Bataille, Hughes, *June 2* [online am 2.6.2007; konsultiert am 5.3.2019] https://www. flickr.com/photos/hughes_leglise/527069597/in/photostream/.

Levine, Mark, Paul J. Taylor & Rachel Best, „Third parties, violence, and conflict resolution: The role of group size and collective action in the microregulation of violence", in: *Psychological Science* 22, 3 (2011): 406–412.

Ling, William, *Spring Offensive 1971– Mayday March on Washington* [online am 19.2.2012; konsultiert am 5.3.2019] http://www.youtube.com/watch?v=0dTEzIBcHfo&feature= youtube_gdata_player.

Martin, Deborah G. & Byron Miller, „Space and contentious politics", in: *Mobilization* 8,2 (2003): 143 – 157.

Marx, Gary T., „Afterword: some reflections on the democratic policing of demonstrations", in: Donatella Della Porta & Herbert Reiter (Hg.), *Policing Protest: The Control of Mass Demonstrations in Western Democracies*, Minneapolis: Minneapolis University Press, 1998, 253 – 71.

McAdam, Doug, Sidney G. Tarrow & Charles Tilly, *Dynamics Of Contention*, Cambridge: Cambridge University Press, 2001.

McPhail, Clark & John D. McCarthy, „Protest mobilization, protest repression, and their interaction", in: Christian Davenport, Hank Johnston & Carol Mueller (Hg.), *Repression and Mobilization*, Minneapolis: Minneapolis University Press, 2005, 3 – 33.

McPhail, Clark, David Schweingruber & John D. McCarthy, „Policing protest in the United States: 1960 – 1995", in: Donatella Della Porta & Herbert Reiter (Hg.), *Policing Protest: The Control of Mass Demonstrations in Western Democracies*, Minneapolis: Minneapolis University Press, 1998, 49 – 69.

Nassauer, Anne, „Effective Crowd Policing: Empirical Insights on Avoiding Violence", in: *Policing: An International Journal of Police Strategies & Management* 38, 1 (2015): 3 – 23.

Nassauer, Anne, „Forward panic and police riots", in: Daniel Ziegler, Marco Gerster & Steffen Krämer (Hg.), *Framing Excessive Violence – Discourse and Dynamics*, Basingstoke: Palgrave McMillan, 2015, 37 – 58.

Nassauer, Anne, „From peaceful marches to violent clashes: a micro-situational analysis", in: *Social Movement Studies* 15, 5 (2016): 1 – 16.

Nassauer, Anne, „Situational dynamics and the emergence of violence during protests", in: *Psychology of Violence* 8,3 (2018): 293 – 304.

Nassauer, Anne, „Theoretische Überlegungen zur Entstehung von Gewalt in Protesten", in: *Berliner Journal für Soziologie* 25, 4 (2016): 491 – 518.

Nassauer, Anne. *Situational Breakdowns: Understanding Protest Violence and other Surprising Outcomes*, New York: Oxford University Press, 2019.

Nassauer, Anne & Nicolas Legewie, „Analyzing 21st century video data on situational dynamics – issues and challenges in the video data analysis", in: *Social Sciences* 8,3 (2019) [online; konsultiert am 19. 3. 2019] www.mdpi.com/2076-0760/8/3/100.

Nassauer, Anne & Nicolas Legewie. 2018. „Video Data Analysis: A methodological frame for a novel research trend." *Sociological Methods & Research*. [online; konsultiert am 12. 6. 2019] https://dx.doi.org/10.1177/0049124118769093.

Noakes, John A. & Patrick F. Gillham, „Aspects of the ‚New Penology' in the police response to major political protests in the United States, 1999 – 2000", in: Donatella Della Porta, Abby Peterson & Herbert Reiter (Hg.), *The Policing of Transnational Protest (Advances in Criminology)*, Aldershot: Ashgate, 2006, 97 – 117.

Noakes, John A., Brian V. Klocke & Patrick F. Gillham, „Whose streets? Police and protester struggles over space in Washington, DC, 29 – 30 September 2001", in: *Policing and Society* 15, 3 (2005): 235 – 254.

N-TV, *G8-Gipfel in Heiligendamm: Gipfel, Protest, Polizei, Zaun* [online am 20. April 2007; konsultiert am 5. 3. 2019] http://www.n-tv.de/politik/dossier/Gipfel-Protest-Polizei-Zaun-article338781.html.

Rafail, Patrick, Sarah A. Soule & John D. McCarthy, „Describing and accounting for the trends in US protest policing, 1960–1995", in: *Journal of Conflict Resolution* 56, 4 (2012): 736–765.

Ragin, Charles C., *The Comparative Method: Moving Beyond Qualitative and Quantitative Strategies*, Berkeley: University of California Press, 1987.

Ragin, Charles C., *Fuzzy-Set Social Science*, Chicago: Chicago University Press, 2000.

Ragin, Charles C., *Redesigning Social Inquiry: Fuzzy Sets and Beyond*, Chicago: Chicago University Press, 2008.

Reicher, Stephen D. et al., „Knowledge-based public order policing: principles and practice", in: *Policing* 1, 4 (2007): 403–415.

Rihoux, Benoît et al., „From niche to mainstream method? A comprehensive mapping of QCA applications in journal articles from 1984 to 2011", in: *Political Research Quarterly* 66, 1 (2013): 175–184.

Rubinstein, Jonathan, *City Police*, New York: Farrar, Strauss & Giroux, 1973.

Sack, Robert David, *Human Territoriality: Its Theory and History*, New-York: Cambridge University Press, 1986.

Scheve, Christian von, „The social calibration of emotion expression: An affective basis of micro-social order", in: *Sociological Theory* 30, 1 (2012): 1–14.

Schlieben, Michael, „Gipfel-Krawalle: Polizei befürchtet in Straßburg aggressive Proteste", in: *Die Zeit*, 3. April 2009 [online; konsultiert am 5.3.2019] http://www.zeit.de/online/2009/15/gipfel-nato-strassburg-london.

Schneider, Carsten Q. & Claudius Wagemann, *Qualitative Comparative Analysis (QCA) und Fuzzy Sets: Ein Lehrbuch für Anwender und jene, die es werden wollen*, Opladen: Verlag Barbara Budrich, 2007.

Seattle Police Department, *The Seattle Police Department After Action Report: World Trade Organization Ministerial Conference, Seattle, Washington November 29–December 3, 1999* [online 2000] www.seattle.gov/police/publications/WTO/WTO_AAR.PDF.

Sewell, William H. Jr., „Space in contentious politics", in: Ronald R. Aminzade et al. (Hg.), *Silence and Voice in the Study of Contentious Politics*, Cambridge: Cambridge University Press, 2001, 51–89.

Soule, Sarah A. & Christian Davenport, „Velvet glove, iron fist, or even hand? Protest policing in the United States, 1960–1990", in: *Mobilization* 14,1 (2009): 1–22.

Steven, Elke & Wolf-Dieter Narr, *Gewaltbereite Politik und der G8 Gipfel*, Einhausen: hbo-Druck, 2007.

Strauss, Anselm C. & Juliet M. Corbin, *Basics of Qualitative Research: Techniques and Procedures for Developing Grounded Theory*, Thousand Oaks: Sage Publications, 1998.

Tilly, Charles, „Spaces of contention", in: *Mobilization* 5, 2 (2000): 135–159.

Tilly, Charles & Sidney G. Tarrow, *Contentious Politics*, Oxford: Oxford University Press, 2006.

Transnational Institute, *March G8 2 June, Rostock 2007* [online Juni 2007; konsultiert am 6.3.2019] https://www.flickr.com/photos/tni/552243023/.

Waddington, P. A. J. „Controlling protest in contemporary historical and comparative perspective", in: Donatella Della Porta, Herbert Reiter (Hg.), *Policing Protest: The Control of Mass Demonstrations in Western Democracies*, Minneapolis: Minneapolis University Press, 1998, 117–140.

Wahlström, Mattias, *The Making of Protest and Protest Policing: Negotiation, Knowledge, Space, and Narrative* (=Göteborg Studies in Sociology 47), Göteborg: Institute for Sociology, 2011.

Wright, Richard & Scott H. Decker, *Armed Robbers in Action: Stickups and Street Culture*, Lebanon: Northeastern University Press, 1997.

Zajko, Mike & Daniel Béland, „Space and protest policing at international summits", in: *Environment and Planning D: Society and Space* 26, 4 (2008): 719–735.

Zhao, Dingxin, „Ecologies of social movements: Student mobilization during the 1989 prodemocracy movement in Beijing", in: *American Journal of Sociology* 103, 6 (1998): 1493–1529.

Anhang 1

Liste der analysierten Fälle

Nr.	Gewalt	Ort	Zeit	Anlass (Protest gegen...)
Sample 1	ja	Seattle, USA	30.11.1999	World Trade Organization (WTO)
Sample 1	ja	Miami, USA	20.11.2003	Free Trade Area of the Americas (FTAA)
Sample 1	ja	Rostock, Deutschland	02.06.2007	Gruppe der Acht (G8)
Sample 1	ja	Hamburg, Deutschland	28.05.2007	Asia-Europe meeting (ASEM)
01	ja	New Jersey, USA	12.04.1995	Rutgers University
02	nein	Washington D.C., USA	24.04.1971	Washington Friedensmarsch
03	ja	New York City, USA	06.08.1988	Sperrstunde im Tompkins Square Park
04	nein	Washington D.C., USA	26.10.2002	Irakinvasion der USA
05	nein	Pittsburgh, USA	25.09.2009	Gruppe der Zwanzig (G20)
06	ja	Washington D.C., USA	16.04.2000	Internationaler Währungsfond (IWF) & Weltbank
07	ja	Washington D.C., USA	27.09.2002	IWF, Weltbank, Irak-Krieg
08	ja	Saint Paul, Minnesota, USA	01.09.2008	Kongress der Republikanischen Partei
09	nein	San Francisco, USA	15.03.2003	Irakkrieg
10	nein	New York City, USA	29.08.2004	Kongress der Republikanischen Partei
11	ja	Portland, Oregon, USA	22.08.2002	Bush Administration
12	nein	Washington D.C., USA	15.03.2007	Irakkrieg
13	ja	Washington D.C., USA	21.10.1967	Vietnamkrieg
14	ja	Wilstermarsch, Deutschland	18.03.1981	Bau des Atomkraftwerks Brokdorf
15	ja	Berlin, Deutschland	09.05.1970	US Invasion in Kambodscha
16	nein	Hamburg, Deutschland	18.12.2009	Stadtpolitik
17	nein	Kehl, Deutschland	04.04.2009	North Atlantic Treaty Organization (NATO)
18	nein	Rostock, Deutschland	02.06.2007	Für mehr Rechte für Migranten
19	ja	Hannover, Deutschland	12.11.2009	Bildungspolitik
20	ja	Frankfurt, Deutschland	28.01.2008	Studiengebühren
21	ja	München, Deutschland	08.02.2003	NATO
22	ja	Frankfurt, Deutschland	26.02.2007	Sozialkürzungen

Liste der analysierten Fälle *(Fortsetzung)*

Nr.	Gewalt	Ort	Zeit	Anlass (Protest gegen...)
23	nein	Frankfurt, Deutschland	15.01.2009	Bildungspolitik
24	ja	Berlin, Deutschland	12.04.1968	Springer Verlag und Vietnamkrieg
25	nein	Bonn, Deutschland	11.05.1968	Notstandsgesetze
26	nein	Hannover, Deutschland	31.03.1979	Atommüll-Endlager Gorleben

Gilles Descloux, Olivier Fillieule und Pascal Viot[1]

Ein europäisches Modell für den polizeilichen Umgang mit Großdemonstrationen?

In all deinen Schlachten zu kämpfen und zu siegen ist nicht die größte Leistung. Die größte Leistung besteht darin, den Widerstand des Feindes ohne einen Kampf zu brechen. (*Sun Tzu, Die Kunst des Krieges*)

In der Nacht vom 25. zum 26. Oktober 2014 wurde in Sivens in Südfrankreich ein junger Demonstrant durch eine Offensivgranate getötet. Geworfen wurde diese von einem Polizisten, der mit seiner Einheit die von Umweltaktivist*innen besetzte *ZAD* (*zone à défendre*; zu Deutsch: zu verteidigende Zone) zu räumen versuchte. In dieser Nacht setzte die Polizei bis zu 400 solcher Offensivgranaten ein. Bereits in den Wochen zuvor war es zu Platzverweisen, zum Einsatz von Blend-, Schock- und anderen Granaten, zu illegaler Zerstörung von Privatgegenständen sowie zu gewaltsamen Festnahmen durch die Polizei gekommen. Dies führte zu zahlreichen Strafanzeigen gegen die Polizei und im Frühjahr 2015 schließlich zur Einsetzung eines Untersuchungsausschusses der französischen Nationalversammlung.

In Spanien wurden seit 2004 bei Massendemonstrationen rund zwanzig Personen durch Gummigeschosse schwer verletzt (die Verletzungen reichen vom Verlust eines Auges über Schädeltraumata und Halswirbelbrüchen bis hin zu inneren Verletzungen). Die Räumung der von mehreren tausend Menschen besetzten *Puerta del Sol* in Madrid im August 2012 dauerte dreißig Stunden und es gab zahlreiche Verletzte auf beiden Seiten. Knapp zwei Jahre später, am 22. März 2014, kam es bei einer Demonstration der *Indignad@s*, welche unter Beobachtung der Organisation für Sicherheit und Zusammenarbeit in Europa (OSZE) gestellt worden war, ebenfalls zu schweren Zusammenstößen. Die Bilanz: 101 Verletzte, darunter 67 Polizist*innen. Angesichts der Massenproteste der *Indignad@s* in Madrid oder Barcelona hat die spanische Regierung die polizeiliche Verwendung von Tränengas und Gummigeschossen inzwischen verboten.

Die Entscheidung, die Rote Flora in Hamburg zu räumen, führte 2013 ebenfalls zu gewaltsamen Zusammenstößen mit der Polizei. Diese dauerten zwei Tage und endeten mit 120 verletzten Polizist*innen und einer noch höheren Zahl verletzter Demonstrant*innen. Am 30. September 2010 wurde in Stuttgart die Bau-

---

1 Die Namen sind alphabetisch geordnet; redaktionelle Mitarbeit: Nicholas Pohl.

https://doi.org/10.1515/9783110658354-009

stelle des Projekts *Stuttgart 21* besetzt. Die Polizei setzte Wasserwerfer ein, wodurch ein Demonstrant sein Auge verlor und 116 weitere Personen verletzt wurden. Der Einsatz dieser Wasserwerfer wurde 2015 von den Gerichten für rechtswidrig erklärt.

Die Nachricht, dass ein Polizist einen jungen dunkelhäutigen Mann bei einer Festnahme getötet hatte, führte im August 2011 in London zu mehrtägigen Ausschreitungen. Zahlreiche Geschäfte wurden geplündert, öffentliches und privates Eigentum wurde zerstört und mindestens vier Menschen wurden getötet. Regierungschef David Cameron kritisierte die *Metropolitan Police* daraufhin scharf und warf ihr mangelnde Initiative vor. Als mehrere Politiker*innen den Einsatz von (bis dahin nur in Nordirland benutzten) Wasserwerfern forderten, entgegnete Innenministerin Theresa May, dass sie entsprechend der britischen Tradition des *policing by consent* handeln wolle.

Mit Berichten über Zusammenstöße zwischen Polizei und Demonstrant*innen in Europa könnten zahlreiche Seiten gefüllt werden. Gemessen an den tausenden von Demonstrationen, die jedes Jahr in den europäischen Demokratien stattfinden, bleibt die Häufigkeit von gewalttätigen Auseinandersetzungen aber gering. Dass es dennoch immer wieder zu Zusammenstößen kommt, zeigt, dass die in den 1990er Jahren von Wissenschaftler*innen festgestellte Tendenz zur Institutionalisierung von Protesten in den Industriestaaten niemals endgültig ist. Sicher ist jedoch, dass sich seither die Polizeitaktiken weiterentwickelt haben. Hervorzuheben sind die seit 1990 angewandten grenzüberschreitenden Polizeiaktionen im Zusammenhang mit Hooligans, welche die Standards im Umgang mit Menschenansammlungen bei Großveranstaltungen grundlegend verändert haben. Die zur Jahrtausendwende erstarkende Bewegung der Globalisierungskritiker*innen, welche von einer Reihe taktischer Neuerungen auf Seiten der Demonstrant*innen begleitet war, führte ebenfalls zu einem weiteren Wandel in der Polizeiarbeit: einerseits zu einer „Militarisierung"[2] und andererseits zu einer Angleichung nationaler Modelle aufgrund zwischenstaatlicher Zusammenarbeit.[3]

---

2 Der Begriff Militarisierung wird in Anführungszeichen gesetzt, da er zwar anschaulich, aber auch mehrdeutig ist. Der Begriff war in den 1980er Jahren unter britischen Wissenschaftler*innen heftig umstritten (Institut des Hautes Études de la Sécurité Intérieure (Hg.), *Maintien de l'ordre. Vers une institutionalisation de la police des manifestations* (= Les cahiers de la sécurité intérieure 27), Paris 1997; Jobard, Fabien, „La militarisation du maintien de l'ordre, entre sociologie et histoire", in: *Déviance et société* 32, 1 (2008): 101–109; Albrecht Funk & Falco Werkentin, „Pour une nouvelle analyse du développement de la police en Europe occidentale", in: *Déviance & Société* 2, 2 (1978): 97–130; Albrecht Funk, „'Police militarisée': Une notion ambiguë", in: *Déviance & Société* 16, 4 (1992): 393–397). Jedoch hat er mit der Entwicklung spezifischer Polizeitaktiken im Umgang mit Globalisierungskritiker*innen erneut an Bedeutung gewonnen (z. B.: Micael Björk & Abby Peterson, *Policing Contentious Politics in Denmark and in Sweden*, Maastricht:

Wie lassen sich die heutigen Methoden im Umgang mit und zur Steuerung von großen Menschenansammlungen in Europa einordnen? Bewegen wir uns zurück zum Modell der Zwangsmaßnahmen der 1960er und 1970er Jahre? Oder führt das zur Jahrtausendwende entwickelte Modell in Europa zu einer neuen Philosophie der Polizeiarbeit?

Im ersten Teil dieses Kapitels wird zusammengefasst, wie die beiden in Europa bis in die 1990er Jahre hinein vorherrschenden Polizeistrategien („Ordnungspolizei" versus „Bürgerpolizei") zu Beginn der 2000er Jahre zu einem zweigleisigen Modell kombiniert wurden. Es wird aufgezeigt, wie eine Vorgehensweise entstand, die einen kooperativen Umgang mit genehmigten und friedlichen Demonstrationen mit einer härteren Vorgehensweise, der sogenannten *selective incapacitation*[4], für risikobehaftete Veranstaltungen verband. Diese Literaturrecherche dient dazu, die Analysen des zweiten Teils in einen größeren Zusammenhang zu stellen. In diesem zweiten Teil wird gezeigt, wie die Vorbereitung eines Polizeieinsatzes, der Polizeieinsatz selbst sowie die anschließende Auswertung zunehmend einem neuen Modell folgen, das auf vier Grundprinzipien beruht: erstens einem neuen Verständnis der Massenpsychologie in Verbindung mit verbesserter Informationsbeschaffung; zweitens der Erleichterung und Begleitung von Demonstrationen; drittens der verbesserten Kommunikation in allen Phasen des Polizeieinsatzes; und schließlich viertens der Differenzierung und größeren Selektivität von Polizeieinsätzen. In der Konklusion werden einige Schlussfolgerungen zu den Auswirkungen dieser Veränderungen auf Protestbewegungen präsentiert.

Ein kombiniertes Modell aus Bürgerpolizei und *selective incapacitation*

Die jüngere Forschung zur Polizeiarbeit hat vielfach betont, dass eine ältere Strategie basierend auf Zwangsmaßnahmen von einer neueren polizeilichen Vorgehensweise abgelöst wurde, welche Überzeugungsarbeit, permanentes Verhandeln und flexible Gesetzesvollstreckung miteinander verbindet. Für diesen Prozess der „Abmilderung" der Einsatzstrategien spielt die technische Weiter-

---

Shaker, 2006; Alex S. Vitale, „From negotiated management to command and control: How the New York Police Department polices protests", in: *Policing and Society: An International Journal of Research and Policy* 15, 3 (2005): 283–304).

3 Olivier Fillieule & Danielle Tartakowsky, *Demonstrations*, Winnipeg: Fernwood Publishing, 2012.

4 Mike King, „D'une gestion policière réactive à la gestion du manifestant? La police et les manifestations anti-mondialisation au Canada", in: *Cultures et Conflits* 56 (2004): 209–247.

entwicklung der Ausrüstung und der taktischen Vorgehensweisen der Polizei eine wichtige Rolle. Gleichzeitig wurden die Veränderungen in der Polizeiarbeit stark von den sich wandelnden Strategien der Demonstrant*innen und der Politik beeinflusst. Dies zeigt sich besonders deutlich in den Versuchen vieler Staaten, ihre polizeilichen Konzepte und Praktiken angesichts des zunehmenden Hooliganismus im Sport seit den 1990er Jahren und der ansteigenden Zahl globalisierungskritischer Demonstrationen in den 2000er Jahren anzupassen.

Das allmähliche Verschwinden zweier gegensätzlicher Traditionen

Variable Formen polizeilichen Vorgehens (repressiv oder tolerant, diffus oder selektiv, rechtswidrig oder rechtmäßig, reaktiv oder präventiv usw.) können verschieden kombiniert werden. Die sich daraus ergebenden Polizeistile reichen von einem flexiblen, toleranten und selektiven bis hin zu einem formalrechtlichen, repressiven und abschreckenden Polizeistil. Der flexible Stil setzt auf Toleranz gegenüber Protestaktionen, auf einen sparsamen Einsatz von Gewalt sowie auf Prävention, Verhandlungen und eine flexible Gesetzesanwendung. Beim repressiven Stil hingegen wird massiver Einsatz von Gewalt in Kauf genommen – gelegentlich auch mit inoffiziellen Taktiken (wie dem Einsatz von Lockspitzeln) und mit einer rigiden und reaktionsschnellen Durchsetzung des Gesetzes.

Ab Mitte der 1990er Jahre begannen sich die polizeilichen Vorgehensweisen der einzelnen Länder bis zu einem gewissen Grad anzugleichen. In Großbritannien integrierte die Polizei ab den 1980er Jahren das militarisierte Modell – dies als Reaktion auf die Ausschreitungen in den Städten und die Bergarbeiter*innenstreiks. Auf dem europäischen Festland dagegen wuchs die Akzeptanz gegenüber Protestaktionen und es kamen vermehrt flexiblere Polizeitaktiken zum Einsatz. Insgesamt lässt sich sagen, dass die Polizeitaktiken der 1980er und 1990er Jahre durch Verhandlungen und Kompromisse sowie durch die permanente Suche nach Verständigung mit den Demonstrant*innen geprägt war. Diese Verständigung ging teilweise über die gesetzlich vorgeschriebenen Vorgehensweisen hinaus und schloss die Nicht-Anwendung möglicher Zwangsmaßnahmen mit ein.[5]

---

5 Peter A. J. Waddington, *Liberty and Order: Public Order Policing in a Capital City*, London: UCL Press, 1994; Olivier Fillieule, *Stratégies de la rue: Les manifestations en France*, Paris: Presses de Sciences Po, 1997.

Die im Vorfeld einer Demonstration durchgeführten strategischen Planungen basieren unter anderem auf der Kontaktaufnahme mit den Demonstrant*innengruppen. Doch auch in Europa halten sich letztere selten an das ordentliche Anmeldeverfahren für Demonstrationen. Aus diesem Grund versucht die Polizei möglichst selbst mit den Veranstalter*innen in Verbindung zu treten, um so deren Pläne in Erfahrung zu bringen und die Modalitäten der Demonstration auszuhandeln. Wie die Polizei den anschließenden Einsatz plant, hängt von den prognostizierten und/oder kommunizierten Absichten der Demonstrant*innen sowie von dem von der Politik bekundeten Willen ab. Die Polizei entdeckt die Demonstrant*innen folglich nicht erst zum Zeitpunkt des Demonstrationsbeginns. Meist verlaufen Protestveranstaltungen so in einem Geiste gegenseitiger Anerkennung. Die in aller Regel angewandte Methode der Polizei zur Sicherstellung eines reibungslosen Ablaufs der Veranstaltung besteht in informellen Verhandlungen mit den Organisator*innen. Diese Suche nach einem Kompromiss prägt das Handeln der Polizeikräfte während der gesamten Demonstration. Zu diesem Zweck sind oft Verbindungsbeamte im Einsatz, die in ständigem Kontakt zu den Veranstalter*innen stehen. Die wichtigsten „Waffen", die der Polizei zur Verfügung stehen, sind also nicht die juristischen oder repressiven Maßnahmen, sondern die Kunst, mit den Veranstalter*innen zu verhandeln und sie auf vertrautes Terrain zu bringen, wo sie sich mit Sachverstand und Eigeninitiative einbringen können.

Diese „Waffe" steht jedoch nur zur Verfügung, wenn sich die Demonstrant*innen einer „konventionellen" Vorgehensweise verschrieben haben, welche nicht in erster Linie die Konfrontation oder Angriffe gegen Eigentum und Personen (andere Demonstrant*innen, öffentliche Anlagen oder, wie in Frankreich, die Polizist*innen selbst) sucht. Kommt es zu Ausschreitungen oder zur Formierung von gewalttätigen Gruppen am Rande von Demonstrationszügen, versucht die Polizei, die Gewalt zumindest einzudämmen. Immer häufiger ist dies mit Verhaftungen zum Zweck der Strafverfolgung verbunden.

Im Übrigen ist das Mittel der Verhandlung auch deshalb nur begrenzt anwendbar, weil die Polizeikräfte selbst nicht immer ausreichend zu kontrollieren sind. Dass sich die Polizeiarbeit meist an der Maßgabe orientiert, Konfrontationen – oder gar den persönlichen, direkten Kontakt – zwischen Demonstrant*innen und der Polizei so weit wie möglich zu vermeiden, erklärt sich auch aus dem Misstrauen der Vorgesetzten gegenüber den ihnen unterstellten Einsatzkräften.

Denn die Polizei befindet sich in einem schwer zu lösenden Widerspruch: Auf der einen Seite besteht der Wunsch der Regierenden und der Öffentlichkeit, Demonstrationen unter Kontrolle zu halten; auf der anderen Seite können die Polizeistrukturen immer nur so gut sein wie ihr schwächstes menschliches Glied. Es besteht eine tiefe Kluft zwischen den Zielen der polizeilichen Führungsorgane und dem, was die Polizist*innen unter einem erfolgreichen Einsatz verstehen.

Während erstere auf den Verzicht auf jegliches Eingreifen und eine nüchtern-sachliche Einstellung setzen, ist für einige Polizist*innen die Aufrechterhaltung der öffentlichen Ordnung nur dann gelungen, wenn es zu einer physischen Konfrontation mit den Demonstrant*innen gekommen ist.

Um die eingesetzten Polizist*innen unter Kontrolle zu halten, werden bei Einsätzen immer mehr technische Mittel verwendet, welche Demonstrant*innen auf Abstand halten sollen. Mit dem Ziel, den Demonstrant*innen möglichst wenig körperlichen Schaden zuzufügen und gleichzeitig die Polizeibeamten zu schützen, werden diese Mittel an die jeweilige Situation angepasst: Die Polizei installiert feste oder mobile Barrieren, richtet Verkehrsumleitungen ein, räumt Straßen oder schließt Baustellen und Geschäfte auf der Demonstrationsroute usw. Mit all diesen Maßnahmen übernimmt die Polizei die Kontrolle über das Terrain. Sie bestimmt im Voraus über die Positionierung ihrer Kräfte und über Zugangs- und Ausgangswege der Demonstration. Die Einsatzplaner*innen können so den direkten Kontakt zwischen Polizei und Demonstrant*innen so weit wie möglich reduzieren. Im Fall von spontanen Ausschreitungen – etwa nach einem Ereignis wie dem durch die Polizei verursachten Tod eines Jugendlichen[6] – sind derartige Präventivmaßnahmen allerdings nicht möglich, was die Wahrscheinlichkeit gewaltsamer Auseinandersetzungen erhöht. Die Polizei kann dann nur hoffen, über gute Kontakte zu den Jugendlichen vor Ort zu verfügen und dadurch leichter an Informationen zu gelangen. Weitere technische Mittel sind darauf abgestellt, die Sinneswahrnehmung der Demonstrant*innen einzuschränken, sie auf Abstand zu halten und Stärke zu demonstrieren. Zahlreiche Mittel werden dazu verwendet: Niedrigdruckwasserwerfer, Tränengas, Pfefferspray, Knallkörper oder Rauchgranaten, Sirenen, Hochleistungsscheinwerfer usw.

Erst wenn bei Demonstrationen der Versuch der Einschüchterung nicht mehr ausreicht oder es nicht mehr möglich ist, eine Straßensperre zu halten, setzt die Polizei auf den Einsatz von Schlagstöcken. Für die Führungskräfte ist dies in der Regel allerdings das letzte Mittel, denn damit wird der physische Kontakt mit den Demonstrant*innen unvermeidlich. In den meisten Fällen ist auch dieses Mittel

---

6 Sowohl in den Vereinigten Staaten als auch in Europa ist dies der häufigste Auslöser derartiger Krawalle (Gary T. Marx, „Ironies of social control: Authorities as contributors to deviance through escalation, nonenforcement and covert facilitation", in: *Social Problems* 28, 3 (1981): 221–246; Christian Mouhanna, „The French police and urban riots: Is the national police force part of the solution or part of the problem?", in: David Waddington, Fabien Jobard & Mike King (Hg.), *Rioting in the UK and France: A Comparative Analysis*, Cullompton: Willan, 2009, 173–182; Fabien Jobard, „Die Aufstände in Frankreich. Politisierungsformen des urbanen Elends", in: Ellen Bareis & Thomas Wagner (Hg.), *Politik mit der Armut: Europäische Sozialpolitik und Wohlfahrtproduktion ,von unten'*, Münster: Verlag Westfälisches Dampfboot, 2015, 240–260).

zunächst als Einschüchterungsversuch gedacht, der nicht in erster Linie die Demonstrant*innen treffen, sondern vielmehr eine Art Niemandsland errichten soll, um Nahkämpfe zu vermeiden.

Die Entstehung der globalisierungskritischen Bewegung und das Modell der *selective incapacitation*

In Europa nahm der Hooliganismus ab der Mitte der 1980er Jahre (mit der Heysel-Tragödie 1985 als Auslöser) einen zentralen Stellenwert im polizeilichen Umgang mit Großveranstaltungen ein. Um die Jahrtausendwende verschob sich der Fokus auf die erstarkenden globalisierungskritischen Protestbewegungen, welche zu zahlreichen Zusammenstößen zwischen Polizei und Demonstrant*innen führten. Politik und Polizeibehörden vieler europäischer Länder sahen sich zwar mit unterschiedlichen, aber bezüglich der strategischen Herausforderungen vergleichbaren Versammlungen konfrontiert. So kam es, dass die Behörden vermehrt Fachwissen und Know-how untereinander austauschten.

Der europäische Datenaustausch, der zunächst als Reaktion auf den Hooliganismus seinen Anfang nahm, wurde in einer vom Europäischen Rat im Mai 1997 angenommenen Gemeinsamen Maßnahme (97/339/JAI) erstmals formalisiert. Aus der Absicht der Mitgliedstaaten zur Zusammenarbeit ging zunächst die Einrichtung des Schengener Informationssystems (SIS), später auch des Systems SIRENE (*Supplementary Information Request at the National Entry*) hervor. Ein auf der Grundlage einer Konferenz von Sicherheitsexperten 1998 in Brüssel erstellter Bericht zum „Konfliktmanagement" sollte über internationale Fußballspiele hinaus auch bei Demonstrationen den allgemeinen Informationsaustausch zu begangenen Straftaten oder zu Gefährdungen der öffentliche Ordnung verbessern.

Im Juli 2001 forderte der Rat der Justiz- und Innenminister die Einrichtung von Kontaktstellen für die Erhebung, Auswertung und den Austausch von Informationen sowie den Einsatz von *spotters*[7] zur Identifizierung von Personen oder Gruppen, die die öffentliche Ordnung oder Sicherheit gefährden (siehe Gemeinsame Maßnahme, Artikel 3). Der ständige Informationsaustausch diente der

---

7 Das englische Wort *spotters*, abgeleitet vom englischen Verb *to spot* (beobachten), bezeichnet auf Fangemeinschaften spezialisierte Polizist*innen, die mögliche Gewalttäter*innen identifizieren, aber auch mit Fans in Kontakt treten und vermitteln sollen. Diese Herangehensweise, die Ende der 80er Jahre in England zum Umgang mit Hooligans eingeführt wurde, hat sich anschließend in ganz Europa verbreitet und ist heute fester Bestandteil des polizeilichen Vorgehens bei als „risikoreich" geltenden Spielen.

Umsetzung von Reiseverbotsmaßnahmen und schuf damit die Grundlage für ein gemeinsames polizeiliches Präventionsmanagement in Europa. Im Beschluss des Rates vom 29. April 2004 heißt es daher, dass Informationen ausgetauscht werden, „wenn es ernsthafte Gründe zur Annahme gibt, dass Einzelpersonen versuchen, in einen Mitgliedstaat zu reisen, um die öffentliche Ordnung und Sicherheit bei einer internationalen Veranstaltung zu stören oder Straftaten zu begehen". An dieser Stelle sollte festgehalten werden, dass auch wenn der Rechtsbegriff der „öffentlichen Ordnung" sehr schwammig ist, eine Grenzschließung für ganze Gruppen von Demonstrant*innen niemals rechtmäßig sein kann, da eine solche Einschränkung der Bewegungsfreiheit stets auf einer Einzelfallbeurteilung beruhen muss. Dies blieb allerdings seit dem Göteborger Gipfel von 2001 in zahlreichen Fällen unberücksichtigt: Grenzen wurden in unrechtmäßiger Weise gesperrt oder ganze Demonstrant*innengruppen wurden an den Grenzen abgewiesen – so z. B. im Dezember 2000 anlässlich des Gipfels von Nizza, als fast 2.000 Italiener*innen und 2.000 Spanier*innen an der französischen Grenze zurückgehalten wurden. Des Weiteren kam es zu zahlreichen Landesverweisen wie 2001 in Göteborg, Genua und Brüssel, welche ohne Gerichtsbeschluss durchgeführt wurden und ebenfalls gegen geltendes EU-Recht verstoßen haben.[8]

Das Umdenken bezüglich Polizeistrategien bei Grossveranstaltungen fand auch auf anderen Ebenen statt: Im Jahr 2002 verabschiedete das Europäische Parlament einen Leitfaden, welcher Grundsätze für den polizeilichen Umgang mit globalisierungskritischen Demonstrationen festlegte: den Grundsatz der Verhältnismäßigkeit, die vorherige Verhandlung mit den Veranstalter*innen, die Vereinbarung der Demonstrationsroute im Vorfeld, die Festlegung von Toleranzspielräumen und eine möglichst geringe Sichtbarkeit der Polizeikräfte. Dazu kamen eine Reihe von Empfehlungen zur Sicherstellung der Zusammenarbeit zwischen den Mitgliedstaaten im Bereich der Nachrichtendienste und des Einsatzes von Ordnungskräften (Einsatz von Verbindungsbeamt*innen und Übermittlung von Berichten über die „Risikoanalyse potenzieller Demonstranten und anderer Gruppen"). Unabhängig vom politischen oder sportlichen Anlass kann die Strategie für den polizeilichen Umgang mit gewalttätigen Störer*innen bei Grossversammlungen in den Mitgliedstaaten der Europäischen Union in drei Kernpunkten zusammengefasst werden:

Erstens wird die sogenannte *selective incapacitation* praktiziert, die darin besteht, die Teilnehmer*innen im Voraus zu überprüfen, um „Risikopersonen"

---

8 Herbert Reiter & Olivier Fillieule, „Formalizing the informal. The EU approach to transnational protest policing", in: Donatella Dela Porta, Abby Peterson & Herbert Reiter (Hg.), *The Policing of Transnational Protest*, Aldershot: Ashgate, 2006, 145–199.

frühzeitig zu identifizieren. Der Informationsaustausch, die Einrichtung von Datenbanken zu gefährlichen Personen und solchen, die einem Reiseverbot unterliegen, sowie eine abgestufte Zugangskontrolle zum Demonstrationsbereich sollen verhindern, dass sich gewaltbereite Personen am Einsatzort aufhalten können.

Zweitens die Einschränkung der Bewegungsfreiheit, welche insbesondere bei politischen Kundgebungen zur Anwendung kommt. Bei Gipfeltreffen von Staatschefs werden Sicherheitszonen errichtet, die in der Regel durch Farben gekennzeichnet, durch massive Vorrichtungen (Betonbarrieren, Leitbleche, Containerwände usw.) begrenzt und streng kontrolliert sind. Schon länger bekannt ist das Einkesseln von Demonstrant*innen innerhalb eines abgesperrten Bereichs. Dies soll in erster Linie verhindern, dass sich diese Personen dem eigentlichen Protestzug anschließen. Ferner ermöglicht die Einkesselung systematische Identitätskontrollen zum Zwecke der Datenerfassung. Diese Taktik wurde seit Ende der 1980er Jahre in Deutschland bei den Anti-Atomkraft-Demonstrationen und in England bei den antikapitalistischen Protestmärschen in Solidarität mit den Kundgebungen in Seattle 1999 eingesetzt. Später kam dieses Mittel immer breitflächiger zum Einsatz. So wurde diese Technik in Großbritannien und Kanada von den Polizeibehörden[9] so lange gutgeheißen, bis Zweifel daran aufkamen und der britische Chefinspektor der Polizei 2009 schließlich erklärte, dass „das Einkesseln zurückhaltend und nur dann eingesetzt werden sollte, wenn es absolut notwendig ist".

Nach dem Unterscheiden zwischen „guten" und „schlechten" Teilnehmer*innen wird drittens das durch den *low profile*-Grundsatz[10] gekennzeichnete *friendly but firm policing* angewendet, um keine Ausschreitungen zu provozieren. Dieselben europäischen Empfehlungen befürworten aber gleichzeitig den Einsatz von „systematischen strafrechtlichen Ermittlungen" gegen gewalttätige Personen und zeigen damit die Kehrseite der Politik der Verständigung mit den zur Zusammenarbeit bereiten Veranstalter*innen: die Einbeziehung der Strafverfolgungsbehörden zu resolut repressiven Zwecken. Der Paragraf III.2.2., der auf die Empfehlungen zu Toleranz und Zusammenarbeit folgt, zielt auf eine Ausweitung der Straftatbestände, auf schnellstmögliche Untersuchungshaftbeschlüsse und auf Ermittlungen, die möglichst schnell zu gerichtlichen Entscheidungen führen

---

9 Commission for the review of public complaints against the RCMP, *Annual Report 2012 – 2013* [online 2013; konsultiert am 6. 3. 2019] https://www.crcc-ccetp.gc.ca/pdf/ar-ra12-13-eng.pdf.
10 Ein Ansatz, der insbesondere im sportlichen Kontext für den Umgang mit Fans bei großen Wettkämpfen entwickelt wurde (Otto Adang & Elaine Brown, *Policing Football in Europa: Experiences from Peer Review Evaluation Teams*, Apeldoorn: Politieacademie, 2008).

sollen. Diese zunehmende Einflussnahme strafrechtlicher Belange auf die Polizeiarbeit zeigt die Ambivalenz der Sicherheitspolitik auf europäischer Ebene.

Ein Paradigmenwechsel?

Seit 2010 hat auf europäischer Ebene ein Umdenken stattgefunden, das zu einem neuen gemeinsamen Paradigma der Polizeiarbeit führen könnte. Es basiert auf einer umfassenden Neuinterpretation der klassischen Massenpsychologie, die von britischen und niederländischen Wissenschaftler*innen mit Erfahrung in der Beobachtung von großen Menschenansammlungen, insbesondere Sportveranstaltungen, angestoßen wurde. Das Ergebnis ist ein veränderter Ansatz der Polizeiarbeit, der auf dem sogenannten KFCD-Modell (*knowledge, facilitation, communication, differentiation*) aufbaut, dessen Hintergrund im Folgenden dargestellt wird.

Eine neue Massenpsychologie

Die neue Massenpsychologie, die von Sozialpsycholog*innen – allen voran von Stephen Reicher[11] – konzipiert wurde, basiert auf einem experimentellen und partizipatorischen Beobachtungsansatz. Diese Herangehensweise geht von einem „Modell der sozialen Identität" (*ESIM: Elaborated Social Identity Model of Crowd Behaviour*) aus, in welchem die soziale Identität durch die Beziehungen zwischen Gruppen konstruiert wird. Das Modell verbindet Erklärungsansätze, die auf das Individuum fokussieren mit solchen, die die Gruppe ins Zentrum setzen. Diese beiden Ebenen sind in den unterschiedlichen Identitäten verankert, welche ihrerseits mit den jeweiligen sozialen Zugehörigkeiten zusammenhängen. Menschen handeln dann als Mitglieder einer Gruppe, wenn eine weitere Gruppe – real oder symbolisch – präsent ist. In einem solchen Fall drücken die Menschen ihre

---

11 Stephen D. Reicher, „St Paul's: a study on the limits of crowd behavior", in: *European Journal of Social Psychology* 14 (1984): 1–21; ders., „Crowd behaviour as social action", in: John Turner, Michael Hogg, Penelope Oakes, Stephen Reicher & Margaret Wetherell (Hg.), *Rediscovering the Social Group. A Self-Categorization Theory*, New York: Basil Blackwell, 1987, 171–202; ders., „The battle of Westminster: developing the social identity model of crowd behaviour in order to explain the initiation and development of collective conflict", in: *European Journal of Social Psychology* 26 (1996): 115–134; ders. et al., „An integrated approach to crowd psychology and public order policing", in: *Policing: An International Journal of Police Strategies & Management* 27 (2004): 558–572.

Gruppenzugehörigkeit aus, indem sie jene Merkmale und Normen demonstrieren, die sie am deutlichsten von den Mitgliedern der anderen Gruppe unterscheiden. Ist hingegen keine andere Gruppe präsent, richten sich die menschlichen Beziehungen stärker an interindividuellen Verhältnissen aus. Die Individuen stellen dann jene Merkmale heraus, die sie von den anderen Individuen der eigenen Gruppe unterscheiden.

Auch Demonstrationen können aus diesem Blickwinkel untersucht werden. Die Dynamik einer Demonstration hängt zunächst davon ab, welche Sichtbarkeit die mobilisierten Gruppenzugehörigkeiten im öffentlichen Raum erlangen. Bereits der Aufruf zur Demonstration trägt zur Gruppenbildung bei, indem er die zum Protest aufrufenden Gruppen und die von ihnen geltend gemachten Forderungen herausstreicht. Der Verlauf der Demonstration hängt dann von den Beziehungen zwischen den Gruppen vor Ort ab. Wenn Schilder, Fahnen oder Slogans einheitlich sind und gegen einen klaren Gegner gerichtet sind, wachsen der Zusammenhalt der Gruppe und damit die Identifikation ihrer Mitglieder. Dies wiederum ermöglicht ein entschlosseneres Vorgehen gegen die vom Gegner besetzten Räume. In derartigen Situationen konnte das Entstehen von Ausschreitungen und Zusammenstößen beobachten werden – dies insbesondere mit der Polizei, deren Präsenz den Zusammenhalt unter den Demonstrant*innen noch verstärkte. Werden die Symbole und Parolen jedoch heterogener, so bekommt die Geschlossenheit Risse und die Demonstrant*innen müssen ihre Identität neu definieren, indem sie sich bestimmten anwesenden Gruppierungen zuordnen. Dies führt zu Spannungen unter den Demonstrationsteilnehmer*innen, die den Zusammenhalt der Versammlung schwächen und in einigen Fällen zu Auseinandersetzungen zwischen den Teilnehmer*innen führen können. Im Extremfall – wenn eine Demonstration nur eine Ansammlung heterogener Einheiten ist – löst sich die Gemeinschaft gänzlich auf. Die Teilnehmer*innen orientieren sich dann nur noch an interindividuellen Beziehungen innerhalb kleiner, zersplitterter Untergruppen. Anhand dieses Modells lässt sich besser verstehen, weshalb einige vermeintlich friedliche Demonstrationen in kollektive Gewaltaktionen umschlagen, während andere vermeintlich aggressive Demonstrationen auch ohne Zusammenstöße verlaufen können.

Diese neue Massenpsychologie lässt mehrere Schlussfolgerungen zu: Eine undifferenzierte Gewaltanwendung durch die Polizei während einer Demonstration kann die Dynamik des Ereignisses negativ beeinflussen und die öffentliche Ordnung zusätzlich gefährden. Damit sich Demonstrant*innen ohne böswilligen Absichten nicht mit den gewalttätigen Demonstrant*innen solidarisieren, ist es deshalb notwendig, jeglichen undifferenzierten Einsatz von Gewaltmitteln durch die Polizei zu vermeiden.

Außerdem muss die Polizei versuchen, ihren Einsätzen in der öffentlichen Wahrnehmung Legitimität zu verschaffen. Dazu stehen ihr verschiedene Mittel zur Verfügung: die Erleichterung friedlicher Verhaltensweisen (durch Information und ständigen Austausch), die Förderung des Dialogs und der Kommunikation mit den Demonstrant*innen, die Vermeidung jeglicher undifferenzierter repressiven Handlung sowie eine graduelle und selektive Gewaltanwendung.

Auf dieser Grundlage wurde zwischen August 2010 und Juli 2013 ein größeres europäisches Projekt namens GODIAC[12] durchgeführt. Das Projekt, welches auf eine Initiative der *Swedish Special Police Tactics* (SPT) zurückging, hatte zum Ziel mittels Beobachtungen und Untersuchungen diverser Polizeieinsätze in Europa eine einheitliche Polizeidoktrin mit spezifischen Grundprinzipien und Taktiken zu erarbeiten. Die Grundzüge des Projekts finden sich auch in dem in Deutschland angewandten Deeskalationsansatz, im System der Dialogbeamten in Schweden, der *event police* in Dänemark, der *peace units* in den Niederlanden oder in den *liaison officers* in Großbritannien wieder. Eine Konferenz der Europäischen Polizeiakademie (EPA) von 2006 hob den Nutzen dieses neuen Ansatzes für Massenereignisse und seine Bedeutung für die Reform der Polizeiarbeit hervor. Seinen eigentlichen Durchbruch erlebte dieser Ansatz jedoch erst 2008 mit der Veröffentlichung des Artikels *Maintenance of law and order through knowledge-based police work* von Reicher, Stott, Adang et al.[13] in schwedischer Sprache. Die im Artikel zusammengefassten Empfehlungen fanden Eingang in die Entwicklung der Special Police Tactics (SPT) in Schweden[14] und wurden auch in den Leitfaden *Keeping the Peace* der britischen Vereinigung der Polizeichefs sowie in den oben bereits genannten europäischen Leitfaden integriert.[15] All dies waren Schritte zur Etablierung des KFCD-Modells in Europa, dessen Grundzüge im Folgenden erläutert werden sollen.

---

12 GODIAC ist die Abkürzung für *Good Practice for Dialogue and Communication as Strategic Principles for Policing Political Manifestations in Europe*. Schweden, Dänemark, Großbritannien, Deutschland, Spanien, Portugal, Zypern, Österreich, Slowakei, Ungarn, Rumänien und die Niederlande nahmen an der Studie teil.

13 Reicher et al., „An integrated approach to crowd psychology".

14 Clifford Stott, *Crowd Psychology and Public Order Policing: An Overview of Scientific Theory and Evidence*, Liverpool: University of Liverpool, 2009.

15 Council of the European Union, *Handbook for Police and Security Authorities Concerning Cooperation at Major Events with an International Dimension*, 10589/1/07 REV1 [online am 4. Juli 2007; konsultiert am 5. März 2019] http://www.statewatch.org/news/2007/jul/eu-police-public-or der-security-handbook-final.pdf.

Die Grundzüge des KFCD-Modells (*knowledge, facilitation, communication, differentiation*)

Knowledge: Reicher und seine Kollegen[16] betonen die Bedeutung der Informationsbeschaffung zu möglichen gewalttätigen Störer*innen. Es geht nicht nur darum zu verstehen, unter welchen Bedingungen „die Gewaltanwendung einer Minderheit zu einer kollektiven Gewaltanwendung führt (oder nicht)"[17], sondern auch darum, dass sich die Polizei im Vorfeld und während einer Demonstration über die sozialen Identitäten der teilnehmenden Individuen und Gruppen informieren muss: „values, standards, aims and goals, their sense of what is right and proper, their stereotypes and expectations of other groups, their history of interaction with these groups and anything (dates, places, objects, forms of action) which has particular symbolic significance"[18]. Dies mag selbstverständlich erscheinen, aber die Erfahrung zeigt, dass oftmals stereotype Vorstellungen, Unkenntnis und Gerüchte an die Stelle polizeilicher Informationen treten. Die europäische Polizeiliteratur über die *Black Blocks* oder über die von der CIRCA (*Clandestine Insurgent Rebel Clown Army*) durchgeführten Aktionen liefert dafür gute Beispiele.

    Facilitation: Durch die *facilitation* sollen alle zur Verfügung stehende Mittel eingesetzt werden, um friedlichen Gruppen von Demonstrant*innen die Meinungsäußerung zu ermöglichen. Dazu muss die Polizei in der Lage sein, die Ziele der Demonstrant*innen zu erfassen. Anschließend muss sie sicherstellen, dass in einem ständigen Dialog mit den Demonstrant*innen geeignete Lösungen für die Durchführung der Polizeimaßnahmen gefunden werden: „The police will not only avoid violence from these participants, they will also gain their cooperation in dealing with the minority of others."[19] Die *facilitation* muss in allen Phasen des Polizeieinsatzes erfolgen. Das bedeutet, dass die Polizei gerade auch in riskanten Situationen versuchen muss, dem friedlichen Teil der Menge die Meinungsäußerung zu ermöglichen. Wenn ihr das gelingt, wird die Mehrheit der Demonstrant*innen wahrscheinlich „not react to the police as something which impedes them but rather as something which enables them."[20]

---

16 Stephen D. Reicher, Clifford Stott, John Drury, Otto Adang, Patrick Cronin & Andrew Livingstone, „Knowledge-based public order policing: Principles and practice policing", in: *Policing: A Journal of Policy and Practice* 1, 4 (2007): 403–415.
17 Ebd., 409.
18 Reicher et al., „An integrated approach to crowd psychology and public order policing", 566.
19 Reicher et al., „Knowledge-based public order policing: Principles and practice policing", 409.
20 Ebd., 410.

Communication: Der Begriff der *communication* bezieht sich darauf, was kommuniziert wird, aber auch wie und mit wem kommuniziert wird. In der Vorbereitungsphase einer Demonstration sollten Gespräche zwischen den beteiligten Parteien stattfinden. Dabei soll es um die Ziele der Organisator*innen gehen und darum, wie die Polizei zu deren Verwirklichung beitragen kann. Die getroffenen Vereinbarungen sollten veröffentlicht werden. Dies ist eine wesentliche Veränderung gegenüber der früheren Verhandlungspraxis zwischen Demonstrationsorganisator*innen und Polizeibehörden. Während der Veranstaltung ist die Kommunikation direkter: Sie kann von Angesicht zu Angesicht erfolgen oder mittels Lautsprechern, Megaphonen oder großer LED-Bildschirme. Die Kommunikation ist entscheidend, um das polizeiliche Handeln transparent zu machen und damit jene Unsicherheit zu vermeiden, welche „provides a space in which those drawing on historical distrust of the police can gain influence."[21] Dies gilt insbesondere in potenziell konfliktträchtigen Situationen. Reicher und seine Kollegen weisen darauf hin, dass nicht nur wichtig ist, was, sondern auch wie kommuniziert wird. Vorzugsweise sollte die Polizei mit „people who are trusted and respected by the groups within the crowd"[22] kommunizieren. Unter diesem Gesichtspunkt ist es besonders wichtig, über *community mediators* zu verfügen, die proaktiv vorgehen und „available to communicate at points of incipient violence" sind.

Differentiation: Demonstrant*innen, welche ein Problem darstellen, müssen individuell angegangen werden. Sie sollen so behandelt werden, dass die anderen Teilnehmer*innen davon unbehelligt bleiben. Eine zügige und dynamische Vorgehensweise gegen Personen, die als Störer*innen auftreten, soll jede Gefahr einer Eskalation von vornherein abwehren. Diese Differenzierung erfordert, dass die Polizei mit den unterschiedlichen Identitäten der einzelnen Teilnehmer*innen, deren Verhalten und deren üblichen Reaktionen vertraut ist. Auf dieser Grundlage plädieren Reicher und seine Kollegen für eine differenzierte Behandlung: „It is precisely in order to stop the violence of the few that one must be permissive towards the many."[23] Die Polizei muss sich so verhalten, dass sich die Mehrheit der Demonstrant*innen von Randalierer*innen und möglichen Unruhestifter*innen distanziert. Die Autoren empfehlen daher, situationsabhängige Taktiken zur Differenzierung zu entwickeln. Dieser Ansatz müsse „into every tactical or strategic decision, into training, planning, equipping, briefing and operating in crowds"[24] einbezogen werden.

---

21 Ebd., 410.
22 Reicher et al., „An integrated approach to crowd psychology and public order policing", 566.
23 Ebd., 568.
24 Ebd., 569.

Verfahren zur Vorbereitung und Durchführung von polizeilichen Maßnahmen

Wie aus den oben genannten Punkten ersichtlich wird, formuliert das KFCD-Modell umfangreiche Vorgaben. Es beschränkt sich aber gleichzeitig auf allgemeine Grundsätze, deren Umsetzung im Einsatzfall zu beurteilen ist. Viele der Empfehlungen entsprechen dem gesunden Menschenverstand und gehören bereits zum Repertoire klassischer Polizeiarbeit. Das Modell geht aber weiter und fordert eine grundsätzliche Veränderung des polizeilichen Berufsethos.[25] Ein solch grundlegender Wandel vollzieht sich nicht von allein, sondern erfordert eine – je nach Land mehr oder weniger tiefgreifende – Reform der Aus- und Weiterbildung.

Im Unterschied zur üblichen Praxis sollen die Informationen, die durch polizeiliche Aufklärungsarbeit im Vorfeld von Demonstrationen zusammengetragen werden, nicht nur den für den Einsatz verantwortlichen Führungskräften der Polizei zur Verfügung stehen, sondern auch an die im Einsatz stehenden Polizeibeamt*innen weitergegeben werden. Ein mögliches Mittel dazu sind Informationsbroschüren, in denen die Erwartungen an die bevorstehende Demonstration, ihre Ziele, Forderungen und ihr *Modus operandi* erläutert werden. Dieser Aspekt der Information ist umso wichtiger, wenn viele verschiedene Polizeikräfte (unterschiedliche Einheiten, aber auch Einheiten aus verschiedenen Regionen im Falle von Verstärkungen) beteiligt sind.

So treten beispielsweise in Deutschland bei Gleisblockaden gegen die CASTOR-Transporte nach Gorleben die für die Vorbereitung des Polizeieinsatzes verantwortlichen Konfliktmanager*innen (KM) mit den organisierenden Gruppen in Kontakt und halten regelmäßige Treffen mit den betroffenen Polizeichefs ab, um diese über die Absichten und die Stimmungslage der Demonstrant*innen auf dem Laufenden zu halten. Die roten Linien, die nicht überschritten werden dürfen (z. B. das Entfernen von Schotter unter den Gleisen zur Verhinderung des Zugverkehrs), und die daraus resultierenden Folgen werden klar und deutlich kommuniziert. 2010 haben die KM erstmals eine Broschüre zur Einsatzführung für die

---

25 Der Begriff bezieht sich hier auf „die Existenz eines sozialen Umfelds, das strukturell konstituiert und historisch gewachsen ist, so dass es sich um einen Ort der Sozialisation handelt, der durch Beziehungen, Erfahrungen und durch das Lernen die Verinnerlichung von Normen, Werten und ethischen Prinzipien fördert, mit denen ein bestimmtes Verhältnis zur Welt hergestellt werden kann, insbesondere durch die Zuordnung, was ,gut', ,gerecht' und ,normal' ist." (Bernard Fusulier, „Le concept d'ethos. De ses usages classiques à un usage renouvelé", in: *Recherches sociologiques et anthropologiques* 42, 1 (2011) [online am 29. September 2011, konsultiert am 6. 3. 2019] http://rsa.revues.org/661).

beteiligten Polizeibeamt*innen herausgegeben, die den Hintergrund der Demonstration, ihre Ziele, die zu erwartenden Aktionen und die nicht zu überschreitenden roten Linien erklärt. Die niedersächsische Polizei ihrerseits hat eine Website mit einem Diskussionsforum eingerichtet, um mit den Demonstrant*innen in Dialog zu treten. Am Tag der Veranstaltung waren dann 50 Polizist*innen in acht Informationseinheiten mit Lautsprechern im Einsatz, um den Kontakt zu den Demonstrant*innen und den Informationsfluss vor Ort ständig aufrechtzuerhalten. Ebenfalls wurde darauf geachtet, dass Informationen entlang der gesamten Befehlskette permanent ausgetauscht wurden.

Eine zweite Folge der immer stärkeren Verbreitung des KFCD-Modells besteht darin, dass in den letzten Jahren zahlreiche sogenannte *dialog units* eingerichtet wurden, die während der gesamten Veranstaltung den Kontakt zu den Demonstrant*innen aufrechterhalten können. Ziel dieser Dialogeinheiten ist es, einen Verhandlungskanal mit den Demonstrant*innen vor Ort aufrechtzuerhalten, Informationen über bestimmte Maßnahmen und spontan – gegebenenfalls nach Absprache – zu treffende taktische Entscheidungen weitergeben zu können und in festgefahrenen Situationen punktuell einzugreifen, um zur Beilegung eines Streits zwischen Demonstrant*innen beizutragen. Die dafür verwendeten Begriffe variieren (*dialog units, police liaison, tactical communication, conflict management*), aber das Konzept ist jeweils das gleiche. Dabei besteht stets die Gefahr, dass die Einrichtung von speziellen Dialogeinheiten den übrigen Polizeikräften als Vorwand dienen kann, sich nicht mehr selbst um diesen Dialog zu bemühen. Auch besteht die Schwierigkeit, dass ein Dialog eine Zusammenarbeit voraussetzt, die bei vielen Demonstrationen nicht selbstverständlich ist, weil es entweder keine Anführer*innen oder Organisator*innen gibt (wie bei den vielen Demonstrationen von Gymnasiast*innen oder Student*innen in Frankreich), oder weil die Demonstrant*innen jeden Dialog verweigern.

In Deutschland ist das System der Dialogeinheiten („taktische Kommunikation", taKom) sicherlich am weitesten entwickelt.[26] Diese werden sowohl bei politischen Großdemonstrationen als auch bei Fußballspielen eingesetzt. Nach den gewalttätigen Großdemonstrationen Ende der 90er Jahre in Berlin und Hessen wurde die Kommunikation über Dialogeinheiten ausgebaut. Mittels dieser Einheiten sollten Demonstrant*innen die Handlungen der Polizei besser einordnen können und friedliche Demonstrant*innen sollten dazu gebracht werden, bezüglich der zu treffenden polizeilichen Maßnahmen dieselbe Haltung zu teilen

---

26 2009 fand die erste taKom-Konferenz in Hessen statt. Die dritte Konferenz fand 2012 in Niedersachsen statt und bot Polizeivertreter*innen aus Polen, Tschechien, Großbritannien und Ungarn die Gelegenheit, sich über ihre Erfahrungen in der taktischen Kommunikation auszutauschen.

wie die Polizei. Letztlich sollte die Legitimität der polizeilichen Entscheide – d. h. gewisse Aktionen zu unterstützen und andere zu verbieten – allgemein gesteigert werden.[27] Zur Ausrüstung der Polizei gehören in diesem Zusammenhang mit Lautsprechern ausgestattete Fahrzeuge. Sie wurden erstmals bei einer Demonstration von Rechtsextremen in Hessen eingesetzt und werden seitdem erfolgreich genutzt.[28]

Zentral für den Einsatz der *dialog units* ist die Schulung von Polizeieinheiten, insbesondere um sie für die Risiken, die sie eingehen, zu sensibilisieren und ihnen die notwendigen analytischen Methoden an die Hand zu geben, um sich im Falle einer gewaltsamen Eskalation zurückziehen zu können. Eine Dialogeinheit besteht in der Regel aus drei Personen: einem/r Sprecher*in, einem/r Funker*in und einem/r Personenschützer*in. Letztere*r muss die Situation beurteilen und einen Abbruch veranlassen, wenn eine Bedrohung oder ein Risiko für die Einheit festgestellt wird. Erfahrungen mit Dialogeinheiten hat auch die Polizei in Dänemark mit den MIK (mobile taktische Einheiten) und in Schweden mit den SPT (*special police tactics*) gemacht, die nach den Ereignissen 2001 in Göteborg und der vom ehemaligen Premierministers Ingvar Carlsson geleiteten Untersuchungskommission eingerichtet worden sind.

In Spanien wurde 2011 eine Vermittlungsstelle mit zehn in Psychologie oder Soziologie ausgebildeten Polizist*innen für alle Fragen der öffentlichen Ordnung nach dem schwedischen Modell der *dialog police* eingerichtet. Diese Stelle wurde nach der am 27. Mai 2011 erfolgten und vielfach verurteilten Evakuierung der *Plaça de Catalunya* in Barcelona geschaffen. Seit ihrer Gründung ist die Zahl der Vorfälle bei Demonstrationen kontinuierlich zurückgegangen (um rund 70 % zwischen 2011 und 2014). Bemerkenswert ist auch, dass es 2013 trotz der Zunahme an Demonstrationen, die sich insbesondere gegen die Sparmaßnahmen richteten (allein in Katalonien fanden 4.000 Demonstrationen innerhalb nur eines Jahres statt), keine schwerwiegenden Vorfälle oder Verletzte bei Polizeieinsätzen gab.

Auch im Bereich der Interventionstechniken und -taktiken hat das KFCD-Modell eine Reihe von Auswirkungen gehabt: Erstens werden die Interventionen mit Augenmerk für das richtige Timing auf die Entwicklung der Situation abgestimmt. Zweitens wird auf geschlossene Befehlsketten und auf einen ununterbrochenen Informationsfluss in beide Richtungen der Hierarchie geachtet, wel-

27 Malte Neutzler & Carsten Schenk, „Einsatzbezogene Öffentlichkeitsarbeit: Taktische Kommunikation: Ein bewährtes Konzept der hessischen Polizei", in: *Deutsches Polizeiblatt* 4 (2007): 10–16.
28 Malte Neutzler, *Taktische Lautsprechertrupps als Instrument zur gezielten Verhaltensänderung und -steuerung bei der Bewältigung von Einsatzlagen*, Seminarabschlussarbeit, Polizei-Führungsakademie, Münster, 2004.

cher präzise Kenntnisse über die konkreten Situationen vor Ort ermöglichen soll. Drittens werden mobile und schnelle Einheiten gebildet, die auf eine bestimmte Aufgabe spezialisiert sind. Dies erfordert eine Umstrukturierung der Polizeikräfte in kleine, autonome Einheiten, die gezielt und differenziert operieren können. Viertens wird eine breite Palette von sehr unterschiedlichen und im Idealfall an jede Situation angepassten Mitteln bereitgehalten.

Schlussfolgerungen

Heutige Strategien zum Umgang mit Störungen der öffentlichen Ordnung unterscheiden sich von dem früheren Modell der „Gewalteskalation", das ab den 1970er Jahren den Umgang mit Protestbewegungen bestimmte und das den Demonstrant*innen von vornherein Ungesetzlichkeit unterstellte. Damals beschränkte sich die Reaktion der Polizei auf Überwachung und Agieren aus der Distanz bzw. auf eine „Front gegen Front"-Strategie. Als in den 1980er und 1990er Jahren Demonstrationen und öffentliche Proteste immer häufiger und normaler wurden, griff die Polizei auf eine neue Methode, die der Verhandlungsführung, zurück. Nach diesem Modell sollte die Demonstration von der Polizei und den Demonstrant*innen gemeinsam gesteuert werden, um durch einen besseren Dialog im Vorfeld das Risiko von Konflikten und Ausschreitungen zu verringern. Ende der 90er Jahre und insbesondere nach dem 11. September 2001 entwickelte sich parallel dazu der Ansatz der *selective incapacitation*, bei der – wie bei der Terrorismusbekämpfung – Personen, die ein Risiko für die öffentliche Ordnung oder Sicherheit darstellen könnten, der Zugang zum Demonstrationsbereich verwehrt wird. Dieser Ansatz erfordert Aufklärungsarbeit und die Erstellung von Datenbanken über Risikopersonen und umfasst sowohl Maßnahmen wie Platzverweise oder Ausreiseverbote als auch Zugangskontrollen in gestaffelten Zonen. Durch die räumliche Aufteilung und die Festlegung der für die Veranstaltung zugänglichen oder vorbehaltenen Bereiche sowie von „roten Sicherheitszonen" mit Zugangsverbot für Demonstrant*innen – das heißt durch eine bessere Kontrolle des Terrains – wollen die Behörden auch Protestzüge besser steuern können.

Die neuen Techniken verhinderten allerdings nicht neuerliche Ausschreitungen, Straßenschlachten und Krawalle. Allen Neuerungen zum Trotz trugen solche Ereignisse durchaus auch zur Fortsetzung der Tradition der Konfrontation bei, welche typisch für die 1960er und 1970er Jahre war. Man kann in diesem Zusammenhang in der Tat von „Tradition" sprechen, denn die Ausschreitungen der frühen 2000er Jahre scheinen einem festgelegten Ritual zu folgen: Nach einem auslösenden Ereignis, meist einer Polizeiaktion, suchen die Demonstrant*innen die Konfrontation mit den Polizeikräften (Frankreich 2005) oder weiten ihren Aktionsradius aus, um weitere Zerstörungen anzurichten und insbesondere zu plündern (London 2011). Die Strategie der Polizei dient in diesen Fällen vor allem dazu, eine Ausbreitung auf andere Teile der Stadt zu verhindern. Diese Strategie wird durch städtebauliche Präventionsmaßnahmen flankiert, die bei Bedarf ein besseres Eingreifen der Polizei ermöglichen. Eine effektivere Strafverfolgungspolitik, die darauf abzielt, Personen, die vor Gericht gestellt werden sollen, aus der Menge herauszufiltern, gehört ebenfalls zu dieser Polizeistrategie. Auch langfristige Aufklärung sowie permanente Kontakte in Stadtgebieten, in denen es zu Unruhen kommen könnte, werden angestrebt. Dies gelingt in einigen Ländern wie beispielsweise in Deutschland.[29] In anderen Ländern, wie etwa Frankreich, waren diese Bestrebungen allerdings eher erfolglos. In Frankreich war durch die aufgestaute feindselige Haltung der Bevölkerung gegenüber der Polizei, durch die Kürzung der Mittel für Sozialarbeiter*innen und durch die Abschaffung der bürger*innennahen Polizeiarbeit eine Mauer der gegenseitigen Ignoranz zwischen Polizei und potenziellen Störer*innen entstanden.

Das Handlungsrepertoire der Polizei zur Verhinderung kollektiver Gewalt wird immer ausgefeilter und durch die Übernahme gemeinsamer Standards bis zu einem gewissen Grad auch „europäischer". Es bleibt aber stark von der Art des Protests und der jeweiligen nationalen Polizeiarbeit abhängig. Modelle der Verhandlungsführung stoßen zu den alten Methoden hinzu, ersetzen diese aber nicht. Die Militarisierung der Polizei, verstanden als der ambivalente Versuch einer verschärften Kommandogewalt und einer Disziplinierung und Verstärkung des Angriffs- und Verteidigungsarsenals, ist in den letzten Jahrzehnten vor allem infolge häufiger Straßenschlachten weiter vorangeschritten (insbesondere durch die Entstehung von Einheiten wie der *riot police*, den SWAT, den Einsatzkompanien, Uteq usw. und ihrer wachsenden Ausrüstung). Ein umfangreiches Handlungsrepertoire steht der Polizei also zur Verfügung, um auf die unzähligen Formen und Akteure des Protests zu reagieren. Hier erhält die Frage nach dem polizeilichen Vorgehen *in situ* ihren eigentlichen Sinn. Vor dem Hintergrund der immer vielfältigeren und komplexeren Modelle des Umgangs mit Großveranstaltungen müssen die verantwortlichen Polizeiorgane in der Lage sein, verschiedene Verläufe zu antizipieren und sich durch Aufklärungsarbeit und der Situation angepasste Vorkehrungen so vorzubereiten, dass sie im Einsatz auf das richtige Handlungsrepertoire zurückgreifen. Die Polizei muss aber auch über eine Anpassungsfähigkeit verfügen, welche es ihr ermöglicht, die Härte den konkreten

---

29 Siehe Hunold und Maillard in diesem Band sowie Tim Lukas & Jérémie Gauthier, „Warum kontrolliert die Polizei (nicht)? Unterschiede im Handlungsrepertoire deutscher und französischer Polizisten", in: *Soziale Probleme* 2, 22 (2011): 174–206.

Umständen und der jeweiligen Dynamik einer Großveranstaltung entsprechend abzustufen. Wie der Ehrenpräfekt Dominique Bur bei seiner Anhörung vor dem Untersuchungsausschuss des französischen Parlaments nach der Tragödie von Sivens erklärte, sind „Einsatzlagen selten eindeutig oder einfach. Die Aufrechterhaltung der öffentlichen Ordnung ist keine theoretische Situation." Diese Aussage beschreibt die Wechselhaftigkeit und Ambivalenz der Polizeiarbeit bei Massenveranstaltungen – zwischen Aufrechterhaltung der öffentlichen Ordnung einerseits und Achtung der Rechte und Grundfreiheiten andererseits. Sie zeigt dadurch, dass der Gegenstand dieser Untersuchung besonders relevant und ein Indikator für den Grad der Demokratie in unseren heutigen politischen Systemen ist.

Literatur

Adang, Otto & Elaine Brown, *Policing Football in Europe: Experiences from Peer Review Evaluation Teams*, Apeldoorn: Politieacademie, 2008.

Björk, Micael & Abby Peterson, *Policing Contentious Politics in Denmark and in Sweden*, Maastricht: Shaker, 2006.

Commission for the review of public complaints against the RCMP, *Annual Report 2012–2013* [online 2013; konsultiert am 6.3.2019] https://www.crcc-ccetp.gc.ca/pdf/ar-ra12-13-eng.pdf.

Council of the European Union, *Handbook for Police and Security Authorities Concerning Cooperation at Major Events with an International Dimension*, 10589/1/07 REV1 [online am 4. Juli 2007; konsultiert am 5.3.2019] http://www.statewatch.org/news/2007/jul/eu-police-public-order-security-handbook-final.pdf.

Fillieule, Olivier, *Stratégies de la rue: Les manifestations en France*, Paris: Presses de Sciences Po, 1997.

Fillieule, Olivier & Danielle Tartakowsky, *Demonstrations*, Winnipeg: Fernwood Publishing, 2012.

Funk, Albrecht, „Police militarisée'. Une notion ambiguë", in: *Déviance & Société* 16, 4 (1992): 393–397.

Funk, Albrecht & Falco Werkentin, „Pour une nouvelle analyse du développement de la police en Europe occidentale", in: *Déviance & Société* 2, 2 (1978): 97–130.

Fusulier, Bernard, „Le concept d'ethos. De ses usages classiques à un usage renouvelé", in: *Recherches sociologiques et anthropologiques* 42, 1 (2011) [online am 29. September 2011, konsultiert am 6.3.2019] http://rsa.revues.org/661.

Institut des Hautes Études de la Sécurité Intérieure (Hg.), *Maintien de l'ordre. Vers une institutionnalisaiton de la police des manifestations* (= Les cahiers de la sécurité intérieure 27), Paris 1997.

Jobard, Fabien, „Die Aufstände in Frankreich. Politisierungsformen des urbanen Elends", in: Ellen Bareis & Thomas Wagner (Hg.), *Politik mit der Armut: Europäische Sozialpolitik und Wohlfahrtproduktion ‚von unten'*, Münster: Verlag Westfälisches Dampfboot, 2015, 240–260.

Jobard, Fabien, „La militarisation du maintien de l'ordre, entre sociologie et histoire", in: *Déviance et société* 32, 1 (2008): 101–109.

King, Mike, „D'une gestion policière réactive à la gestion des manifestants? La police et les manifestations anti-mondialisation au Canada", in: *Cultures et Conflits* 56 (2004): 209–247.

Lukas, Tim & Jérémie Gauthier, „Warum kontrolliert die Polizei (nicht)? Unterschiede im Handlungsrepertoire deutscher und französischer Polizisten", in: *Soziale Probleme* 2, 22 (2011): 174–206.

Marx, Gary T., „Ironies of social control: Authorities as contributors to deviance through escalation, nonenforcement and covert facilitation", in: *Social Problems* 28, 3 (1981): 221–246.

Mouhanna, Christian, „The French police and urban riots: Is the national police force part of the solution or part of the problem?", in: David Waddington, Fabien Jobard & Mike King (Hg.), *Rioting in the UK and France. A Comparative Analysis*, Cullompton: Willan, 2009, 173–182.

Neutzler, Malte, Taktische Lautsprechertrupps als Instrument zur gezielten Verhaltensänderung und -steuerung bei der Bewältigung von Einsatzlagen, Seminarabschlussarbeit, Polizei-Führungsakademie, Münster, 2004.

Neutzler, Malte & Carsten Schenk, „Einsatzbezogene Öffentlichkeitsarbeit: Taktische Kommunikation: Ein bewährtes Konzept der hessischen Polizei", in: *Deutsches Polizeiblatt* 4 (2007): 10–16.

Reicher, Stephen D., „Crowd behaviour as social action", in: John Turner, Michael Hogg, Penelope Oakes, Stephen Reicher & Margaret Wetherell (Hg.), *Rediscovering the Social Group. A Self-Categorization Theory*, New York: Basil Blackwell, 1987, 171–202.

Reicher, Stephen D., „St Paul's: A study on the limits of crowd behaviour", in: *European Journal of Social Psychology* 14 (1984): 1–21.

Reicher, Stephen D., „The battle of Westminster: Developing the social identity model of crowd behaviour in order to explain the initiation and development of collective conflict", in: *European Journal of Social Psychology* 26 (1996): 115–134.

Reicher, Stephen D., Clifford Stott, John Drury, Otto Adang, Patrick Cronin & Andrew Livingstone, „Knowledge-based public order policing: principles and practice policing", in: *Policing: A Journal of Policy and Practice* 1, 4 (2007): 403–415.

Reicher, Stephen D., Clifford Stott, Patrick Cronin & Otto Adang, „An integrated approach to crowd psychology and public order policing", in: *Policing: An International Journal of Police Strategies & Management* 27 (2004): 558–572.

Reiter, Herbert & Olivier Fillieule, „Formalizing the informal: The EU approach to transnational protest policing", in: Donatella Dela Porta, Abby Peterson & Herbert Reiter (Hg.), *The Policing of Transnational Protest*, Aldershot: Ashgate, 2006, 145–199.

Stott, Clifford, *Crowd Psychology and Public Order Policing: An Overview of Scientific Theory and Evidence*, Liverpool: University of Liverpool, 2009.

Vitale, Alex S., „From negotiated management to command and control: How the New York Police Department polices protests", in: *Policing and Society: An International Journal of Research and Policy* 15, 3 (2005): 283–304.

Waddington, Peter A. J., *Liberty and Order: Policing Public Order in a Capital City*, London: UCL Press, 2009.

Daniela Hunold und Jacques de Maillard

Kollektive Gewalt in der Stadt: die Bedeutung polizeilichen Handelns für Jugendproteste in Deutschland und Frankreich

Kollektive, politisch motivierte Gewalt in städtischen Räumen besitzt viele Facetten. Sie kann spontan und einmalig oder wiederkehrend und institutionalisiert sein, sie kann von sozial unfreiwillig Marginalisierten oder von politisch freiwillig Randständigen ausgehen, sie kann zielgerichtet oder eher unbestimmt sein – um nur einige Aspekte zu nennen. Eines haben aber die meisten ihrer Formen gemein: Sie sind Ausdruck von Unmut über staatliches Handeln und gesellschaftliche Missstände. Im Folgenden richten wir unseren Fokus auf urbane Krawalle wie sie sich regelmäßig in Frankreichs Städten ereignen. Was ist das Besondere an diesen gewaltsamen Auseinandersetzungen? Ein Blick in die vorhandene Literatur vermittelt eine relative Einigkeit darüber, dass gesellschaftliche und staatliche Ausgrenzungsprozesse, die zu prekarisierten sozialen Lagen führen, Statuskämpfe produzieren können.[1] Hierin findet sich die Frage nach Legitimität – oder genauer nach der Legitimationsgrundlage – für die Distinktionsmechanismen etablierter gesellschaftlicher Gruppen gegenüber unteren Statusgruppen wieder. Insofern ist es wahrscheinlich der Zweifel an der Legitimität des staatlichen Umgangs mit struktureller Ausgrenzung, der die Betroffenen in Paris (ebenso wie in London und Stockholm) in den vergangenen Jahren auf die Straße gehen ließ.

In Deutschland haben bisher keine Ausschreitungen stattgefunden, die sich den Unruhen in Frankreich und England vergleichen lassen. Gewaltvolle, kollektive Auseinandersetzungen haben sich im Wesentlichen bisher zwischen der Polizei und Angehörigen der autonomen Szene ereignet. Die 1. Mai-Krawalle und die Konflikte rund um das Hamburger Schanzenviertel beim G20-Gipfel 2017 können hier als Beispiele genannt werden.[2] Diese Ausschreitungen unterscheiden sich insofern von den Unruhen in französischen Vororten, als die politischen Ziele

---

1 Christian Keller, „Ungleichheit und Konflikt: zur Relevanz staatlicher Legitimation in mikrosozialen Statuskämpfen", in: *Leviathan* 39 (2011): 573 ff.

2 Laura Nägler, „The ritual insurrection and the ‚thrill-seeking-youth': An instant ethnography of inner-city riots in Germany", in: David Pritchard & Francis Pakes (Hg.), *Riot, Unrest and Protest on the Global Stage*, Basingstoke: Palgrave McMillan, 2014, 151–168.

https://doi.org/10.1515/9783110658354-010

und die Gruppen der Randalierer andere sind. Die Angehörigen linker Milieus in Deutschland gehören nicht zwingend zu den sozioökonomisch Benachteiligten in dieser Gesellschaft und sie „kämpfen" nicht für eine bessere gesellschaftliche Teilhabe, sondern zweifeln am kapitalistischen System und dem staatlichen Gewaltmonopol. Die Menschen in den *banlieues* Frankreichs gehen dagegen auf die Straße, um ihrer prekären Situation in der Gesellschaft Ausdruck zu verleihen.[3] Ähnlich wurde dies auch für die Ausschreitungen in London festgestellt.[4]

Ausgelöst wurden diese urbanen Krawalle aber meist durch unangemessenes Polizeihandeln, das die Verletzung oder den Tod von Angehörigen ethnischer Minderheiten zur Folge hatte. Die Unruhen im Jahr 2005, die im Pariser Vorort Clichy-sous-Bois ihren Anfang nahmen und ein breites mediales Echo erzeugten, wurden z. B. durch den Tod zweier Jugendlicher mit nordafrikanischem Migrationshintergrund ausgelöst, die sich auf der Flucht vor der Polizei in einem Transformatorenhäuschen versteckten und durch Stromschläge getötet wurden. Im Londoner Tottenham entbrannten im August 2011 vergleichbare Krawalle nach dem Tod eines schwarzen jungen Mannes, der von Polizisten bei seiner Festnahme erschossen wurde. Deshalb werden solche spezifischen Ereignisse, welche die Frage nach der Schuld der Polizei aufwerfen, als *flashpoints*[5] bei der Entstehung gewaltsamer Konflikte gesehen.

Ziel dieses Artikels ist keine Phänomenologie kollektiver, politisch motivierter Gewalt. Im Zentrum dieses Beitrags steht die Frage, inwiefern sich polizeiliche Alltagspraktiken in Deutschland und Frankreich unterscheiden und als potentielle Wendepunkte hin zum Auftreten urbaner Gewalt betrachtet werden können. In diesem Zusammenhang behandeln wir ebenso die Frage, inwiefern ein räumlicher Kontext – charakterisiert durch soziale und ethnische Ausgrenzung – Auswirkungen auf die polizeiliche Wahrnehmung und Handlungspraxis haben kann. Im Folgenden werden wir zunächst auf die Frage eingehen, auf welche Weise polizeiliches Handeln eine Bedeutung für die Erklärung von Gewalt als Ausdruck mangelnder gesellschaftlicher Teilhabe erlangt. Weiterhin werden wir näher betrachten, wie sich soziale Exklusionsprozesse in beiden Ländern unter-

---

3 Fabien Jobard, „Rioting as a political tool: the 2005 riots in France", in: *The Howard Journal of Criminal Justice* 48, 3 (2009): 235–244; Fabien Jobard, „Die Aufstände in Frankreich. Politisierungsformen des urbanen Elends", in: Ellen Bareis & Thomas Wagner (Hg.), *Politik mit der Armut. Europäische Sozialpolitik und Wohlfahrtsproduktion „von unten"*, Münster: Verlag Westfälisches Dampfboot, 240–260.

4 Ferdinand Sutterlüty, „The hidden morale of the 2005 French and 2011 English riots", in: *Thesis Eleven* 121 (2014): 38–56.

5 David Waddington, „Applying the flashpoints model of public disorder to the 2001 Bradford riot", in: *British Journal of Criminology* 50 (2010): 344.

scheiden lassen. Die Analyse polizeilicher Handlungs- und Deutungsmuster im Umgang mit jungen Bewohnern deprivierter Viertel in jeweils zwei Großstädten Deutschlands und Frankreichs bilden im Anschluss daran die empirische Grundlage unserer Überlegungen.[6] Schließlich diskutieren wir, inwiefern das Auftreten der Polizei mit den Ausschreitungen in Frankreich assoziiert ist und in Deutschland als *missing link* betrachtet werden kann.

Polizeiliches Handeln als Auslöser für kollektive Gewalt?

Für die die Erklärung urbaner Ausschreitungen wurde in den letzten Jahren insbesondere in Kreisen europäischer Soziologen und Politikwissenschaftler, die sich u. a. auch mit soziologischen Fragen von Polizeiorganisation und polizeilichem Handeln beschäftigen, das *„flashpoint*-Modell" von David Waddington als analytischer Rahmen herangezogen.[7] Es ist als ein allgemeines, erklärendes Modell gedacht, das verschiedene makro-, meso- und mikrosoziologische Faktoren zusammenbringt, die bereits als bedeutsam für die Entstehung von urbaner Gewalt diskutiert wurden.[8] Das Modell fand bisher sowohl Anwendung, um verschiedene Typen von (einzelnen) gewaltförmigen Ausschreitungen zu analysieren,[9] als auch für die Analyse städtischer Gewalt in verschiedenen nationalen und lokalen Zusammenhängen.[10]

---

6 Im Rahmen des am Max-Planck-Institut für ausländisches und internationales Strafrecht in Freiburg und an der Universität Grenoble durchgeführten deutsch-französischen Projekts „POLIS – Polizei und Jugendliche in multiethnischen Gesellschaften" wurden in jeweils zwei Großstädten in Frankreich und Deutschland zwischen 2009 und 2012 teilnehmende Beobachtungen mit verschiedenen, im Streifendienst tätigen Polizeieinheiten durchgeführt. Darüber hinaus wurde in den Untersuchungsstädten Lyon, Grenoble, Köln und Mannheim eine Schülerbefragung zu persönlichen Erfahrungen mit der Polizei realisiert. Der vorliegende Beitrag behandelt im Wesentlichen die Ergebnisse der qualitativen Studie.

7 Tim Newburn, „The 2011 England riots in recent historical perspective", in: *British Journal of Criminology* 55 (2014): 39 – 64.

8 Waddington, *Policing Public Disorder*, 204.

9 Mark Jordan, „Critically examining ‚flashpoints' theory: Old dog – new tricks?", in: *Police Journal* 88, 1 (2015): 20 – 33; Mike King & David Waddington, „Flashpoints revisited: A critical application to the policing of anti-globalisation protest", in: *Policing and Society* 15, 3 (2005): 255 – 282.

10 Sophie Body-Gendrot & Hank Savitch, „Urban violence in the United States and France: Comparing Los Angeles (1992) and Paris (2005)", in: Peter John, Karen Mossberger & Susan E.

Während rahmengebende Faktoren wie räumliche und soziale Bedingungen von Ausschreitungen als grundlegende Ursachen betrachtet werden können, die das Auftreten kollektiver Gewalt wahrscheinlicher machen, haben interaktive Momente von Polizei-Bürger-Beziehungen nach diesem Modell direkten Einfluss: „It is extremely likely (though by no means inevitable) that a single 'flashpoint' incident, or succession of incidents (e. g. the throwing of a missile or a police intervention), will mobilize a spate of mutual violence and recrimination"[11]. Dementsprechend könnten Ausschreitungen auch ohne begünstigende gesellschaftliche Rahmenbedingungen, einzig aufgrund ungünstiger Interaktionsprozesse entstehen, allerdings wären sie dann unwahrscheinlicher. In unserer Argumentation, polizeiliches Handeln als kritischen Punkt zu betrachten, folgen wir dem Ansatz von Waddington, ohne ihn jedoch eingehender analysieren zu wollen.

Wir gehen im Rahmen unserer Analysen weiterhin davon aus, dass gewaltförmige Handlungen als Folge mangelnden institutionellen und sozialen Vertrauens betrachtet werden können. In der politik- und sozialwissenschaftlichen Legitimitätsforschung ist es inzwischen gemeinhin anerkannt, dass Vertrauen eine wesentliche Bedingung für Legitimität ist, da die Richtigkeit der gewählten Mittel und Ziele von (staatlichen) Institutionen, einen bestimmten Zustand zu erreichen oder zu verteidigen, für den Einzelnen nicht unmittelbar zu überprüfen ist. Den verschiedenen Vertrauenskonzeptionen ist gemein, „dass wissenschaftliche Vertrauensbegriffe Vertrauen als eine Form der Erwartung unter der Bedingung von Ungewissheit oder Unsicherheit verstehen"[12]. Aus der symbolisch-interaktionistischen Perspektive der Soziologie wird Vertrauen als etwas verstanden, das sich erst im Zusammenspiel mit anderen Akteuren entwickeln kann.[13]

Insbesondere im Zuge der Ausschreitungen in London 2011 kam die Frage nach der Bedeutung von Vertrauen und Legitimität in die Polizei als eine mögliche Ursache der Ereignisse auf.[14] Forschungsergebnisse zeigen, dass die Bildung

---

Clarke (Hg.), *The Oxford Handbook of Urban Politics*, Oxford: Oxford University Press, 2012, 501–519.

11 David Waddington, „Applying the flashpoints model of public disorder to the 2001 Bradford riot", in: *British Journal of Criminology* 50 (2010): 346.

12 Henning Nuissl, „Bausteine des Vertrauens – eine Begriffsanalyse", in: *Berliner Journal für Soziologie* 1 (2002): 89.

13 Ebd., 93.

14 The Riots Communities and Victims Panel, *After the Riots: The Final Report of the Riots Communities and Victims Panel*, London [online 2012; konsultiert am 21.3.2019] https://webarchi ve.nationalarchives.gov.uk/20121003195937/http://riotspanel.independent.gov.uk/, 101 ff.

oder Manifestation von Vertrauen in die Polizei auf der Interaktionsebene davon abhängt, wie fair und transparent Polizeibeamte handeln.[15] Fairness bezieht sich in diesem Zusammenhang auf die Objektivität polizeilicher Entscheidungen, Transparenz darauf, inwiefern diese Entscheidungen begründet werden. Diskriminierende Kontrollpraktiken stehen demnach im Verdacht, die polizeiliche Legitimität zu erodieren und feindliche Begegnungen zwischen Polizei und Bürgern zu fördern.[16] Dass zwischen dem mangelnden Vertrauen in die Polizei und der Entstehung urbaner Krawalle ein Zusammenhang bestehen kann, zeigt eine Analyse von Daten des *Metropolitan Police Service* in London. Danach berichteten diejenigen Befragten, die in Bezirken wohnten, die in London 2011 am stärksten von *riots* betroffen waren, das geringste Vertrauen in die Polizei.[17]

Vor diesem Hintergrund bietet Jürgen Mackert[18] für unsere Analysen zur Bedeutung des polizeilichen Handelns in gewaltförmigen Auseinandersetzungen eine konstruktive Orientierung. Dieser folgt dem Gewaltverständnis Heinrich Popitz'[19], wenn er davon ausgeht, dass die Anwendung von Gewalt in erster Linie an verfügbare Ressourcen gebunden ist und weniger an Personen. Dementsprechend kann Gewalt ausüben, wer dazu in der Lage ist.[20] Hiernach waren die Menschen in Frankreich 2005 in der Lage, auf die Straße zu gehen und gewaltvoll zu handeln, weil es ihnen im Rahmen einer „umstrittenen gesellschaftlichen Ordnung"[21] an Vertrauen und dem Willen der Unterordnung der Staatsmacht fehlte und sie als Betroffene einer ausgrenzenden Politik zu gemeinschaftlichem Handeln fähig waren. Situative und interaktive Bedingungen des Verhältnisses zwischen Polizei und Bürgern sollen nach diesem Verständnis als Marker für gesellschaftliche Ordnungen betrachtet werden. Wir wollen also das Vorhandensein oder die Abwesenheit von Gewalt nicht mittels polizeilicher Handlungen erklären, sondern eben diese Handlungen als Ausdruck gesellschaftlicher Be-

---

15 Tom R. Tyler, „Enhancing police legitimacy", in: *Annals of the American Academy of Political and Social Science* 593 (2004): 84–99.

16 Corretta Phillips & Benjamin Bowling, „Ethnicities, racism, crime, and criminal justice", in: Mike Maguire, Rod Morgan & Robert Reiner (Hg.), *The Oxford Handbook of Criminology*, Oxford: Oxford University Press, 2007, 421–460.

17 Katrin Hohl, Elizabeth Stanko & Tim Newburn, „The effect of the 2011 London disorder on public opinion of police and attitudes towards crime, disorder, and sentencing", in: *Policing* 7 (2013): 12–20.

18 Jürgen Mackert, „Gewalt in Ordnungskonflikten als Problem der erklärenden Soziologie", in: *Berliner Journal für Soziologie* 23 (2013): 91–113.

19 Heinrich Popitz, *Phänomene der Macht: Autorität – Herrschaft – Gewalt – Technik*, Tübingen: Mohr Siebeck, 1991.

20 Mackert, „Gewalt in Ordnungskonflikten als Problem der erklärenden Soziologie", 98.

21 Ebd., 104.

dingungen und staatlicher Legitimität werten, die das Verhältnis von sozialer Ordnung und Gewalt in den Mittelpunkt der Betrachtungen stellen.[22] Die entscheidenden Akteure von Ordnungskonflikten (hier Polizei und junge, sozial Prekarisierte) können so in den Fokus einer Analyse der Eskalation eines Konfliktes um eine bestehende Ordnung gestellt werden.[23] Diese Perspektive lenkt also den Blick auf jene sozialen Prozesse, die letztendlich einen Wendepunkt zur Ausübung von Gewalt darstellen.

Soziale Lagen in Deutschland und Frankreich – ein Abriss

Ein Vergleich polizeilicher Handlungsmuster kommt nach den bisherigen Betrachtungen also nicht ohne eine Rahmung durch die gesellschaftlichen Verhältnisse in den betrachteten Ländern aus. In diesem Abschnitt soll deshalb ein Eindruck des Ausmaßes sozialer Marginalisierung in Deutschland und Frankreich vermittelt werden.

Betrachtet man historische Entwicklungen und soziale Zustände in Deutschland und Frankreich im Vergleich, so zeigen sich einige Parallelen.[24] In beiden Ländern haben Industrialisierungs- und Urbanisierungsprozesse nach dem zweiten Weltkrieg zur einer vermehrten Zuwanderung von Arbeitskräften geführt. Ebenso waren beide Länder seit den 70er Jahren von Deindustrialisierungsprozessen betroffen, welche zur Verarmung großer Bevölkerungsteile führte. Zusätzlich gibt es in beiden Ländern neoliberale Politiken, die mit dem Rückbau des Wohlfahrtsstaates verbunden sind.[25] Schließlich sind noch heute die größten ethnischen Gruppen fremder Herkunft[26] sowohl im Schulsystem als auch auf dem

---

22 Ebd., 105.
23 Ebd., 109.
24 Dietmar Loch, „Immigrant youth and urban riots: A comparison of France and Germany", in: *Journal of Ethnic and Migration Studies* 35, 5 (2009), 791–814; Ingrid Tucci, „Prozesse sozialer Distanzierung in Zeiten ökonomischen und sozialen Wandels: Migrantennachkommen in Frankreich und Deutschland", in: Hans-Georg Soeffner (Hg.), *Unsichere Zeiten: Herausforderungen gesellschaftlicher Transformationen* (= Verhandlungen des 34. Kongresses der Deutschen Gesellschaft für Soziologie in Jena 2008), Wiesbaden: Springer VS Verlag für Sozialwissenschaften, 2010, 191–205; Jobard, „Die Aufstände in Frankreich. Politisierungsformen des urbanen Elends".
25 Jobard, „Die Aufstände in Frankreich. Politisierungsformen des urbanen Elends", 240.
26 Das sind in Deutschland Menschen mit türkischer Abstammung und in Frankreich Menschen mit maghrebinischem Hintergrund.

Arbeitsmarkt benachteiligt und gehören deshalb überproportional häufig zur „marginalised urban underclass"[27].

Trotz dieser ähnlichen Entwicklungen und Zustände existieren auch wesentliche Unterschiede zwischen Deutschland und Frankreich, die sich ebenfalls im Kontext historischer Entwicklungen betrachten lassen und konkrete Ausformungen von Integrations- und Exklusionsmechanismen betreffen.[28] Zunächst existiert in Deutschland keine „riot tradition"[29] wie z. B. in Frankreich und England. Die Einwanderung in Deutschland resultierte ferner aus einer aktiven Anwerbung von Menschen aus südeuropäischen Staaten während sie sich in Frankreich als Folge postkolonialer Beziehungen ergab. Bei näherer Betrachtung der Integrations- und Exklusionsmechanismen wird weiterhin deutlich, dass das schulische System in Deutschland Kinder ethnischer Minderheiten infolge institutioneller Diskriminierung[30] stärker benachteiligt als das in Frankreich. Das bedeutet, dass Kinder maghrebinischer Herkunft im vereinheitlichten französischen Schulsystem eine viel höhere Chance haben, gute Schulabschlüsse zu bekommen als ihre deutschen Nachbarn mit Migrationshintergrund. Erst im Übergang zum Arbeitsmarkt zeigen sich benachteiligende Effekte für Nachkommen nordafrikanischer Immigranten, die auf gesellschaftliche Diskriminierungseffekte zurückzuführen sind.[31]

Solche gesellschaftlichen Diskriminierungseffekte können unter anderem in Form symbolischer Ordnungen identifiziert werden. Die *banlieues* – wo, von Armut betroffene Personengruppen leben – stehen beispielsweise für eine tiefgreifende gesellschaftliche Segregation. Ihre Bewohner erfahren seit Jahrzehnten mediale und politische Aufmerksamkeit und Stigmatisierung als Abweichler von und Gefährder der gesellschaftlichen Ordnung.[32] Auf die *banlieues* gerichtete stigmatisierende Diskurse und Politiken – verursacht u. a. durch ihre Konstruktion als soziales Problem infolge städtebaulicher und sicherheitspolitischer Maßnahmen der 80er und 90er Jahre – nehmen deshalb in Frankreich ein viel

---

27 Loch, „Immigrant youth and urban riots", 792.

28 Keller, „Ungleichheit und Konflikt".

29 Sutterlüty, „The hidden morale of the 2005 French and 2011 English Riots", 41.

30 Mechtild Gomolla & Frank Olaf Radtke, *Institutionelle Diskriminierung: Die Herstellung ethnischer Differenz in der Schule*, Wiesbaden: Springer VS Verlag für Sozialwissenschaften, 2007.

31 Loch, „Immigrant youth and urban riots"; Tucci, „Prozesse sozialer Distanzierung in Zeiten ökonomischen und sozialen Wandels".

32 Loïc Wacquant, „French working-class banlieues and black American ghetto: From conflation to comparison", in: *Qui parle* 16, 2 (2007): 5 – 38.

größeres Ausmaß an als in Deutschland,[33] wo es keine vergleichbaren Wohnviertel gibt. Eine mit der Stigmatisierung in Frankreich verbundene Rhetorik der „Rückeroberung" der vermeintlich verlorenen Gebiete der städtischen Ränder mag sich mitunter in der Etablierung spezifischer Sicherheitspolitiken niederschlagen, wie das Beispiel der Einführung der speziellen Polizeieinheit UTEQ[34] (*Unités Territoriales de Quartier*) 2008 im Département Seine-Saint-Denis, Teil der Pariser *banlieues*, zeigt.[35]

Diese kurze Zusammenschau vermittelt bereits einen Eindruck davon, dass sich die soziale und räumliche Einbindung prekärer Bevölkerungsgruppen in Deutschland und Frankreich durchaus unterscheiden lässt. Vor diesem Hintergrund sind die folgenden Ausführungen zur polizeilichen Performanz in sozial benachteiligten Vierteln Deutschlands und Frankreichs zu betrachten.

Die Choreografie polizeilicher Macht in Deutschland und Frankreich

Bei der Analyse des polizeilichen Handelns in Deutschland und Frankreich konzentrieren wir uns im Folgenden auf proaktive Kontrollen. Im Rahmen proaktiver Polizeiarbeit sind Ermessensentscheidungen der einzelnen Polizeikräfte möglich, womit personenbezogene Merkmale eine größere Bedeutung erlangen können. Dementsprechend sieht Lütdke die Ermessensgrundlage polizeilichen Handelns als eine treibende Kraft polizeilicher Willkür und als Quelle für ungleichbehandelnde Praktiken an.[36]

Die polizeiliche Kontrollpraxis mag sich in beiden Ländern z. B. hinsichtlich der Intensität und der konkreten Ausführung unterscheiden und so Hinweise auf die Qualität der Polizei-Bürger-Beziehungen liefern. Deshalb haben wir auf Basis unseres empirischen Materials Kontrollsituationen ausgewählt, in denen Polizeibeamtinnen und Polizeibeamte ohne erkennbaren Anlass gehandelt haben, um zu überprüfen, wie sie von ihren Ermessensspielräumen Gebrauch ma-

---

33 Melina Germes & Georg Glasze, „Die banlieues als Gegenorte der République. Eine Diskursanalyse neuer Sicherheitspolitiken in den Vorstädten Frankreichs", in: *Geographica Helvetica* 65 (2010): 217 ff.

34 Die UTEQ hat ein viertelbezogenes Mandat, das sich vorwiegend auf Identitätsfeststellungen und Verkehrskontrollen richtet.

35 Germes & Glasze, „Die banlieues als Gegenorte der République", 225; vgl. auch Sutterlüty, „The hidden morale of the 2005 French and 2011 English riots", 42.

36 Alf Lüdtke, *Sicherheit und Wohlfahrt: Polizei, Gesellschaft und Herrschaft im 19. und 20. Jahrhundert*, Frankfurt a. M.: Suhrkamp, 1992.

chen und wie die Kontrolle als polizeiliche Routinehandlung ausgeführt wird. Die Rechtsgrundlagen für die Durchführung von Identitätsfeststellungen sind in Deutschland und Frankreich vergleichbar. In Frankreich ist die entsprechende Norm in der Strafprozessordnung (*Code de procédure pénale*) geregelt, in Deutschland bilden die Polizeigesetze der Länder sowie das Bundespolizeigesetz die korrespondierenden Grundlagen. Personenkontrollen können danach im Rahmen der Strafverfolgung durchgeführt werden oder aber zur Abwehr einer Gefahr. Im Rahmen der Gefahrenabwehr muss ein konkreter Verdacht für eine Straftat vorliegen. Dementsprechend haben wir für unsere Analysen alle Kontrollsituationen identifiziert, in denen kein klarer Rechtsverstoß (z. B. das Überfahren einer roten Ampel) vorlag oder aber kein Verhalten beobachtbar war, das auf einen Rechtsverstoß schließen ließ (z. B. der Austausch eines kleinen Päckchens an einem für Drogendelikte bekannten Ort). Ermessensentscheidungen[37] von Polizeikräften, die für uns interessant sind, liegen also dann vor, wenn die Kontrolle unabhängig von konkreten Verhaltensweisen durchgeführt wird: aufgrund der Kleidung, eines Gesichtsausdrucks, des Zustands eines Autos etc.

Im Folgenden wollen wir vier Fragen nachgehen: 1. In welchem Umfang werden Ermessensentscheidungen durchgeführt? 2. Welche Gründe für Kontrollentscheidungen können identifiziert werden? 3. Wer ist von Ermessenkontrollen betroffen? 4. Welche Wahrnehmungs- und Deutungsmuster der Polizeibeamten existieren im Hinblick auf ihre Arbeit in deprivierten Gebieten?

Umfang und Gründe für anlasslose Kontrollhandlungen

Ein Vergleich der beobachteten Häufigkeit von anlasslosen Kontrollen (Tabelle 1) zeigt nicht nur, dass diese Form der Kontrolle in Frankreich eine wesentlich größere Bedeutung besitzt als in Deutschland, sondern auch, dass ethnische Minderheiten dort im Vergleich häufiger von einer solchen Polizeimaßnahme betroffen sind.[38]

---

37 Der hier verwendete Begriff des Ermessens ist dem englischen Begriff *discretion* entlehnt und meint damit nicht den im deutschen Polizeirecht verankerten Ermessensbegriff, der eine Maßnahme als „Kannmaßnahme" definiert. Vielmehr liegt hier der Fokus auf der Entscheidungsfreiheit als Definitionsmacht, die einzelne Polizeibeamtinnen und -beamten über eine Situation/Person haben.

38 In den Beobachtungen konnten lediglich Einschätzungen zu ethnischen Hintergründen der Beteiligten vorgenommen werden, entsprechende Angaben beruhen deshalb z. T. auf subjektiven Eindrücken der Beobachter. Diese Methode weist Chancen, aber auch Tücken auf. Erfolgver-

Tabelle 1: Anlasslose Kontrollen nach Herkunft der Betroffenen in Deutschland und Frankreich

	Beobachtete Interaktionen (absolut)	Anlasslose Kontrollen	Anteil an anlasslosen Kontrollen (%)
Frankreich			
Insgesamt	293	80	27,3
Angehörige der Mehrheitsgruppe	71	10	14,1
Sichtbare ethnische Minderheiten	205	64	31,2
Gemischte Gruppen	17	6	35,3
Deutschland			
Insgesamt	247	31	12,6
Angehörige der Mehrheitsgruppe	115	14	12,2
Sichtbare ethnische Minderheiten	120	15	12,5
Gemischte Gruppen	10	2	20

Diese recht deutlichen Unterschiede verlangen zur Erklärung einen detaillierteren Blick darauf, welche Deutungs- und Handlungsmuster den beobachteten Kontrollpraktiken unterliegen. Es lassen sich zunächst drei Dimensionen unterscheiden, welche verschiedene Kontrollrationalitäten aufgreifen: Kriminalitätsbekämpfung, Autoritätserhalt und Informationssammlung.

Die Dimension der Kriminalitätsbekämpfung verweist auf die Tatsache, dass Personenkontrollen als Mittel zum Auffinden von Personen dienen, die in kriminelle Handlungen verwickelt sind.[39] Hierunter lassen sich Deutungs- und Handlungsmuster subsumieren, die dem polizeilichen Mandat der Strafverhinderung und -verfolgung folgen. Entsprechende Ziele scheinen unter den beobachteten französischen Polizeikräften im Arbeitsalltag allgegenwärtig zu sein. Verdachtskonstruktionen aufgrund äußerer Merkmale und Erscheinungen waren im Rahmen der teilnehmenden Beobachtungen keine Seltenheit. Die folgende

---

sprechend erscheint sie, weil sowohl Beobachter als auch Polizisten (bis auf zwei Beamte mit Migrationshintergrund) zu den Etablierten, den Autochthonen gehören. Subjektiv und selektiv wahrgenommene Abweichungen in körperlichem Aussehen und der Sprache können von Etablierten zur leichten Identifizierung und Zuschreibung zu fremdethnischen Gruppen verwendet werden. Schwierigkeiten ergeben sich, weil Ethnizität keine feststehende Größe ist, sondern eine instrumentalisierbare soziale Konstruktion (Axel Groenemeyer, „Kulturelle Differenz, ethnische Identiät und die Ethnisierung von Alltagskonflikten. Ein Überblick sozialwissenschaftlicher Thematisierungen", in: ders. & Jürgen Mansel (Hg.), *Die Ethnisierung von Alltagskonflikten*, Opladen: Leske & Budrich, 2003, 11–46). Insofern könnten für die Beobachter andere Merkmale als fremd gelten als für die Polizisten.
39 Ben Bowling & Leanne Weber, „Stop and search in global context: an overview", in: *Policing & Society* 21, 4 (2011): 480–488.

Feldnotiz gibt ein Beispiel dafür, wie die Kombination verschiedener Merkmale zur Konstruktion von potentiellen Kriminellen führt:

> Die Polizeibeamten bemerken zwei junge Männer ohne Helme und mit einer sehr großen Tasche auf einem Roller. Sie vermuten, dass ein Drogendelikt hinter dieser Aufmachung steckt und entscheiden sich, die beiden zu kontrollieren.[40]

Das Auffinden von Drogen stellt für französische Polizeibeamte eine besondere Bedeutung in ihrer alltäglichen Handlungspraxis dar. Sie führen dementsprechend nicht nur häufig Personenkontrollen durch, auch machen sie niedrigschwelligen Gebrauch von ihren rechtlichen Befugnissen für Identitätsfeststellungen. Allerdings bleiben die Polizeibeamten im weiteren Verlauf der Personenkontrollen oftmals unterhalb ihrer rechtlichen Möglichkeiten, wie das folgende Beispiel illustriert:

> Wir sind in der Nähe des Bahnhofs in Lyon-Part-Dieu. Zwei maghrebinisch aussehende Männer fragen die Polizeibeamten nach dem Weg. Die Beamten wiederum fragen die Männer nach den Ausweisen und nach Drogen. Sie werfen einen Blick auf die Ausweise und teilen den Männern dann mit, dass es ihr Glückstag sei, weil sie sie nicht durchsuchen würden. Sie lassen sie gehen, nachdem sie ihnen eine Wegbeschreibung gegeben haben.[41]

Das Vorgehen der französischen Polizeibeamten entspricht dem, was Jérémie Gauthier über seine Beobachtungen von Polizeibeamten in Paris schreibt. Diese seien immerzu auf der „Jagd nach dem guten Fall", d. h. sie konzentrieren sich auf das Aufdecken von Drogendelikten sowie Raub- und Gewaltstraftaten.[42] Für sie sind Fälle, die ein Strafverfahren nach sich ziehen, u. a. deshalb relevant, weil sie über Beförderungen entscheiden und die Kultur des „Jägers" über alle Einheiten hinweg geachtet ist. Ihr antikriminelles Handlungsrepertoire ist im Wesentlichen innerhalb einer „ergebnisorientierten Kultur der Polizei" zu verorten.[43]

---

[40] Feldnotiz aus Grenoble. Die im Folgenden verwendeten Feldnotizen sind Zusammenfassungen der ursprünglich verfassten Protokolle, die dem Auswertungsteam einen Überblick für den deutsch-französischen Vergleich verschaffen sollten. Außerdem wurden die Texte ins Englische übersetzt und die französischen Feldnotizen von der Erstautorin für den vorliegenden Beitrag wiederum ins Deutsche übertragen. Dieses Vorgehen ist sicherlich mit Informationsverlusten verbunden, in einem internationalen Kooperationsteam aus forschungsökonomischen Gründen allerdings nicht vermeidbar.

[41] Feldnotiz aus Lyon.

[42] Tim Lukas & Jérémie Gauthier, „Warum kontrolliert die Polizei (nicht)? Unterschiede im Handlungsrepertoire deutscher und französischer Polizisten", in: Soziale Probleme 22, 2 (2011): 191.

[43] Ebd., 199.

Für die beobachteten deutschen Beamtinnen und Beamten ist die Aufdeckung von Drogendelikten ebenfalls Teil ihrer Alltagsroutine und auch sie ziehen äußere Merkmale für die Verdachtskonstruktion heran, wie die folgende Beobachtungsnotiz vermuten lässt:

> Wir fahren weiter durch einen Park und halten vor einem Spielplatz, wo sich drei Jugendliche (ca. 18 Jahre, vermutlich mit Migrationshintergrund) aufhalten. Die Polizeibeamten kontrollieren nicht nur die Ausweise, sondern durchsuchen die Betroffenen auch nach Drogen.[44]

Alltagsweltlich besitzen proaktive Kontrollmaßnahmen allerdings sowohl für Bezirksdienstbeamte als auch für ihre Kollegen aus dem motorisierten Streifendienst kaum Relevanz. Weder konnten sie ähnlich häufig beobachtet werden wie in Frankreich, noch war eine besondere Motivation unter den Polizeikräften beobachtbar, typische Straßendelikte aufzuklären. Zur Erklärung sind hierfür strukturelle Rahmenbedingungen der verschiedenen Einheiten, die grundsätzlich für proaktive Kontrollmaßnahmen im Revier verantwortlich sind, heranzuziehen. Die in Köln beobachteten Bezirksdienstbeamten sollen zwar an sogenannten „Kriminalitätsbekämpfungstagen", die zwei Mal in der Woche stattfinden, gezielt proaktive Kontrollen in ihrem Bezirk durchführen, machen hiervon aber eher zurückhaltend Gebrauch.

Zunächst besteht ihre originäre Aufgabe neben den genannten „Kriminalitätsbekämpfungstagen" in erster Linie darin, positive Kontakte zu Bürgern und Einrichtungen vor Ort zu knüpfen. In diesem Zusammenhang suchen sie auch gezielt Orte auf, die bereits als typische jugendliche Treffpunkte und für potentielle Drogendelikte bekannt sind. Dort werden zwar mitunter Personenkontrollen durchgeführt, aber der kommunikative Kontakt zu den Jugendlichen hat Vorrang. Daneben haben Streifendienstbeamte schlichtweg kaum Gelegenheit für die Durchführung proaktiver Kontrollen, da sie vornehmlich mit der Bearbeitung von Notrufen und Bürgerbeschwerden beschäftigt sind. In der ihnen verbleibenden Zeit zeigen sie wenig Eigeninteresse, Straftaten proaktiv aufzudecken. Dies liegt auch daran, dass Ergebnisorientierung für sie weniger bedeutend für die Anerkennung von Vorgesetzten und Kollegen zu sein scheint. Das proaktive Kontrollieren gilt vor diesem Hintergrund vielmehr als Kür, neben der Pflicht, Aufträge abzuarbeiten.[45] Insgesamt ähnelt der Duktus der beobachteten Beamten in Deutschland nicht dem des „Jägers".

Im Vergleich dazu lohnt sich ein Blick auf die Polizeieinheiten, die in Frankreich in erster Linie proaktive Kontrollen durchführen. Auch dort sind es

---

44 Feldnotiz aus Köln.
45 Lukas & Gauthier, „Warum kontrolliert die Polizei (nicht)?", 179.

die regulären Streifendienstbeamten, welchen aufgrund der Bearbeitung von Einsätzen kaum Zeit bleibt, um proaktive Kontrollen durchzuführen. Diese werden daher oftmals von Einheiten wie den *brigades anticriminalité* und den *groupes de sécurité de proximité* ausgeführt, die in den „sensiblen" Bereichen der Großstädte für die „gefährlicheren" Einsätze zuständig sind. Da solche Einsätze weniger häufig auftreten als Nachbarschaftsstreitigkeiten und Ordnungsdelikte, bleibt ihnen mehr Zeit, proaktive Aufgaben zu erfüllen. Zusätzlich sind die bereits erwähnten *unités territoriales de quartier* damit beauftragt, gezielt Personenkontrollen auszuführen. Somit zeigt sich die Organisation der Kontrollpraxis als einflussreich auf die Deutungs- und Handlungsmuster der Polizeibeamten im Zusammenhang mit der Dimension der Kriminalitätsbekämpfung in den beiden Ländern.

Die zweite Dimension, in welche die Praxis von Personenkontrollen fällt, ist die des Autoritätserhalts. Kontrollen, die der Handlungslogik des Autoritätserhalts folgen, hängen in der Darstellung der befragten Polizisten unmittelbar damit zusammen, wie Polizisten das Verhalten von Jugendlichen ihnen gegenüber interpretieren. Dementsprechend können anlasslose Kontrollen auf latente Konflikte zwischen Polizeibeamten und Jugendlichen in den Straßen zurückgeführt werden, die sich in ablehnenden Verhaltensweisen ausdrücken können. Schon Blicke und Körperhaltungen, die als Zeichen für negative Einstellungen gegenüber der Polizei gewertet werden, können zur Kontrollentscheidung führen. Einen klaren Interventionsanreiz bieten Beleidigungen, die im Vorbeifahren wahrgenommen werden:

> Wir passieren drei junge, maghrebinisch aussehende Männer, die vor einem Imbiss stehen. Einer der Beamten hört wie einer der jungen Männer sagt: „Haut ab!". Die Polizeibeamten drehen sofort um, um die drei Männer zu kontrollieren.[46]

In der vorliegenden Situation erfolgt die Personenkontrolle als erzieherische Maßnahme.[47] Mit ihr soll denjenigen, die der Polizei respektlos gegenüber stehen, verdeutlicht werden, wer in den Straßen die Entscheidungsgewalt innehat. Das geschieht, indem die betroffene Person für eine kurze Zeit ihrer persönlichen Freiheit beraubt sowie möglicherweise vor Zuschauern durchsucht und befragt wird. Diese Form der anlasslosen Kontrolle offenbart ein schlechtes Verhältnis zwischen Polizei und manchen Jugendlichen und gehört auf Basis unserer Beobachtungen eher zur Alltagsroutine der französischen Polizisten. In Köln und

---

46 Feldnotiz aus Lyon.
47 Jérémie Gauthier, „Origines contrôlées. Police et minorités en France et en Allemagne", in: *Sociétés contemporaines* 97, 1 (2015): 101–127.

Mannheim haben wir keine Personenkontrolle beobachtet, die dem Autoritätserhalt dient. Allerdings deuten Erzählungen in den Interviews auf eine ähnliche
Praxis hin:

> *Interviewer:* Stell Dir mal die Situation vor, Ihr fahrt Streife durch die Straßen, was sind das
> denn für Faktoren, die Euch auf bestimmte Jugendliche aufmerksam werden lassen, so dass
> Ihr sagt, so komm, die kontrollieren wir jetzt mal.
>
> *Streifendienstbeamtin:* Zum einen totale, wirklich so was von totale Aggressivität im Gesicht,
> wenn die wirklich stehen bleiben und das passiert wirklich oft, das ist ganz krass, und
> gucken dich an, so richtig so typisches Augen zusammengekniffen und am besten murmeln
> sie noch irgendwas vor sich hin. Du siehst ja, der redet gerade mit sich selber, du kannst es
> aber nicht hören, weil das Fenster zu ist oder so. Der hat ein Problem mit uns, dann fragen
> wir ihn doch mal. Na dann halten wir an und fragen, na was haben sie denn so. Dann fragen
> wir, haben sie mal den Ausweis da. Weil – der hat ja offensichtlich irgendein Problem mit
> uns.[48]

Es ist anzunehmen, dass entsprechende Handlungspraktiken der Polizeibeamten nicht nur ein ohnehin schon angespanntes Verhältnis zu den Jugendlichen
bedienen, sondern dieses auch verfestigen. In solchen Situationen sind wech-
selseitige Dynamiken wahrscheinlich, die auf beiden Seiten auf Gefühle des
Herausgefordert-Seins rekurrieren.

Die Sammlung von Informationen kann als dritte Handlungsdimension im
Rahmen von Personenkontrollen identifiziert werden. In diesem Zusammenhang
dient die Identitätsfeststellung dazu, Informationen über Individuen zu gewinnen. In Frankreich kommt es beispielweise häufig vor, dass Kontrollen in den
Eingangshallen der großen Sozialwohnungsbauten der Randbezirke durchgeführt
werden, um die gesammelten Informationen mit lokalen Akteuren wie Woh-
nungsbaugesellschaften und kommunalen Verantwortlichen zu teilen. Netzwerke
zwischen den verschiedenen Organisationen erklären vermutlich derartige Praktiken, denn meist ist ressortübergreifenden Arbeitskreisen daran gelegen, so viele
Informationen wie möglich auszutauschen, um lokale Maßnahmen zu ermöglichen. In Deutschland folgt die Sammlung von Informationen allerdings einer
anderen Logik. Dass Polizeibehörden im Rahmen von Personenkontrollen Informationen sammeln, die in lokalen Arbeitskreisen geteilt werden, ist undenkbar.
Insbesondere Bezirksdienstbeamte und Jugendsachbearbeiter entscheiden sich
für eine anlasslose Kontrolle, sobald ihnen ihr Gegenüber unbekannt ist:

> *Bezirksdienstbeamter:* ...wenn ich diese Gruppe nicht unbedingt kenne und diese nicht in
> diesen, dieses Stadtteil oder in diesen Stadtteil rein passt, dann kontrolliere ich die, unter-

---

48 Feldnotiz aus Köln.

halte mich ganz locker, ganz locker mit denen und ja frage dann einfach nur, was die hier machen in dem Bereich und dann sehe ich ja wie die Jugendlichen reagieren.[49]

Dementsprechend besteht der Interventionsanreiz hier darin, Unbekannte zu Bekannten zu machen und auf diesem Wege *nebenbei* etwas über das kriminelle Potential der Betroffenen zu erfahren. Diese Praxis steht im Zusammenhang mit der originären Aufgabe dieser Einheiten, lokales Beziehungsmanagement durchzuführen.

Die Kontrolle ethnischer Minoritäten

Im folgenden Abschnitt gehen wir weiterhin der Frage nach, auf wen sich die anlasslosen Kontrollen richten. Wenn Polizisten ihre Verdachtsentscheidungen von persönlichen Merkmalen abhängig machen können, sind Muster von *routine harassement* wie etwa das *ethnic profiling* möglich.[50] Womöglich ist dies ein Grund dafür, dass ethnische Minderheiten im Vergleich zu Einheimischen überproportional häufig von *high-discretion stops* betroffen sein können, in denen proaktiv – z. B. im Bereich der Drogenkriminalität – ermittelt werden soll.[51] Die Tabelle 1 zeigt, dass auch bezüglich der von anlasslosen Kontrollen betroffenen Personen entscheidende Unterschiede zwischen Deutschland und Frankreich bestehen. Dementsprechend konnten in Frankreich überproportional häufige Kontrollen von ethnischen Minderheiten beobachtet werden – 64 von insgesamt 80 Kontrollen waren auf sie gerichtet – wohingegen in Deutschland Angehörige der Mehrheitsgruppe ebenso häufig kontrolliert wurden wie sichtbare ethnische Minderheiten. Hier ist der Anteil der anlasslosen Kontrollen gegenüber Angehörigen der Mehrheitsgruppe und sichtbaren ethnischen Minderheiten nahezu identisch. Diese Ergebnisse entsprechen denen unserer quantitativen Schulbefragung. Demnach wurde den Befragten die Frage gestellt, wie häufig sie in den letzten zwölf Monaten Kontakt zur Polizei hatten und welche Gründe es dafür gab. In Deutschland zeigten sich keinerlei signifikanten Unterschiede hinsichtlich der Häufigkeit einer anlasslosen Kontrolle nach ethnischer Zugehörigkeit.[52] Im fran-

---

49 Feldnotiz aus Köln.
50 Peter A. J. Waddington, *Policing Citizens: Authority and Rights*, London: UCL Press, 1999, 35.
51 Phillips, Bowling, „Ethnicities, racism, crime, and criminal justice", 437 ff.
52 Dietrich Oberwittler, A. Schwarzenbach & D. Gerstner, *Polizei und Jugendliche in multi-ethnischen Gesellschaften: Ergebnisse der Schulbefragung 2011 „Lebenslagen und Risiken von Jugendlichen" in Köln und Mannheim* (= Forschung Aktuell/Research in Brief hg. v. Max-Planck-Insitut für ausländisches und internationales Strafrecht, Bd. 47) Freiburg i. Br.: MPI, 2014.

zösischen Nachbarland dagegen ergab die Befragung insgesamt eine höhere Belastung maghrebinischer Befragter sowie eine dreimal so hohe Wahrscheinlichkeit, häufiger als fünf Mal in zwölf Monaten von einer anlasslosen Kontrolle betroffen zu sein. Auch die quantitativen Ergebnisse sprechen also für eine überproportionale Kontrolle ethnischer Minderheiten in Frankreich und für eine Gleichbehandlung in den deutschen Projektstädten.

Ein Blick auf unsere Feldnotizen veranschaulicht, wie schwierig es ist, zu beurteilen, inwiefern äußere Merkmale, die mit der Zugehörigkeit zu einer fremdethnischen Gruppe assoziiert sind, polizeiliches Entscheidungshandeln tatsächlich beeinflussen:

> Ein 16-jähriger maghrebinischer Junge läuft mit einem Rucksack in der Hand die Straße entlang. Die Polizisten entscheiden, ihn zu kontrollieren, um sicherzustellen, dass der Rucksack nicht gestohlen ist.[53]

> Zwei Jugendliche (vermutlich mit türkischem Hintergrund) stehen vor einem Park und unterhalten sich. Die Polizisten entscheiden sich ohne erkennbaren Grund für eine Personenkontrolle.[54]

Entsprechende Situationen können für beide Länder identifiziert werden. Allerdings scheint die überproportionale Kontrolle von ethnischen Minderheiten Alltagsroutine für einige französische Polizeieinheiten zu sein. Zwei weitere Beispiele aus den Beobachtungen können hierzu angeführt werden: Während einer in Grenoble im Mai 2011 beobachteten Schicht hatte eine uniformierte Polizeieinheit insgesamt acht persönliche Kontakte, allesamt zu Personen oder Gruppen mit Migrationshintergrund. Fünf Begegnungen gingen auf anlasslose Kontrollen zurück. Die im November 2012 von uns begleitete Bahnpolizei in Lyon hatte während einer Schicht ebenfalls acht Kontakte, die ausschließlich auf Menschen fremdethnischer Herkunft gerichtet waren. Anlasslos kontrolliert wurde in vier von diesen Begegnungen.[55]

Verknüpfungen von Vorurteilen, Merkmale der Verdachtskonstruktion und Handlungspraxis können helfen, die gefundenen Unterschiede zwischen Deutschland und Frankreich zu erklären.[56] Unsere Interviewergebnisse lassen

---

53 Feldnotizen aus Grenoble.
54 Feldnotizen aus Köln.
55 Hier ist insofern eine Einschränkung der Vergleichbarkeit gegeben, als dass in Frankreich auch Schichten mit Einheiten der Bahnpolizei begleitet wurden, in Deutschland aber nicht. Allerdings gab es in der Vergangenheit wiederholt Vorwürfe gegen die deutsche Bundespolizei, die an Bahnhöfen und in Zügen Kontrollen durchführt, ethnische Minderheiten zu diskriminieren.
56 Phillips, Bowling, „Ethnicities, racism, crime, and criminal justice", 457.

vermuten, dass es in beiden Ländern deutliche Vorurteile unter Polizeibeamten gegenüber ethnischen Minderheiten gibt, die sich auf kriminelle Potentiale beziehen. Allerdings unterscheidet sich die Verknüpfung zwischen Vorurteilen und Handlungspraxis. Das folgende Zitat verdeutlicht, dass die Kontrolle von ethnischen Minderheiten für französische Polizeibeamte einen praktischen Nutzen hat:

> *Teamleiter:* Ich würde sagen, dass der Polizeibeamte einen gesunden Menschenverstand besitzt, er weiß, je öfter er diese Bewohner mit Migrationshintergrund kontrolliert, desto häufiger wird er gewinnen. Jedes Mal gewinnt er. Mit jeder Kontrolle gewinnt er.[57]

Kontrollhandlungen in einer ergebnisorientierten Polizeikultur – welche wir zuvor für Frankreich identifiziert haben – erfordern leicht zu handhabende Kriterien, die den Erfolg einer Maßnahme wahrscheinlicher machen. Die äußere Erscheinung, die für die Polizeibeamten einen Migrationshintergrund signalisiert, wird dementsprechend als Erfolgsfaktor wahrgenommen. Damit manifestieren sich auch unabhängig vom tatsächlichen Verhalten Annahmen darüber, wer kriminell ist. In der Vorstellung der Polizisten ist es dann durchaus zulässig, bestimmte Personengruppen für bestimmte Delikte zu verdächtigen und zu kontrollieren, denn die ‚harten Fakten' lassen keine anderen Schlussfolgerungen zu. Hier handelt es sich um Vorurteile, die auf Fakten basieren, die sie selbst produziert haben, also um *self-fulfilling-prophecies*.[58] Ein Beispiel aus den Beobachtungen verdeutlicht die Verknüpfung von negativen Stereotypen und Kontrollpraxis: Ein Polizeibeamter stoppt ein beschädigtes Auto und kontrolliert den Fahrer mit maghrebinischem Hintergrund. Die Kontrolle erfolgt höflich und der Polizeibeamte sieht von einer Geldstrafe ab. Danach gefragt, was der Grund für die Kontrolle war, antwortet ein Polizeibeamter aus Grenoble:

> Ich habe dieses Auto kontrolliert, weil ich gesehen habe, dass es kaputt war ... außerdem habe ich die Hand der Fatima[59] gesehen, was bedeutete, dass es sich um einen Araber oder Afrikaner handeln musste, sie benutzen es, um zu vermeiden, dass das Auto bald total im Arsch ist. Diese Leute haben oft ihre Papiere nicht dabei ... deshalb ist für uns die Trefferquote hoch.[60]

---

57 Feldnotizen aus Lyon.
58 Robert K. Merton, „The self-fulfilling prophecy", in: *Antioch Review*, 8, 2 (1948): 193–210.
59 Die Hand der Fatima ist ein kulturelles Zeichen im islamischen Volksglauben Nordafrikas und des Nahen Ostens. Es gilt als universell schützend und als wirksamste Abwehrmaßnahme im Kampf gegen die Dschinn und den Bösen Blick.
60 Feldnotiz aus Grenoble.

Der Polizeibeamte gesteht ein, das Auto aufgrund eines religiösen Symbols und eines damit verbundenen Stereotyps angehalten zu haben. Dementsprechend sind hier negative Stereotype und Diskriminierung in Form polizeilicher Handlungspraxis verbunden.

In Deutschland fällt die Meinung, ethnische Minderheiten seien krimineller als Angehörige der ethnischen Mehrheit, weniger einhellig aus.

> *Streifendienstbeamter aus Köln:* Ja klar, BtM [Betäubungsmittel] machen sie alle ein bisschen, ein bisschen kiffen tun sie alle. Was heißt alle, aber das ist/stimmt, jetzt wo ich mal schnell überlege, Roller klauen die Deutschen, saufen und schlagen die Russen und BtM die Türken.

Angehörige ethnischer Minderheiten gelten nicht per se als kriminell. Es scheint vielmehr so zu sein, dass die polizeiliche Verdachtskonstruktion unter den deutschen Polizeibeamten nicht allein von der ethnischen Zugehörigkeit abhängt. Andere äußere und situative Merkmale scheinen eine größere Bedeutung für das polizeiliche Entscheidungshandeln zu besitzen. Dementsprechend sind beispielsweise bestimmte Kleidungsstile mit spezifischen Delikten assoziiert. Streetwear, z. B. verkehrt herum aufgesetzte Basecaps und Jogginghosen, werden so mitunter mit Drogendelikten verknüpft. Solche „subkultur- und milieuorientierten Verdachtsgenerierungen" wirken gemeinhin in Verbindung mit spezifisch konnotierten Örtlichkeiten. Orte sind für die proaktive Polizeiarbeit im Besonderen für die aufsuchende Arbeit der deutschen Bezirksdienstbeamten relevant.

> *Bezirksdienstbeamter aus Köln:* Im Rahmen unserer Personenkontrollen, die wir da machen, wenn wir da Streife laufen [...] so die typischen Treffpunkte, wo wir wissen, da hängen die meistens ab, da werden auch so ein paar Drogen verteilt, das sind dann so die Punkte, wo wir gezielt anlaufen.

Weiterhin transportiert der Kleidungsstil für die Polizeibeamten Informationen über den sozioökonomischen Status, der wiederum verknüpft wird mit dem antizipierten kriminellen Potential:

> *Streifendienstbeamtin:* ...wieder so ein Schubladendenken, ich würde nach der Kleidung gehen, ob die gut gekleidet sind – aus gutem Hause – [oder] die so gekleidet sind wie die – ja, das ist aber auch wieder dieses Schubladendenken – wie die Jugendlichen, die Scheiße bauen... Ich meine, das führt sich ja fort, wenn man fährt dann vielleicht an einer Gruppe vorbei, nur weil die komplett in Hilfiger [Markenname] gekleidet sind, ganz brav dem Streifenwagen zuwinken und die haben die Taschen voller Koks.[61]

---

61 Feldnotiz aus Köln.

Im Gegensatz zu Jobard & Levy,[62] die Kleidung als *racialized variable* identifizierten, da sie beobachteten, dass hauptsächlich Jugendliche mit Migrationshintergrund solche Verdacht erregende Kleidungsstile hatten, steht die Kleiderwahl in Deutschland in der Wahrnehmung der Polizeibeamten eher in Verbindung mit sozialer Benachteiligung. Dies mag u. a. auch mit der größeren sozialen und ethnischen Heterogenität von Stadtvierteln zusammenhängen, die als sozial benachteiligt gelten. Letztendlich lassen sich auch für Deutschland Assoziationen zwischen Stereotypen und polizeilichem Handeln finden. Allerdings unterscheiden sich diese Verknüpfungen insofern, dass negative Vorurteile gegenüber ethnischen Minderheiten weniger stereotyp ausfallen und die Handlungspraxis stärker an Kriterien orientiert ist, die sozioökonomische Zugehörigkeit signalisieren (Kleidung) und die Konstruktion öffentlicher Räume betrifft (z. B. Drogentreffpunkt). Schließlich haben in einer Kontrollkultur, in der Resultate eine eher untergeordnete Rolle spielen, möglicherweise auch auf ethnische Zugehörigkeit reduzierte Merkmale eine geringere Bedeutung.

Territorien, Polizei und Jugendliche – die Atmosphäre in deprivierten Großstadtvierteln

Die Ausführungen am Anfang dieses Artikels deuten auf eine Verbindung von räumlich sedimentierter sozialer Benachteiligung, den damit verbundenen mangelnden Teilhabechancen sowie Diskriminierungserfahrungen der Bewohner und der polizeilichen Performanz in solchen Vierteln hin. Dementsprechend wollen wir uns im Folgenden der Frage zuwenden, inwiefern der Sozialraum eine Bedeutung für das polizeiliche Alltagshandeln haben kann. Dies ist schwierig, da wir lediglich auf Wahrnehmungs- und Deutungsmuster von Polizeibeamten zurückgreifen können. Damit zeichnen wir nicht nur ein einseitiges Bild, sondern können auch keine Schlüsse auf Handlungspraktiken ziehen, da sich die Bedeutung des Raumes nicht sichtbar in einzelnen Handlungen niederschlägt. Trotzdem geben die eingefangenen Stimmungsbilder Hinweise darauf, inwiefern sich alltägliche Konstruktionen von Revieren in Deutschland und Frankreich unterscheiden. Aus der Perspektive der Wahrnehmungsgeographie heraus sind solche Images als Wissen,

---

62 Jobard, Fabien & René Lévy, *Profiling Minorities. A Study of Stop-and-Search Practices in Paris* (= Open Society Foundation Report 2009), 32 [online im Juni 2009; konsultiert am 6.3.2019] http://www.opensocietyfoundations.org/reports/profiling-minorities-study-stop-and-search-practices-paris.

sozusagen als „gedankliche Leistung"[63] über den Raum zu denken, welches die Wahrnehmung, die Kommunikation und das Handeln mitbestimmt und so Raumorientierungen erst ermöglichen.[64]

Die interviewten Polizeibeamten in Frankreich und Deutschland nehmen ihre Bezirke, in denen sie tätig sind, sehr unterschiedlich wahr. Der größte Unterschied besteht darin, dass negative Deutungen, welche die deprivierten Viertel betreffen und auf polizeilich relevante Probleme rekurrieren, in Frankreich die Vororte in ihrer Gesamtheit betreffen, in Deutschland aber nur einzelne Örtlichkeiten, Straßen oder Blöcke. Die *banlieues* werden auf diese Weise allerdings nicht nur mit besonderen Kriminalitätsbelastungen assoziiert, sondern auch mit einem grundsätzlichen Misstrauen der Bewohnerschaft und insbesondere der lokalen Jugendlichen gegenüber der Polizei:

> *Beamter der brigade anticriminalité:* Sie sehen uns nicht als Polizei, sie sehen und als rivalisierende Gang, die verhindert, dass die Dinge gut für sie laufen.[65]

Darüber hinaus sind Bereiche der *banlieue* für die Polizeibeamten mit einem intensiven Erleben von respektlosem Verhalten der jungen Bewohner verbunden. Demnach seien offene Beleidigungen und ironische Bemerkungen seitens der Jugendlichen alltäglicher Bestandteil ihrer Arbeit:

> *Streifenpolizist:* Es kann passieren, dass wir einfach während einer Streife beleidigt werden. Wir kommen an und sie beleidigen uns... Sagen wir, die Polizei, die Bullen, Hurensöhne, solche Sachen. Inzwischen gehen wir darüber hinweg, wir haben uns daran gewöhnt.[66]

Diese geschilderten Wahrnehmungen ließen sich auch beobachten (s. o.). Über das Erleben von Respektlosigkeit hinaus, lässt sich ein besonderes Gefühl von Gefahr und Risiko ermitteln, das die Befragten auf von ihnen erfahrene physische Angriffe in einigen Bereichen der Vororte zurückführen. Ein Großteil der französischen Beamten berichtete in diesem Zusammenhang davon, aus Fenstern der Hochhäuser mit Steinen oder anderen Gegenständen beworfen worden zu sein, sobald sie auf der Bildfläche erschienen sind. Daraus resultiert ein besonderes Gefahrenerleben, welches eine gewisse Obsession zum Selbstschutz nach sich

---

63 Christian Schmid, *Stadt, Raum und Gesellschaft: Henri Lefebvre und die Theorie der Produktion des Raumes*, Stuttgart: Steiner, 2005, 317.
64 Thorsten Fehlberg, „(Re)Produktion von rechtsextrem dominierten Angsträumen", in: Eberhard Rothfuß & Thomas Dörffler (Hg.), *Raumbezogene qualitative Sozialforschung*, Wiesbaden: Springer VS Verlag für Sozialwissenschaften, 2013, 111.
65 Feldnotiz aus Grenoble.
66 Feldnotiz aus Vénissieux/Lyon.

zieht. Auf Streife oder während eines Einsatzes ist der Gedanke an potentielle Angriffe allgegenwärtig. Das generelle Gefühl der Angst und des Misstrauens gegenüber der Bevölkerung haben einen wesentlichen Einfluss darauf, wie Polizisten vor Ort auftreten mit der Bevölkerung in Kontakt kommen, wie folgende Erzählung veranschaulicht:

> *Führungskraft:* Den letzten Einsatz hatte ich in les Minguettes. In einem Abschnitt habe ich meine Leute auf Fußstreife geschickt, dort hatte es zuvor einen großen Zwischenfall gegeben, deshalb trugen alle Helme. Als wir das Zentrum des Areals erreichten, wurde mir plötzlich klar, dass diese kriegsähnliche Aufmachung völlig unverhältnismäßig für die aktuelle Situation war. Und ich musste ihnen sagen: „Nehmt die Helme ab!" Sonst hätten sie sie aufgelassen.[67]

Offene Respektlosigkeiten oder aber physische Angriffe existieren dagegen weder in den Erzählungen der interviewten deutschen Polizisten, noch konnten entsprechende Beobachtungen gemacht werden. Zuallererst werden die deprivierten Gebiete eher differenziert wahrgenommen. Zwar verknüpfen die Polizeibeamten ebenfalls polizeilich relevante Probleme wie z. B. ein erhöhtes Kriminalitätsaufkommen mit entsprechenden Bezirken. Auch nehmen sie die lokalen Jugendlichen insgesamt als respektlos wahr. Aber es lassen sich keine Tendenzen finden, ganze Viertel als „verloren" zu stigmatisieren. Größtenteils können sie ihren Bereichen sogar positive Aspekte abgewinnen:

> *Streifendienstbeamter:* Eigentlich ist Kalk kein schlechter Stadtteil. Also mir gefällt es hier, ich mache hier gerne Arbeit und ich sage mal ich habe das Gefühl, dass es sich wieder in Richtung zu einem normalen Stadtteil hin entwickelt. Also ich finde es nicht so schlimm wie der Ruf, der Kalk vorauseilt.[68]

Nicht nur, dass die befragten deutschen Polizeibeamten ihrer Arbeit durchaus positive Aspekte abgewinnen können, auch lässt sich keine erhöhte Antizipation von Gefahr, die sich auf räumliche Ausschnitte bezieht, feststellen. Hier ist allerdings eine Einschränkung zu machen: In Köln gab es im Zeitraum unserer Erhebung durchaus ein Wohngebiet, das von den Beamten als besonders gefährlich eingeschätzt wurde. Diese Wahrnehmung ging zurück auf einen Vorfall, bei dem mehrere Polizisten während eines Ruhestörungseinsatzes verletzt wurden. Selbst einige Jahre nach dem Ereignis galt es unter den Beamten der zuständigen Wache immer noch als besonders gefährlich, einen Einsatz in diesem Bereich durchzuführen. Grundsätzlich fühlen sich die befragten deutschen Be-

---

67 Feldnotiz aus Vénissieux/Lyon.
68 Feldnotiz aus Köln.

amten jedoch nicht annähernd in dem Maße durch die lokale Bevölkerung bedroht wie ihre französischen Kollegen. Entsprechend dieses Stimmungsbildes ließen sich im Zeitraum unserer Erhebungen nur ganz vereinzelt offene Respektlosigkeiten wie Beleidigungen und Demütigungen – in der Regel ausgehend von stark alkoholisierten Jugendlichen – sowie kein einziger gewaltsamer Übergriff beobachten.

Die Ausführungen deuten an, wie sehr der sozialräumliche Kontext in den Köpfen der Polizeibeamtinnen und Polizeibeamten mit spezifischen Zuschreibungen und Assoziationen verknüpft ist, die sich auf das soziale Handeln der sich dort aufhaltenden Personen beziehen und die letztendlich Verdachtskonstruktionen leiten sowie vermutlich verschiedene Handlungsmodi bedingen. Zukünftige Forschungen sollten die Konstruktion polizeilichen Raumwissens und die damit verbunden Zugriffsmöglichkeiten auf den städtischen Raum stärker in den Blick nehmen.

Resümee

Die in unserer Forschung implizit enthaltene Fragestellung, warum gewaltförmige Auseinandersetzungen zwischen Polizei und sozial prekären Bevölkerungsgruppen in Frankreich vorkamen, in Deutschland aber bisher nicht, ist schwierig zu beantworten, weil man die Abwesenheit eines sozialen Phänomens empirisch kaum fassen kann. Der vielzitierte Wendepunkt, dem Waddington in seinem Modell große Erklärungskraft zuschreibt und der Aufschluss über „kritische" soziale Prozesse liefern kann, kann nicht Teil einer empirischen Analyse sein.[69]

Allerdings haben unsere Ausführungen gezeigt, dass sich sowohl hinsichtlich der gesellschaftlichen Rahmenbedingungen für das Entstehen kollektiver Gewalt, als auch für die Ebene von Interaktionsprozessen zwischen Polizei und Bürgern deutliche Unterschiede zwischen Deutschland und Frankreich skizzieren lassen. Somit ist für Bewohner von randstädtischen Großwohnsiedlungen in Frankreich anzunehmen, dass sich ihre alltäglichen Ausgrenzungs- und Diskriminierungserfahrungen von denen unterscheiden, die in Deutschland sozial und räumlich ausgegrenzt sind. Der Grund dafür lässt sich anhand gesellschaftlicher Inklusions- und Exklusionsmechanismen in den beiden Ländern nachvollziehen.

---

69 Tim Newburn, „Reflections on why riots don't happen", in: *Theoretical Criminology* 20, 2 (2016): 125–145.

Der empirische Vergleich hat wiederum gezeigt, dass Umfang und Logik der polizeilichen Handlungspraxis im Rahmen proaktiver Kontrollen unterschiedlich ausfallen. Während sich für die französischen Beamten eine starke Ergebnisorientierung nachvollziehen ließ, die mit ethnischer Zugehörigkeit assoziiert ist, scheinen proaktive Kontrollen für deutsche Polizeibeamte geringere Relevanz zu besitzen. Auch ist die Antizipation von Erfolg (im Sinne des Aufdeckens einer Straftat) nicht allein mit Kriterien ethnischer Zugehörigkeit verbunden, sondern rekurriert eher auf sichtbare Merkmale sozialer Zugehörigkeit sowie die Konstruktion von polizeilich relevanten Orten. Diese festgestellten Unterschiede können mitunter auf die Organisation der Kontrollpraxis zurückgeführt werden. Das bedeutet, dass sich aus den unterschiedlichen Einsatzstrukturen und Anforderungen für die jeweiligen Einheiten vor Ort spezifische Kontrollmuster ergeben, die wiederum auf unterschiedliche Konstruktionen von Tatverdächtigen verweisen.

Schließlich konstruieren die Polizeibeamten in Deutschland und Frankreich ihre Bezirke, die sich durch soziale Benachteiligung auszeichnen, auf unterschiedliche Art und Weise. Während erstere eher differenzierte Bilder entwerfen, scheinen die deprivierten Viertel in den Köpfen der französischen Beamten recht homogen auszufallen und Gefühle von Gefahr und Verlust zu transportieren. Diese Konstruktionen der zu bearbeitenden Gebiete reflektieren bestimmte Muster sozialer Ordnungen[70] und charakterisieren die lokalisierten Stimmungen der Polizeibeamten. Inwieweit diese Stimmungsbilder mit einem lokalen polizeilichen Habitus verknüpft sind, lässt sich an dieser Stelle allerdings nicht erörtern.

Es liegt auf der Hand, dass polizeiliches Handeln nicht allein als Ursache für kollektive, gewaltsame Proteste gesehen werden kann. Vielmehr ist davon auszugehen, dass Diskriminierungen durch die Polizei erst in einem gesellschaftlichen Kontext struktureller Ausgrenzung prekärer Bevölkerungsgruppen eine Bedeutung für die Entstehung von Gewaltphänomenen erlangen können. Allerdings – so sei an dieser Stelle ausdrücklich angemerkt – sind polizeiliche Handlungsmuster – und zwar nicht nur solche, die entlang der Kategorien Ethnie, Milieu und Schicht diskriminierend wirken können – nicht ohne diese gesellschaftlichen Strukturen zu denken. Soziale Exklusionsprozesse, gesellschaftlich hergestellte und räumlich sedimentierte negative Images, die Gefährlichkeit, soziale Stellung und ethnischer Hintergrund miteinander in Verbindung bringen, werden von der Polizei reproduziert.[71] Hier findet ein Wechselspiel von Umfeld-

---

70 Germes & Glasze, „Die banlieues als Gegenorte der République".
71 Daniela Hunold, *Polizei im Revier: Polizeiliche Handlungspraxis gegenüber Jugendlichen in der multiethnischen Stadt*, Berlin: Duncker & Humblot, 2015.

und Organisationsprozessen statt, das die meisten Studien zu ungleichbehandelnden Praktiken der Polizei vernachlässigen. Das Fehlen eines spannungsgeladenen Verhältnisses zwischen Polizei und Jugendlichen, das vermutlich ein Schlüsselelement zur Erklärung eines Ausbleibens von gewaltsamen Ausschreitungen in Deutschland ist, muss in einem gesamtgesellschaftlichen Kontext betrachtet werden. Dies gilt natürlich ebenso für die Betrachtung des polizeilichen Handelns in Frankreich als Einflussfaktor für die dortige „riot tradition"[72].

Literatur

Body-Gendrot, Sophie & Hank Savitch, „Urban violence in the United States and France: Comparing Los Angeles (1992) and Paris (2005)", in: Peter John, Karen Mossberger & Susan E. Clarke (Hg.), *The Oxford Handbook of Urban Politics*, Oxford: Oxford University Press, 2012. 501–519.

Bowling, Ben & Leanne Weber, „Stop and search in global context: an overview", in: *Policing & Society* 21, 4 (2011): 480–488.

Fehlberg, Thorsten. „(Re)Produktion von rechtsextrem dominierten Angsträumen", in: Eberhard Rothfuß & Thomas Dörffler (Hg.), *Raumbezogene qualitative Sozialforschung*, Wiesbaden: Springer VS Verlag für Sozialwissenschaften, 2013, 103–122.

Gauthier, Jérémie, „Origines contrôlées. Police et minorités en France et en Allemagne", in: *Sociétés contemporaines* 97, 1 (2015): 101–127.

Germes, Melina & Georg Glasze, „Die banlieues als Gegenorte der République. Eine Diskursanalyse neuer Sicherheitspolitiken in den Vorstädten Frankreichs", in: *Geographica Helvetica* 65 (2010): 217–228.

Gomolla, Mechtild & Frank Olaf Radtke, *Institutionelle Diskriminierung: Die Herstellung ethnischer Differenz in der Schule*, Wiesbaden: Springer VS Verlag für Sozialwissenschaften, 2007.

Groenemeyer, Axel, „Kulturelle Differenz, ethnische Identiät und die Ethnisierung von Alltagskonflikten. Ein Überblick sozialwissenschaftlicher Thematisierungen", in: Axel Groenemeyer & Jürgen Mansel (Hg.), *Die Ethnisierung von Alltagskonflikten*, Opladen: Leske & Budrich, 2003, 11–46.

Hohl, Katrin, Elizabeth Stanko & Tim Newburn, „The Effect of the 2011 London Disorder on Public Opinion of Police and Attitudes towards Crime, Disorder, and Sentencing", in: *Policing* 7 (2013): 12–20.

Hunold, Daniela, *Polizei im Revier: Polizeiliche Handlungspraxis gegenüber Jugendlichen in der multiethnischen Stadt*, Berlin: Duncker & Humblot, 2015.

Jobard, Fabien, „Rioting as a political tool: the 2005 riots in France", in: *The Howard Journal of Criminal Justice* 48, 3 (2009): 235–244.

Jobard, Fabien, „Die Aufstände in Frankreich. Politisierungsformen des urbanen Elends", in: Ellen Bareis & Thomas Wagner (Hg.), *Politik mit der Armut: Europäische Sozialpolitik und*

---

72 Sutterlüty, „The hidden morale of the 2005 French and 2011 English riots", 41.

Wohlfahrtsproduktion „von unten", Münster: Verlag Westfälisches Dampfboot, 2015. 240–260.

Jobard, Fabien & René Lévy, *Profiling Minorities. A Study of Stop-and-Search Practices in Paris* (= Open Society Foundation Report 2009) [online im Juni 2009; konsultiert am 6.3.2019] http://www.opensocietyfoundations.org/reports/profiling-minorities-study-stop-and-search-practices-paris.

Jordan, Mark. „Critically examining 'flashpoints' theory: Old dog – new tricks?", in: *Police Journal* 88, 1 (2015): 20–33.

Keller, Christian, „Ungleichheit und Konflikt: zur Relevanz staatlicher Legitimation in mikrosozialen Statuskämpfen", in: *Leviathan* 39 (2011): 567–582.

King, Mike & David Waddington, „Flashpoints revisited: A critical application to the policing of anti-globalisation protest", in: *Policing and Society* 15, 3 (2005): 255–282.

Loch, Dietmar, „Immigrant youth and urban riots: A comparison of France and Germany", in: *Journal of Ethnic and Migration Studies* 35, 5 (2009): 791–814.

Lüdtke, Alf, *Sicherheit und Wohlfahrt: Polizei, Gesellschaft und Herrschaft im 19. und 20. Jahrhundert*, Frankfurt a. M.: Suhrkamp, 1992.

Lukas, Tim & Jérémie Gauthier, „Warum kontrolliert die Polizei (nicht)? Unterschiede im Handlungsrepertoire deutscher und französischer Polizisten", in: *Soziale Probleme* 22, 2 (2011): 174–205.

Mackert, Jürgen, „Gewalt in Ordnungskonflikten als Problem der erklärenden Soziologie", in: *Berliner Journal für Soziologie* 23 (2013): 91–113.

Merton, Robert K., „The self-fulfilling prophecy", in: *Antioch Review* 8, 2 (1948): 193–210.

Nägler, Laura, „The ritual insurrection and the ‚thrill-seeking-youth'. An instant ethnography of inner-city riots in Germany", in: David Pritchard & Francis Pakes (Hg.), *Riot, Unrest and Protest on the Global Stage*, Basingstoke: Palgrave Macmillan, 2014, 151–168.

Newburn, Tim, „The 2011 England riots in recent historical perspective", in: *British Journal of Criminology* 55 (2014): 39–64.

Newburn, Tim, „Reflections on why riots don't happen", in: *Theoretical Criminology* 20, 2 (2016): 125–145.

Nuissl, Henning, „Bausteine des Vertrauens – eine Begriffsanalyse", in: *Berliner Journal für Soziologie* 1 (2002): 87–108.

Oberwittler, Dietrich, A. Schwarzenbach & D. Gerstner, *Polizei und Jugendliche in multi-ethnischen Gesellschaften: Ergebnisse der Schulbefragung 2011 „Lebenslagen und Risiken von Jugendlichen" in Köln und Mannheim* (= Forschung Aktuell/Research in Brief hg. v. Max-Planck-Institut für ausländisches und internationales Strafrecht, Bd. 47), Freiburg i. Br., 2014.

Phillips, Corretta & Benjamin Bowling, „Ethnicities, racism, crime, and criminal justice", in: Mike Maguire, Rod Morgan & Robert Reiner (Hg.), *The Oxford Handbook of Criminology*, Oxford: Oxford University Press, 2007, 421–460.

Popitz, Heinrich, *Phänomene der Macht: Autorität – Herrschaft – Gewalt – Technik*, Tübingen: Mohr Siebeck, 1991.

The Riots Communities and Victims Panel, *After the Riots: The Final Report of the Riots Communities and Victims Panel*, London [online 2012; konsultiert am 21.3.2019] https://webarchive.nationalarchives.gov.uk/20121003195937/http://riotspanel.independent.gov.uk/.

Schmid, Christian, *Stadt, Raum und Gesellschaft: Henri Lefebvre und die Theorie der Produktion des Raumes*, Stuttgart: Steiner, 2005.

Sutterlüty, Ferdinand, „The hidden morale of the 2005 French and 2011 English riots", in: *Thesis Eleven* 121 (2014): 38–56.

Tucci, Ingrid, „Prozesse sozialer Distanzierung in Zeiten ökonomischen und sozialen Wandels: Migrantennachkommen in Frankreich und Deutschland", in: Hans-Georg Soeffner (Hg.), *Unsichere Zeiten: Herausforderungen gesellschaftlicher Transformationen* (= Verhandlungen des 34. Kongresses der Deutschen Gesellschaft für Soziologie in Jena 2008), Wiesbaden: Springer VS Verlag für Sozialwissenschaften, 2010, 191–205.

Tyler, Tom R., „Enhancing police legitimacy", in: *Annals of the American Academy of Political and Social Science* 593 (2004): 84–99.

Wacquant, Loïc, „French working-class banlieues and black American ghetto: From conflation to comparison", in: *Qui parle* 16, 2 (2007): 5–38.

Waddington, David, „Applying the flashpoints model of public disorder to the 2001 Bradford riot", in: *British Journal of Criminology* 50 (2010): 342–359.

Waddington, David, *Policing Public Disorder: Theory and Practice*, Cullompton: Willan, 2007.

Waddington, Peter A.J., *Policing Citizens: Authority and Rights*, London: UCL Press, 1999.

Beiträger

Gilles Descloux war *Assistant-diplomé* an der Universität Lausanne und bereitet dort und an der Universität Paris-Sorbonne seine Promotion in Politikwissenschaft vor; E-Mail: gilles.descloux@unil.ch.

Renaud Epstein ist Professor für Politikwissenschaft in *Science Po Saint-Germain-en-Laye* und forscht am *Centre de recherche sociologique sur le droit et les institutions pénales* (CESDIP, Versailles); E-Mail: renaud.epstein@sciencespo-saintgermainenlaye.fr.

Olivier Fillieule ist Professor für politische Soziologie am *Institut d'Etudes Politiques et Internationales* der Universität Lausanne; E-Mail: olivier.fillieule@unil.ch.

Laurent Fourchard, Historiker und Politikwissenschaftler, ist Forschungsprofessor am *Centre de recherches internationales* (Paris); E-Mail: laurent.fourchard@sciencespo.fr.

Daniela Hunold, promovierte Soziologin, ist Gastdozentin für Kriminologie und interdisziplinäre Kriminalprävention an der Deutschen Hochschule der Polizei (Münster); E-Mail: daniela.hunold@dhpol.de.

Fabien Jobard, Politikwissenschaftler und Soziologe, ist Forschungsprofessor am *Centre de recherche sociologique sur le droit et les institutions pénales* (CESDIP, Versailles) und am Centre Marc Bloch (Berlin); E-Mail: fabjob@cesdip.fr.

Jacques de Maillard ist Professor für Politikwissenschaft an der Universität Versailles und forscht am *Centre de recherche sociologique sur le droit et les institutions pénales* (CESDIP, Versailles); E-Mail: demaillard@cesdip.fr.

Anne Nassauer ist Juniorprofessorin für Soziologie am John-F.-Kennedy-Institut für Nordamerikastudien der Freien Universität Berlin; E-Mail: anne.nassauer@fu-berlin.de.

Jan Philipp Reemtsma, Philologe, Gründer und bis 2015 Leiter des Hamburger Instituts für Sozialforschung, ist Geschäftsführender Vorstand der Hamburger Stiftung zur Förderung von Wissenschaft und Kultur; E-Mail: matthias.kamm@wiku-hamburg.de.

Moritz Rinn ist, nach einer Promotion in den Sozialwissenschaften, Wissenschaftlicher Mitarbeiter am Institut für Soziale Arbeit und Sozialpolitik an der Universität Duisburg-Essen; E-Mail: moritz-rinn@uni-due.de.

Daniel Schönpflug ist außerplanmäßiger Professor für Neuere Geschichte an der Freien Universität Berlin und Wissenschaftlicher Koordinator des Wissenschaftskollegs zu Berlin; E-Mail: daniel.schoenpflug@wiko-berlin.de.

Pascal Viot, promoviert in Soziologie, ist als Forscher am *Laboratoire de sociologie urbaine* (LASUR) an der *Ecole Polytechnique Fédérale* von Lausanne assoziiert; E-Mail: pascal.viot@epfl.ch.